上海高校智库上海外国语大学中东研究所
教育部人文社会科学重点研究基地自选项目研究成果（2012JDZDSZX001）

潜旭明◎著

The Belt and Road Initiatives and China-Middle East Energy Cooperation

“一带一路”战略背景下与中东的能源合作

时事出版社

序

“丝绸之路经济带”和“21世纪海上丝绸之路”的战略构想是一个推动经济发展、实现共同繁荣的伟大创举，也是一项长期的、艰巨的工程，它将为推动沿线国家的合作共赢、维护世界和平与稳定作出巨大贡献。中东地区是我国的大周边，是“一带一路”战略链条的重要组成部分，“丝绸之路经济带”和“21世纪海上丝绸之路”在这一地区汇合。

中国自1993年成为石油净进口国以来，与中东石油的联系日益密切。随着经济的进一步发展，中国对能源的需求进一步加大，中东地区拥有巨大的石油蕴藏量，中国与中东能源合作对中国能源安全具有重大的作用。研究中国与中东的能源合作，服务于中国能源的安全目标，具有重要的理论和现实意义。潜旭明博士的这本学术专著《“一带一路”战略背景下与中东的能源合作》就是对这一问题的研究成果。

该书着重研究能源合作理论、国际能源合作主要机制，力图找出其固有的特点和内在的规律，以期对中国和中东能源合作的分析有所裨益。该书分析了国内中国“一带一路”战略的研究、中国“一带一路”战略的实施、“一带一路”建设与金融机构等，考察了中国与中东国家经贸合作的基本情况、“一带一路”战略背景下中国与中东能源合作、中国与中东能源合作的主要机制，并重点分析了“一带一路”战略背景下中国与海合会能源合作。该书还分析了美国对中东地区的能源战略的演变、美国在伊拉克的困局、中美在中东能源关系，并以叙利亚为例分析了中东热点问题与大国博弈。最后，该书分析了当前国际油价下的国际能源体系、中国中东能源合作面临的困难和挑战，并提出了当前国际石油格局下对中东能源合作的战略思考。

该书采用的研究方法主要有：（1）运用跨学科的分析方法：该书在主要突出能源合作的理论及其分析、研究方法的基础上，还采用多学科理论和分析方法，如国际关系、经济学、金融学等。（2）历史分析与逻辑推理相结合：该书通过分析中国和海合会国家关系的发展，来考察中国和海合会国家能源合作固有的特点，并穿插运用了历史分析和逻辑分析的方法，分析能源合作的规律和途径。（3）理论与案例相结合：该书通过加强对能源合作中出现的新问题的研究，开拓国际能源合作理论研究的新内容，并通过海合会案例分析中国与中东国家的能源合作，来验证合作理论。

总而言之，这是一本兼具理论性与实践性的能源方面的学术专著，我相信它的出版将有利于提高我国对能源安全和能源合作问题的研究和教学水平。

十年来，无论是在复旦大学攻读博士学位、做博士后研究，还是在上海外国语大学中东研究所从事能源战略等领域的研究，潜旭明博士始终保持执着的学术追求，孜孜不倦、潜心钻研，不仅发表了不少学术论文，而且还获得了两项国家社科基金项目，并出版了两本学术专著，正如他的名字所示，展现出他潜在的学术研究能力。作为他的博士生导师，我为他所取得的学术进步感到高兴。在对该书出版表示祝贺的同时，欣然写下了上述文字，是为序。

倪世雄

教育部社会科学委员

复旦大学美国研究中心教授

2015 年 8 月 22 日

目　录

绪 论

第一节 问题的提出

中国自1993年成为石油净进口国以来，与中东石油的联系日益密切。中东石油对中国经济的发展有着重要的意义。中国经济与中东石油之间呈现一种互动的函变关系。油价上涨不利于中国经济的发展，但中国经济的发展持续陷入低谷也会减少其石油需求量，进而通过供求关系影响油价。中国经济对中东石油的依赖也是一种非对称的依赖，中国经济对中东石油的依赖度大于后者对前者的依赖度，从而使中东问题越显重要。

中国与中东国家的能源合作关系是确保中国能源安全的关键，研究中国与中东的能源合作，服务于中国能源的安全目标，具有重要的理论和现实意义。一带一路战略为中国与中东国家能源合作提供了巨大的机遇。在新形势下，中国与中东国家共同语言在增多，共同利益在增加，共同需求在增强。中国与中东国家通过完善各种合作制度建设，探讨双方在投资、能源、人力资源开发等领域的合作，并取得显著成果。双方通过深入的政治磋商，已建立起十余项合作机制，涵盖了政治、经济、新闻、能源、文明对话等多个领域，正规化、机制化建设令人鼓舞。

从政治层面上看，双方政治交往密切，高层互访频繁，相互理解和信任加深。中方坚定地支持阿拉伯国家探索符合自身实际的发展道路，积极促进中东和平进程和阿拉伯国家恢复合法民族权利的正义事业。阿拉伯国家在涉及台湾、西藏、新疆等关乎中国核心利益的问题上给予中方大力支持。中阿人民的心紧密地联结在一起。从经贸往来看，双方经贸合作有了长足进展：2005年仅512.73亿美元，2008年达1328.4亿美元。自2010年年底阿拉伯地区动荡以来，双方贸易往来不仅未受到冲击，反而继续攀升。2013年双方贸易额为2388亿美元，同比增长约7.4%。[①] 从文化层面上看，文化交流稳步发展。中国同阿拉伯各国均签署了双边文化合作协定和具体执行计划，推动了双边高层次、宽领域的文化交流，为增进双方互相联系，互相了解搭起了一个重要平台。每年中方都向阿拉伯国家派遣上千名留学生、研究生、教练、教师、医生、护士等。阿拉伯国家也派大批留学生来华学习。

尽管中国与中东国家关系呈积极发展态势，贸易额和投资额持续增长。但是合作也面临一些挑战，如大国在中东地区的争夺将对中国的中东利益造成很大掣肘，动荡不安的中东局势使中国在与中东国家的合作过程中存在相当大的风险和不确定因素。未来十年乃至更长时间双方关系如何发展，需要双方登高望远，进行顶层设计，使新型战略伙伴关系在各个方面得到体现，脚踏实地向前迈进。双方应加强各层次互访，开展战略对话和磋商，共同维护中阿双方以及广大发展中国家的利益；继续在各自核心和重大利益问题上相互支持；加强各领域合作，交流治国理政和发展

① 商务部："2014年中阿贸易额2512亿美元，同比增长5.290"，《中国网》，http：//cppcc. chine. com. cn/2015－08/17/content _ 36330062. htm.

经验；发挥双方经济互补优势，推动双方互利合作，促进共同发展；加大支持不同文明间对话的力度，致力于不同种族、宗教、信仰和文化间的相互尊重与和谐共处；加强中阿合作论坛建设，充分发挥论坛各项机制的作用，并根据形势发展和双方共同利益，拓展新的合作领域。

本书通过介绍能源安全及能源合作理论，指出全球化对其影响。通过分析一带一路战略的提出及实施，为中国如何在与中东的能源合作中防范风险，实现共赢提供战略思路。

第二节　研究现状

一、对能源合作理论的研究

国内外学者对能源合作理论的研究由来已久，产生了大量的研究成果，有些研究成果至今仍有一定的借鉴意义。

（一）国外的研究现状

梅森·威尔里奇（Mason Willrich）等人合著的《能源与世界政治》（*Energy and World Politics*）认为能源问题本质上是政治问题，并且是国际性的政治问题。该书回顾了1945—1975年间国际能源状况的发展变化及其内在动力，分析了能源与国家安全、世界经济、全球环境的关系，探讨了建立和谐的全球能源关系，并发展出一种管理世界能源问题的国际机制的可能性。作者认为，国家间的相互依赖日益加深，而各国缺乏相应的国际机制来管理这种状况，造成了国家利益与国际社会的整体利益、相互依赖与各国独立自主之间的紧张关系。能源危机是对各国能否建立国际机制的一种挑战，在缺乏国际机制的情况下，面对能源问题，各国的最佳策略是自制，因为自制可以使世界能源状况在短期内变得可以控制，并为远期建立有效的国际机制奠定基础。[①]

约瑟夫·S. 西莱威茨（Joseph S. Szyliowicz）与巴德·E. 奥尼尔（Bard E. O'Neil）合著的《能源危机与美国外交政策》（*Energy Crisis and U. S. Foreign Policy*）则站在能源消费国的角度分析了第一次石油危机前后，美国、西欧和日本所面临的问题、对策及这些对策失败的原因。在此基础上，作者提出了能源领域国家间合作的三种模式：横向合作模式、纵向合作模式和综合合作模式。横向合作是一种多边主义的思路，就是消费国组成一个与 OPEC 对话、抗衡的国家集团；纵向合作是一种双边主义的思路，就是消费国与生产国加强合作，通过加深双方的相互依赖，来保障能源的可靠供应。这两种模式，前者是强调对抗，后者强调绥靖。美国倾向于前者，而欧日倾向于后者。综合合作是指两者兼用模式。[②]

查尔斯·F. 多兰（Charles F. Dorna）的《神话·石油·政治—石油政治经济导论》（*Myth，Oil，and Politics：Introduction to the Political Economy of Petroleum*）认为在石油问题上存在六个方面的神话：油价会一直上涨、以色列与石油、石油公司在赚取超额利润、反垄断有助于解决石油问题、国际能源机构可以建成为与 OPEC 相抗衡的国际组织、OPEC 将长期团结一致。作者认为，这六个方面的神话掩盖了国际石油争夺的真相，因此，对这六个方面逐一进行了分析，并提出了解决能源问题的战略：消费国与生产国双向依赖（有别于相互依赖），在消费国—生产国—国际石油公司三方建立新型的联系与合作关系。[③]

---

① Mason Willrich，Energy and World Politics，Free Press，January 1，1978.

② Joseph S. Szyliowicz，Bard E. O'Neil ed，Energy Crisis and U. S. Foreign Policy，Praeger Publishers Inc，1975.

③ Charles F. Doran，Myth，Oil，and Politics：Introduction to the Political Economy of Petroleum，Free Press，1979.

奥伊斯坦·诺伦（Øystein Noreng）的《20世纪80年代的石油政治：国际合作模式》（*Oil Politics in the 1980's：Patterns of International Cooperation*）认为在管理国际石油市场方面，石油出口国与进口国之间存在共同利益，特别是在确定石油的相对价格和保障石油的可靠供应方面。这些共同利益可以克服利益冲突。作者建议主要石油进口国与出口国之间谈判达成一项国际协议，他还为这一协议制定了框架，包括四个领域：油价——供应协议：出口国保证供应，进口国同意合理的油价涨幅；能源——参与协议：出口国参与进口国开发能源新技术和替代能源的进程，并投资到进口国的石油下游产业；金融——投资协议：出口国节余的石油美元投资到进口国，恢复进口国的国际收支平衡，出口国也从进口国的经济发展中获利；技术——贸易协议：出口国可从进口国获得先进技术，生产出来的商口进入进口国市场。他认为，通过上述合作，双方的相互依赖将更加平衡，经济将更加健康，政治冲突将越来越少。①

维尔弗里德·L.科尔（Wilfrid L. Kohl）主编的《第二次石油危机之后——欧洲、美国、日本的能源政策》（After the Second Oil Crisis：Energy Politics in Europe，America，and Japan）从不同角度逐个分析了第二次石油危机对西方能源体系的影响，以及西方工业国能源政策的走向，也分析了核能、煤及其他新能源技术的现状和前景，并对国际能源机构这一国际多边合作机制的运行和演变进行了分析。②

托马斯·霍夫曼（Thomas Hoffman）与布莱恩·约翰逊（Brian Johnson）合著的《世界能源三角：合作的战略》（The World En-

---

① Øystein Noreng，Oil Politics in the 1980s：Patterns of International Cooperation，McGraw-Hill，1978.

② Wilfrid L. Kohl，After the Second Oil Crisis：Energy Policies in Europe，America，and Japan，Lexington Books，1982.

ergy Triangle：A Strategy for Cooperation）研究涉及石油、电力、太阳能和薪柴，分析了西方发达国家、石油生产国与发展中国家（特别是作为石油进口国的发展中国家）之间的三角关系，认为三方存在的恐惧和疑虑对彼此都不利。提出三者间存在具体的共同利益，可以通过开发和利用新能源，特别是太阳能，来建立合作的三角关系。该书的不足之处是避开了最具争议的石油问题，试图在能源消费中仅占很小比例的太阳能合作利用方面进行合作上的突破。①

罗伯特·J. 利伯（Robert J. Lieber）所著的《石油的十年——西方国家的冲突与合作》（*The Oil Decade：Conflict and Cooperation in the West*）回顾了两次石油危机对西方工业大国的影响，总结了他们的教训，认为要处理好能源问题，必须既有国内政策措施，又要有国际措施，既重视石油市场的力量，又要正确看待和运用政治手段。该书对比了十年间西方国家在石油领域合作与冲突的结果，认为只有合作才能有效应对石油问题。②

约翰·克拉克（John G. Clark）所著的《世界能源的政治经济学——一种20世纪的视角》（*The Political Economy of World Energy：A Twentieth-Century Perspective*）从国际体系和国家两个层次，对20世纪世界能源问题的演变进行了国际政治经济学分析，虽然没有明确的结论和建议，但作者认为，合作是消除石油危机潜在威胁的唯一出路。③

约瑟夫·奈（Joseph S. Nye）在《理解国际冲突：理论与历

---

① Thomas Hoffmann，The World Energy Triangle：A Strategy for Cooperation，Ballinger Pub. Co，1981.

② Robert J. Lieber，The Oil Decade：Conflict and Cooperation in the West，Praeger，New York，1983.

③ John G. Clark，Political Economy of World Energy：A Twentieth-Century Perspective，University of North Carolina Press，1991.

史》(*Understanding International Conflicts*：*An Introduction to Theory and History*)一书中精辟分析了石油政治中相互依存因素的关键作用，在1973年—1974年石油危机中，阿拉伯国家通过减少产量和对以色列的友好国家实行石油禁运，使美国关注阿拉伯国家的利益关切，也导致日本、欧洲和美国组成的亲以色列阵营一度混乱。日本和法国为了保证自己的石油供应，在中东问题上调整政策。阿拉伯国家使用石油武器，促使美国在1973年第四次中东战争后，在解决阿以争端问题上扮演调停者的角色。[①]

基欧汉在《霸权之后——世界政治经济中的合作与斗争》(*After Hegemony*：*Cooperation and Discord in the World Political Economy*)一书分析了相互依存对世界能源领域中国际合作机制的重要影响。石油危机出现后，以美国为主导的西方国家建立了国家能源机构(IEA)，制定规则通过建立紧急石油储备来改善成员国的能源安全，协调成员国之间以及政府和石油公司之间的关系，进而达成协议，提供相关信息，组织有效的联盟降低了合作所需的成本。20世纪70年代国际能源体系的演变，尤其是海湾危机和海湾战争期间，国际能源机构成果作用的发挥，在解决石油危机方面发挥了重要的作用。[②]

肯尼斯·奥伊(Kenneth Oye)在《无政府状态下的合作》(*Cooperation under Anarchy*)一书从不同侧面讨论了有关无政府状态下合作的理论、策略和机制问题。他认为，在理论上，要改造博弈论，强调多层博弈，主张以“问题联系”的方式促进各方的联系，为合作打下基础。在策略上，因为未来的国际关系将以相

① Joseph S. Nye，Understanding International Conflicts：An Introduction to Theory and History (7th Edition)，Longman，2008.

② Robert O. Keohane，After Hegemony：Cooperation and Discord in the World Political Economy，Princeton University Press，2005.

互影响、相互竞争为主要特征，实现国际合作的先决条件是要进行“反霸权斗争”。在机制上，要使国际合作制度化，使之有助于加强国家间的交互作用，抓好三个有利环节：利益的一致性、预测的共同性和参与数目的的调整，以互惠原则开展“有条件合作”才是最佳的选择。①

罗伯特·奥克塞罗德（Robert Axelrod）在《合作的演变》（The Evolution of Cooperation）一书中运用博弈论中“囚徒困境”模型对个人行为者和国际关系单位之间的合作问题作了策略性的探讨。他认为，在国际关系中各个角色的利益不总是完全对抗的，可以从合作中达到互利的目的。一般来说，合作应经过三个阶段：（1）在对双方共同利益的认定和追求的前提下开启合作；（2）在互惠基础上制定相应的策略和措施；（3）巩固在互惠基础上的合作，防止任何一方不合作带来的危害。② 他在《合作的复合性——以作用者为基础的竞争与合作模式》一书中提出了冷战后复合型合作模式，他认为，复合型合作包含四个要素：（1）完善强化合作行为的准则；（2）确定有关标准；（3）建立必要的合作组织；（4）构建相互影响的共同文化。③

海伦·米尔纳（Helen Milner）在《国家间合作的国际关系理论—优点与弱点》（*International Theories of Cooperation among Nations：Strengths and Weaknesses*）一文中指出，国家间合作已成为国际关系领域的一个研究重点，在体系分析层次和合作行为分析两个方面取得进展。文章分析了对国家间合作产生影响的六个因

---

① Kenneth A. Oye，Cooperation under Anarchy，Princeton University Press，1986.

② Robert M. Axelrod，The Evolution of Cooperation，Basic Books，2006.

③ Robert Axelrod，The Complexity of Cooperation：Agent-Based Models of Competition and Collaboration，Princeton University Press，1997.

素：绝对收益、相对收益和互惠互动因素、行为者的数目因素、“囚徒困境”博弈模型的运用因素、国际机制因素、认知一致因素、权力的非对称性因素等。他还提出两点理论思考：（1）关于代价的问题，如果行为者发生的冲突所付出的代价低，则合作的可能性就小；如果代价高，合作反而有可能。（2）国内政治问题，国内政治制度、利益集团和公共舆论对国家在国际上采取什么战略政策起决定性作用。在涉及国内政治与国际合作的关系上，多元理论、精英政治理论、国家制度理论和马克思主义政治学理论对国际合作具有重要意义，是国际合作的四个核心理论。①

罗伯特·曼宁（Robert Manning）在分析亚洲的能源问题是指出，能源具有促进一体化、创造更广泛的利益共享与合作范围的能力，能源对于国家经济和安全具有战略意义，一个国家和其他国家通过连接能源管道或其他形式，形成能源上的相互依存，需要一定程度的相互信任。②

（二）国内的研究现状

韩学功、佟纪元主编的《国际石油合作》③ 是我国较早关于石油合作的专著，该书主要讨论了石油项目的企业间的跨国合作问题。该书认为不同国际（或地区）国家集团和国际石油经济组织通过协商和会谈以及建立石油一体化组织等形式，对国际石油经济关系进行联合调节，这本身属于国际石油合作的内容。这种协调活动，在某种意义上有利于世界石油工业的发展。

① Helen Milner，International Theories of Cooperation among Nations：Strengths and Weaknesses，World Politics，1992.

② Robert A. Manning，The Asian Energy Factor：Myths and Dilemmas of Energy，Security and the Pacific Future，Palgrave Macmillan，2000.

③ 韩学功，佟纪元主编：《国际石油合作》，石油工业出版社，1995年版。

何沙、秦扬编著的《石油法规与国际石油合作》[1] 一书从法律基础入手，分析了石油法规在国际石油合作中的地位和作用；回顾了国际石油合作的发展历程，论述了国际石油合作的法理基础，介绍了国际石油立法情况和国际石油合作的法律模式以及国际石油合作与运输通道间的法律协调、国际石油合作的环境保护制度；阐明了中国国际石油合作的立场、原则、方法以及主要石油法规和石油合同；对中国国际石油合作的法制环境、石油安全、合作纠纷的法律解决等提出了建设性的意见。

余际从、雷涯邻等编著的《经济全球化与国家油气安全战略》[2] 一书从国际安全理论和可持续发展理论出发，结合世界各国、各地区的地缘政治特点，并针对各国、各地区经济一体化的程度与现状，分析了在经济全球化过程中各国、各地区的地缘政治特点，并针对各国、各地区经济一体化的程度与现状，分析了在经济全球化过程中各国、各地区石油天然气安全的表现形式、发展现状与趋势，提出了我国石油天然气安全战略的建议。

徐小杰著的《新世纪的油气地缘政治》[3] 将地缘政治学理论运用到对冷战后国际能源问题的研究。该著作有独特的理论视角，但其对国际石油大趋势与大格局的研究是在国家层次上展开的，在对策研究上则落到了石油公司层次，对国家间互动只是偶有触及，对新格局下国家与市场的关系和相互作用没有清晰的分析，对于国际石油合作，也主要是指企业间的合作。

葛艾继等编著的《国际油气合作理论与实务》[4] 主要根据中油

① 何沙，秦扬：《国际石油合作法律基础》，石油工业出版社，2008 年版。

② 余际从、雷涯邻：《经济全球化与国家油气安全战略》，地质出版社，2003 年版。

③ 徐小杰：《新世纪的油气地缘政治》，社会科学文献出版社，1998 年版。

④ 葛艾继：《国际油气合作理论与实务》，石油工业出版社，2000 年版。

集团海外十几年国际化经营的实践，从中国实施国际化经营战略的必要性出发，在总结国际石油公司国际化经营经验的基础上，分析了中油集团实施国际化经营的可行性，并对国际油气重点战略地区及投资方式进行了比较分析。其研究主要在企业经营战略层面展开。

对外经济贸易大学王桂英的博士论文《中国石油环境分析和石油安全战略研究》[①] 分析了石油供应安全对国家经济和国防安全的重大影响，列举了中国在 21 世纪初石油安全所面临的种种挑战，以及中国石油安全战略存在的不足和问题，提出了相应的对策建议：一是建立多元化的石油供给战略格局，该研究分析、展望了中国与各产油国和地区的合作前景与方式，包括运输通道的安全等；二是建立应急石油安全体系，如建立战略石油储备，限制需求和燃料转换，多元化进口。该书内容综合全面，不足之处也是研究层次限于事实描述。罗晓云的博士论文《21 世纪初中国的能源安全与中外能源合作》[②] 除了研究中国与油气资源丰富的国家进行合作之外，还涉及中国与东北亚消费国进行合作以及与国际能源机构合作的问题。叶蓁蓁的《国际能源合作模式与中国的战略选择》[③] 提出了一个“国际油价需求方程式”和几种不同类型的国际能源合作的模式，作者还研究了中国在未来 20 年进行能源合作的战略选择。

综合起来看，在能源合作方面，以上成果有三个特点：（1）

---

① 王桂英：《中国石油环境分析和石油安全战略研究》，对外经济贸易大学国际贸易专业 2003 年博士学位论文。

② 罗晓云：《21 世纪初中国的能源安全与中外能源合作》，暨南大学国际关系专业 2003 年博士学位论文。

③ 叶蓁蓁：《国际能源合作模式与中国的战略选择》，外交学院国际关系专业 2005 年博士学位论文。

能源合作研究重在企业间合作、国别研究，且描述性、归纳性的成分较多，对深层次问题的理论探讨则明显不足，在理论建构的独创性方面还有欠缺；（2）大多描述中国与西方能源消费大国之间的关系，突出谈争夺，较少谈合作；（3）国内外对中国中东能源合作这一课题，相关的研究停留于现状的描述，对于如何把合作理论与中国在中东的实践结合起来，以实践为核心，上升到理论，落实到政策，如何认识中国和中东在国际能源体系中的合作，相关的论述就更少。

二、对中国—中东能源合作的研究

国内外学者从不同角度对中国与中东能源关系做了较为详尽的探讨。

（一）国外研究现状

美国学者刚达特·巴刚特（Gawdat Bahgat），在《能源伙伴：中国和中东海湾国家》（Energy Partnership：China and the Gulf States）一文中认为，随着中国经济的快速增长，中国对能源的需求也在增加，中国与俄罗斯和中亚国家在石油和天然气的合作也增加，尽管如此，但中东的石油更能满足中国对油气的需求。中国和中东国家建立了能源伙伴关系，在未来的几十年中这种关系还会进一步加深。论文认为国际能源市场已联为一体，能源政策并不是零和博弈，中国和中东国家的油气关系并不会对其他国家造成威胁，中国和中东国家的能源合作对彼此都有益，并有利于国际能源市场的稳定。[①]

史蒂文·马修（Stephen P. Matthews）在《中国新的能源关注

① Gawdat Bahgat，Energy Partnership：China and the Gulf States，OPEC Review，Volume 29，Issue 2，pp. 115－131，June 2005.

点：与沙特阿拉伯的战略伙伴关系》（China's New Energy Focus：Strategic Partnership with Saudi Arabia）一文中认为中国和沙特在地缘政治方面具有很强的相似性，两国都具有神秘色彩，政府和外交方面的透明度都不高，都是区域大国，中国是东亚的主要大国，沙特是海湾合作组织的主要国家。中国和沙特的关系由能源领域向其他领域延伸，两个国家在能源、贸易、通讯、工程、汽车等领域相互投资，这种关系促使中国和沙特形成一种战略经济关系。[①]

美国学者约翰·凯勒布里斯（John Calabrese）在《中国与中东日益加深关系的风险和回报》（The Risks and Rewards of China's Deepening Ties with the Middle East）中认为，沙特是石油超级大国，中国是国际经济体中的主要行为体，是石油消费大国。经过20多年的发展，中国和沙特关系不断提升，两国商业代表团和高层领导互访增加。在能源领域，中国进口大量石油，炼油能力也得到进一步提升，能够吸收沙特的“甜质”原油，两国相互投资也不断增加，在各个领域的合作得到加强。文章还分析了促使两国关系进一步提升的因素，以及两国关系中存在的风险和不确定因素。[②]

西蒙·翰德生（Simon Henderson）的文章《中国和沙特的合作：石油和导弹》（Chinese-Saudi Cooperation：Oil but also Missiles）认为，中国对石油需求增长势头强劲，2004年中国已超过日本，成为第二大石油进口国，中国与沙特的关系越来越重要；在能源领域，中国是沙特的第一大能源消费国，而沙特是最大的石油出

① Stephen P. Matthews，Energy Security：Implications for U.S.-China-Middle East Relations，The James A. Baker III Institute for Public Policy，Rice University，July 18，2005.

② John Calabrese，The Risks and Rewards of China's Deepening Ties With the Middle East，China Brief Volume：5 Issue：12，December 3，2005.

口国；在军事领域，沙特向中国购买导弹，沙特目前拥有中国可以携带核弹头的CSS—2导弹，这样，沙特国家安全利益方面就更加独立与美国，对美国的伊拉克政策、伊朗政策和巴勒斯坦政策也表现出异议。[①]

詹姆士·陈（James Chen）的文章《中国出现在中东》（The Emergence of China in the Middle East）认为，在过去几十年中，中国在中东出现，影响了这一地区的战略环境，中国在这一地区的影响是多维度的，包括经济、军事、外交和软实力等方面。为了缓减中国在这一地区对美国的潜在不利影响，美国应与中国进行能源安全战略对话，美国应保持在这一地区的军事存在，以保证美国及其盟国在中东附近水域的行动自由。[②]

美国伍德罗威尔逊中心的博利思·威克菲尔德（Bryce Wakefield）和苏珊·列维斯坦（Susan L. Levenstein）所编的《中国和海湾：对美国的启示》（China and the Persian Gulf：Implications for the United States）考察了中国和中东海湾国家关系的历史，分析了美国、中国和中东海湾国家的关系。文章还分析了中国与中东海湾国家的关系，指出中东海湾国家是中国最大的石油供应方，中国和中东海湾国家贸易额巨大，到2020年中国和中东的贸易额将达到3500亿美元，认为中国是中东主要的行为体。文章还分析了中国与伊朗的关系，但对中国和伊朗关系的前景并不看好。[③]

纳什尔·沃塔米米（Naser Al-Tamimi）在文章《中国和沙特

---

① Simon Henderson，Chinese-Saudi Cooperation：Oil but also Missiles，Policy # 1095，April 21，2006.

② James Chen，The Emergence of China in the Middle East，Strategic Forum，National Defense University，by December 2011.

③ Bryce Wakefield and Susan L. Levenstein，China and the Persian Gulf：Implications for the United States，Woodrow Wilson International Center for Scholars，Washington D. C.，2011.

的关系：经济伙伴还是战略盟友?》(China-Saudi Arabia Relations: Economic Partnership or Strategic Alliance?) 中认为，由于沙特拥有巨大的石油储量，中国越来越把沙特看成是可靠的能源伙伴，沙特把中国看成是一个巨大的市场和战略伙伴，文章回答了以下的问题：中国和沙特关系是仅仅出于便利还是战略盟友? 回答是两国关系不仅仅限于中东，而且着眼于未来几十年中国所主导的更为广泛的国际体系领域。①

（二）国内研究现状

国内研究与中东国家展开合作的著述颇多，就主要的专著而言，徐小杰的《新世纪的油气地缘政治——中国面临的机遇与挑战》是国内较早提出中国应该通过加强与油气资源丰富的国家合作来维护能源安全的著作。②

查道炯的《中国石油安全的政治经济学分析》从国际政治经济学的视角研究了重要的产油地区对中国石油安全的作用，提出了维护中国石油安全的一些政策建议。③

王有勇在《现代中阿经贸合作研究》中分析了中阿油气合作的发展历程，认为中阿石油合作的表现为：（1）中国增加进口阿拉伯原油；（2）承包石油工程；（3）合资兴办炼油和石化企业；（4）合作勘探与开发新油气田；（5）加强协商，推进合作。并探讨了中阿油气合作的前景：（1）促进相互投资，扩大合作领域；（2）密切往来，加强全面交流。④

---

① Naser Al-Tamimi (2012), 'China Saudi Arabia Relations: Economic Partnership or Strategic Alliance?', Discussion Paper. Durham University, HH Sheikh Nasser Al-Sabah Programme, Durham.

② 徐小杰：《新世纪的油气地缘政治—中国面临的机遇与挑战》，社会科学文献出版社，1998年版。

③ 查道炯：《中国石油安全的政治经济学分析》，当代世界出版社，2005年版。

④ 王有勇：《现代中阿经贸合作研究》，上海外语教育出版社，2004年版。

杨中强在《当代中国石油安全研究》中分析了国际油气地缘政治及中东的战略地位，分析了中国石油的安全态势、中东石油对中国石油安全的影响，探讨了中国石油安全的多元化战略，分析了美国因素对中国石油安全的影响，最后分析了中国的国内石油安全战略。[①]

钱学文在《中东、里海油气与中国能源安全战略》一书分析了中东、里海油气资源、政治因素，考察了中东、里海油气对世界石油市场的影响。该书详细分析了中东产油国油气产业的发展及其战略，并分析了里海地区油气资源及输油管线，考察了大国在里海地区的地缘政治博弈，还分析了中国能源安全状况，提出了若干建议。[②]

李红杰在《国家利益与中国的中东政策》一书中分析了国家利益与外交政策理论，考察了中国在中东国家利益的变化及中国中东政策的演变，分析了中国中东政策与中国中东利益相脱节的原因，提出了若干政策建议。[③]

杨言洪在《海湾油气与我国能源安全》一书中分析了世界油气的分布、海湾油气在世界油气中的地位，考察了中国与海湾国家能源合作的状况，分析了影响海湾石油生产和供应的主要因素，为我国能源政策的制定提出了若干政策建议。[④]

张抗在《中国和世界地缘油气》一书中分析了世界地缘油气的基本格局和中国的油气状况，考察了中东、中亚、非洲油气的生产和贸易、主要油气生产国及其地缘油气的特点及其发展战略。

① 杨中强：《当代中国石油安全研究》，中共中央党校出版社，2006年版。

② 钱学文：《中东、里海油气与中国能源安全战略》，时事出版社，2007年版。

③ 李红杰：《国家利益与中国的中东政策》，中央编译出版社，2009年版。

④ 杨言洪：《海湾油气与我国能源安全》，对外经济贸易大学出版社，2010年版。

最后分析了中国对外油气发展的基本方略，分析了中国与中东油气合作的重要性和难度，认为中国要利用中东发展的不平衡性，推进经济全面合作。[①]

在论文方面，关于中国中东能源合作的成果非常丰富，杨中强的《中东石油与21世纪中国石油安全》着重研究中国与中东地区的油气合作。[②] 张立哲、周云亨运用政治经济学的分析法对中国与沙特的石油合作做出理性分析与判断，指出沙特是世界第一大原油生产和出口国，中国是世界第二大石油消费国和消费量增长最快的石油进口国。沙特需要为其巨大的能源储量寻找新的市场，中国需要海外能源满足经济增长的需要。因此，两国在能源领域存在着相互依赖关系，正是这种相互依赖关系推动着中沙关系的稳步发展。[③]

陈沫在《中国与沙特阿拉伯的石油合作》中认为，随着中国国民经济的发展，石油在经济发展中的作用日益显著，特别是自中国成为原油净进口国以来，保持稳定的石油来源就显得更为重要。沙特的石油储量丰富，石油的产量和出口量在世界石油市场上占据重要地位。石油也是沙特经济发展的支柱产业，寻求稳定的出口市场是沙特能源战略的重要组成部分。需求和市场的结合，是双方能源战略实现共赢的基础。发展和稳定两国在能源领域的合作有利于经济的良性运行。首先，中国应清楚地了解沙特石油产业的政策与法规及其现状，以利于中国企业进入沙特以及在合作中制定和实行有利的策略。其次，要了解发达国家的能源政策及其鼓励开发利用海外油气资源的措施，以及发达国家石油公司在

① 张抗：《中国和世界地缘油气》，地质出版社，2009年版。

② 杨中强：《中东石油与21世纪中国石油安全》，华东师范大学科学社会主义与国际共运专业博士学位论文，2003年。

③ 张立哲、周云亨：《试析中国与沙特阿拉伯的石油合作》，《阿拉伯世界研究》，2007年第5期。

沙特的活动情况，从中得到一些有益的借鉴。①

杨光在《从能源联系看中国与中东国家的互利合作》一文中分析了中国、中东的石油安全状况，认为中东是中国主要石油进口来源地，论文分析了中国对中东石油依赖带来的问题，如中国与中东国家的贸易平衡问题、环境安全问题、中东局势动荡问题，论文提出了中国与中东互利合作的几点思考，认为应扩大对中东的出口规模、消除亚洲升水、扩大投资合作、维护地区和平、开展战略对话等。②

刘东在《高油价均衡下中国与中东产油国的石油合作》中分析了国际油价长周期波动与21世纪的高油价均衡，分析了在高油价均衡条件下中东产油国的石油政策及其对中国石油企业走出去的影响，认为中东产油国的政策调整对中国石油企业"走出去"会产生影响，但中国与中东在石油领域的合作空间仍然十分广阔，中国石油企业应加强对中东地缘政治的解读，以更好地规避风险，把握互利双赢的机会。③

对于中国在能源领域如何开展双边、区域和国际组织的合作，相关的论文和著作侧重于研究双边和与某一地区的合作关系，如《中俄油气合作现状、前景和影响》（夏义善，《国际问题研究》2000年第6期）、《韩国石油工业现状与中韩石油贸易前景展望》，（董秀成、卢爱珠，《国际石油经济》1997年11期）、《中国的石油安全与中东五大产油国的石油政策》（吴磊：《西亚非洲》2002年第2期）、和《中国与里海石油》，（许世国，《国际石油经济》

① 陈沫："中国与沙特阿拉伯的石油合作"，《西亚非洲》2006年第9期。

② 杨光："从能源联系看中国与中东国家的互利合作"，《西亚非洲》2004年第5期。

③ 刘东："高油价均衡下中国与中东产油国的石油合作"，《国际石油经济》2011年第10期。

2002年第10期），等等。对于区域内能源多边合作，有《东北亚油气供需格局中的中韩两国的合作潜力》（徐小杰，《当代韩国》1999年第2期）等。对于能源消费国组织的研究，主要有《IEA各国的石油安全应急对策体系》（杨敏英，《中国能源》2002年第3期）。

目前对于中国能源安全与中外能源合作这一课题，相关的研究散落于一些论文中，侧重探讨双边合作关系，缺乏较为全面的论述。对于如何通过多边合作维护地区能源安全以促进中国的能源安全，如何认识能源消费国组织的作用及其对中国能源安全的借鉴意义，相关的论述就更为稀少。对中国与中东能源合作的互动关系，缺乏较为宏观与深入的研究。

第三节　研究范式

关于能源合作的研究的范式主要有两种：现实主义和自由主义。

现实主义是以“国家为中心”的分析法，着重研究国家权力和权力均势，主要的观点为：第一，国家本质上是一个理性的角色；第二，权力是国际关系中的核心概念；第三，国家是最重要、最核心的国家关系角色；第四，国家安全是国际关系诸角色的核心问题。现实主义者认为国际能源秩序是建立在权力分配的基础上。权力决定国家间的能源关系。当强国迫使其他弱小国家服从建立在强国的国家利益基础上的国际能源秩序时，国际合作才变得可能。

对现实主义来说，首先，国际能源关系被认为是“无秩序”的。认为在国际能源领域中不存在超国家实体的稳定关系，美国和日本争夺石油供应资源的竞争关系揭示了国际能源关系的无政府本质。日本在20世纪70年代增加在国际能源领域的活动，导致了美日关系作为“监护人”和“被监护人”的稳定关系的崩溃。当两个饥渴的巨人冲突时，国际石油关系处于无政府状态中，这意味着没有超国家的组织控制工业国家对海外石油的竞争。[①] 其次，国家或政府是无政府本质的国际能源领域的主要行为者。认为政府在石油领域的分配、控制和安全是保证石油供应的必要条件。跨国石油公司是服从于政府的，是为他们的母国政府获取石油安全的工具。[②] 虽然国家高层外交政策制定者经常会面对能源利益集团的压力，但仍能保持独立性，并要求石油公司执行其外交政策。[③] 再次，现实主义者强调稳定的国际能源秩序是权力关系的结果。美国垄断核武器，有巨大财政储备，所以美国有能力控制石油，并将其作为建立战后国际秩序的工具。他们将石油看作是一种战略资源，认为形成霸权的结构性权力使美国能在20世纪80年代获得稳定的能源供应。二战后在美国的霸权统治下，美国从稳定的能源供应中获取了巨大的份额。[④] 他们认为克服石油供应中断必须依靠霸权的权力。从霸权稳定论的观点看，能源安全是由现存的强大力量的国家来保证的。[⑤]

自由主义是建立在几个关键的假设基础上的。首先，自由主义

---

① Vemon Raymond, Two Hungry Giant, Harvvard University Press, Cambridge, 1983.

② Robert Gilpin, U. S. Power and the MultinatIonal Coopeartoin, New York, Basci Books, 1975.

③ Stephen Krasner, Defending the National Interest, Princeton University Press, 1978.

④ Bromley Simon, Ameriacn Hegemoy and World Oil, University Park, The Penncylvania State University Press, 1991.

⑤ Ethan Kapstein, Insecure Alliance, Oxford University Press, 1990.

假设的起点是非国家行为主体，认为非国家行为主体与国家一样重要。其次，自由主义认为市场、而不是权力或政府，是解决问题的力量。他们认为市场能解决由政府行为失败而造成的问题，因为它为消费者提供了政府难以想象的各种机会。再次，对于自由主义者，国际制度不仅可以防止国际关系陷入无政府状态或冲突中，还能帮助国家更加合作。自由主义认为规则、原则和制度最大地弱化了国家的自私行为并有利于合作。①

在自由主义者看来，首先，非政府行为者对国际能源安全来说是重要的。认为法国在战争期间的能源对外政策是国际石油公司和法国石油利益集团斗争的产物。法国国家石油公司的成立是由于法国在海外扩张石油利益，国内的能源利益集团需要一个国有石油公司来保护他们的利益。法国不是国家控制能源市场，而是能源市场的行为者控制国家。② 其次，对于自由主义者来说，市场而非国家权力在解决石油供应问题中扮演重要角色。一些自由主义者支持自由市场是解决石油供应中断的药方。他们认为政府以能源安全的名义对能源市场进行干预是能源危机的原因。政府对国际石油价格的限制加重了20世纪70年代的能源安全问题，因为低油价鼓励了石油消费并增加了石油进口。因此，他们坚持认为，开放的石油市场会令消费者更加有效率地使用石油。③ 他们强调市场对国际石油工业的作用，认为20世纪80年代和90年代经历了低油价和稳定的石油流量，未来石油是便宜和充足的。他将这种

---

① Friedman Milton, Capatalism and Freedom, the University of Chicago Press, 1982.

② Gregory P. Nowell, Mercantile State and the World Oil Cornell, 1900－1939, Cornell University Press, 1994.

③ Douglas R. Bohi and Darmstadter, The Energy Upheavals of the 1970's, the Energy Crsis, the Hopkins University Press, Baltimore, 1996.

稳定归功于国际石油市场，市场刺激了石油业的技术创新并提高了石油消费的效率。因此，自由主义者认为市场相对于政府来说，国际能源合作是一个更重要的解决方案。[①] 再次，自由主义者认为国际机制不仅能防止国际能源关系的无政府状态，而且也能促进能源的国际合作。罗伯特·基欧汉在《霸权之后——世界政治经济中的合作与纷争》中对国际能源机构的合作机制进行了分析，认为国际能源机构通过建立紧急石油储备来改善成员国的能源安全。他们认为新的石油机制的特点是美国军事和政治的超级力量与沙特丰富石油之间的合作关系。自由主义者关注国际机制，并认为国际石油机制对能源安全的国际合作起重要的作用。[②]

现实主义强调国家的自私行为并将权力政治作为国家在追求能源安全行为的解释变量。自由主义强调非国家行为主体的作用，重视国际社会中的有序性，认为石油公司、市场和国际机制作用于稳定的石油供应。现实主义将石油供应中断归因于国际能源政治权力关系的变化，而自由主义将它归因于国际能源机制的变化。对于如何对石油供应中断做出反应，现实主义认为应使用政治权力和单边权力，而自由主义则主张作用于国际石油秩序的几个行为主体之间的合作。

---

① Robert Manning，The Asian Factors：Myths and Dilemma of Energy，Security and the Pacific Future，Palgrave，New York，2000.

② Kate Gillespie and Clement M. Henry，Oil in the New World Order，University Press of Florida，Giansville，1995.

第一章　国际能源安全与合作

第一节　能源安全

一、能源安全

能源是人类赖以生存的基础物资，是发展国民经济、社会稳定的基本支撑。在现代工业社会，能源安全直接关系到国民经济发展和国家安全等重大问题，在国家安全体系中占有重要的地位，一旦能源不足或者中断，会对经济体系和国防体系产生严重的冲击。

20世纪50年代以后，随着世界工业化和城市化进程的加快，人们对能源的消费也不断增加，世界能源格局也发生了重大变化，石油超过煤炭成为一次能源消费中的主导能源。中东成为石油供应板块的重心，石油输出国组织（OPEC）成立，在国际能源舞台上发挥了重要的作用。1973年的石油危机及其引发的经济危机使能源安全的重要性凸显，1974年，国际能源机构（IEA）成立，提出以稳定原油供应和价格为核心的能源安全概念。①

不同机构、学者对于能源安全的概念有不同观点，美国学者威廉·马丁认为，能源安全有三个层面的含义：第一个层面是狭义

① 陆忠伟：《非传统安全论》，时事出版社，2003年11月版，第165页。

的能源安全，指对不稳定的中东石油进口依赖不断增长的情况下，对中东石油供应可能中断或短缺带来的风险进行管理；第二个层面是广义的能源安全，是指以合理的价格获得充足的能源供应，以满足不断增长的能源需求；第三个层面是与能源相关的政策议题，如环境问题和可持续发展。[①] 国际能源机构（IEA）把能源安全定义为"以适度的成本获得的充足供应，特别是石油的充足供应"。[②] 欧洲委员会（EC）把能源安全定义为"供应安全的保障能力"，或者通过国内充足的能源供应，或者国外稳定的能源供给，以经济上可接受的价格，确保必要的能源需求获得满足的能力。[③]

能源安全的内涵和外延也不断得到充实和发展，20 世纪 70 年代能源安全这个概念刚提出来时，能源安全的内涵主要指供应安全，随着全球化的发展及全球能源体系安全的扩展，能源安全呈现出全球性和关联性等特点，能源安全的内涵也不断得到丰富和充实，由单一性向综合性转变，由单纯的能源供应安全向能源价格、环境和气候变化等问题拓展。

（一）能源安全的要素

能源安全通常包括四个方面的要素：可获得性、可靠性、可承担性和可持续性。可获得性：可获得性要求存在一个能源市场，买卖双方通过能源市场交易能源的产品及服务。在能源市场中，各方利益得到满足是能源安全的先决条件，能源市场需要有能源资源、资本投入、有效的技术、适当的法律框架等。这些内容使

---

① William Martin, "Maintaining Energy Security in a Global Context", a report on the Trilateral Commission, 1996, p. 4.

② Robert Skinner and Robert Arnott, The Oil Supply and Demand Context for Security of Oil Supply to the EU from the GCC Countries, Oxford Institute for Energy Studies, April 2, 2005, p. 4.

③ EC Study on Energy Supply and Geopolitics, OECD/IEA, Paris, 2004, p. 6.

"可获得性"十分明确、清楚。[1] 有些资源比较充裕，但是由于技术的原因，在市场上买不到。例如，可燃冰是甲烷与水在高压低温状态下形成的一种冰状的结晶物质，如果技术达到一定的水平，突破开采瓶颈，在成本较低的条件下实施商业化利用，那么可燃冰就有可能成为一种新型能源。

可靠性：可靠性就是采取措施防止能源供应的中断。能源是确保国民经济健康稳定运行的基础物资，如果发生能源供应中断，会造成工厂施工、医院照明、家庭供暖等都受到影响。从某种程度来说，能源的可靠性与人们生命攸关。提升能源可靠性的措施主要有：（1）能源品种的多样化；（2）能源来源的多元化；（3）提升能源网络的储备能力，如石油管道、发电站、能源运输体系等；（4）压缩能源需求；（5）建立能源战略储备；（6）及时了解市场信息。[2]

可承担性：买不起能源也就无法使用能源。能源安全的可承担性指的不仅仅是能源价格对可支配收入而言的高低问题，还涉及能源价格波动的问题。能源价格的波动会引起严重的国家社会和经济方面的问题，造成经济困难。消费者就会采取措施，为应对预期之外的财政负担而斗争，并导致政局不稳。

可持续性：随着全球气候变化问题凸显，国际社会开始以可持续性发展的眼光来重新审视能源安全问题，开始更多关注由于能源使用所造成的全球性生态环境问题。[3] 能源安全更加注重环境的

---

① Carlos Pascual and Jonathan Elkind, Energy Security: Economics, Politics, Strategies and Implications, Washington D. C., Brookings Institution Press, 2010, p. 123.

② Carlos Pascual and Jonathan Elkind, Energy Security: Economics, Politics, Strategies and Implications. Washington D. C., Brookings Institution Press, 2010, pp. 125－126.

③ 倪健民、郭云涛：《能源安全》，浙江大学出版社，2009年版，第58页。

可持续发展，增进能源安全过程中如果没有考虑到环境的可持续发展，在采用先进技术及实践中会恶化地球环境，地球环境的恶化反过来也会影响能源系统。

（二）能源问题的非传统安全特征

非传统安全，一般是指由非军事因素引发，直接影响人民安全和国家的稳定与发展，主要强调应对发生在战场之外的安全威胁，它涉及的领域涵盖了经济、资源、环境和社会等广泛的“低级政治”议题，在这种视角下，能源安全也被纳入非传统安全范畴。非传统安全问题的主要特点有：跨国性、转化性、动态性、广泛性、临界性、系统性和依赖性等，非传统安全也可以向传统安全转化，从而能对国家安全造成实质性影响。非传统安全威胁同样可以引发冲突、甚至战争，危及一个国家的根本利益、生存等。[①]

能源安全是一个国家经济安全的主要领域，能源价格的上涨会导致工业生产成本增加、原材料短缺，进而引发通货膨胀，经济衰退。能源安全状况直接影响到环境安全、可持续发展和整个的社会稳定。能源的过度使用所排放的气体使用会导致全球气候变暖、大气环境质量下降、产生酸雨、污染环境，造成一系列问题。现代意义上的能源安全与可持续发展联系在一起，能源安全不仅包括能源的供应安全，还包括能源的生产和使用所造成的环境问题，所以实现能源安全是实现国民经济持续发展和社会进步所必须的条件。[②]

在全球化的时代，能源安全问题已成为一个全球性的问题，能

---

① 宋效峰、张立华，“传统与非传统：对石油安全的双重解读”，《攀登》第25卷，2006年第4期，总第147期。

② 余建华等：《上海合作组织非传统安全研究》，上海社会科学院出版社，2009年5月版，第45、46页。

源安全的影响和威胁是跨国界的，能源生产国政局动荡、地缘政治、能源投机等因素会影响全球能源价格等的走向，没有一个国家能够摆脱世界市场和其他国家的影响而单独保证能源安全。能源使用后对环境的影响也是跨国界的，以酸雨为例，西北欧和中欧国家排放的二氧化硫（SO_2）有相当一部分扩散到其他国家，使欧洲成为世界上一大酸雨区。

全球化给各国的能源开发和利用带来较大的影响，随着国际能源贸易规模的扩大、世界能源的投资开发与能源型产品的生产日益国际化，能源企业跨国经营和市场调节机制多元化。能源配置国际化给各国既带来利益，也带来风险。一方面，随着国际能源贸易进一步扩大，能源短缺国家能够通过进口能源满足国内需求；能源出口国能够通过开发和出口国内能源，增加本国国民收入，世界能源贸易的增加使国际能源市场进一步发展，也使各国经济的联系进一步加深，能源生产国和消费国的利益更加紧密，世界经济更加融合。另一方面，能源配置国际化也带来风险，加剧了国际能源产业的竞争。能源安全不仅与国内供求矛盾及其对外依存度相联系，同时它还与该国对世界资源丰富地区的外交和军事影响力相联系。①

第二节 国际能源体系中的能源安全

一、国际能源体系

国际能源体系是由能源供应板块、需求板块、能源运输通道、

① 李霞：《东北亚区域能源安全与能源合作研究》，吉林大学人口、资源与环境经济学专业博士学位论文，2012 年 12 月，第 10 页。

能源国际机制和国际能源市场等要素构成，国际上各种能源行为体根据自身权力的大小，通过制定能源战略，在国际能源体系中进行权力博弈，在一定时期内形成一种相对均衡的态势或结构。在国际能源体系中国际能源价格是核心，国际能源价格控制权是国际石油舞台各方争夺的焦点。在不同的历史时期，国际能源价格控制权的更替、转移标志着国际石油市场主导权的更替、转移。①

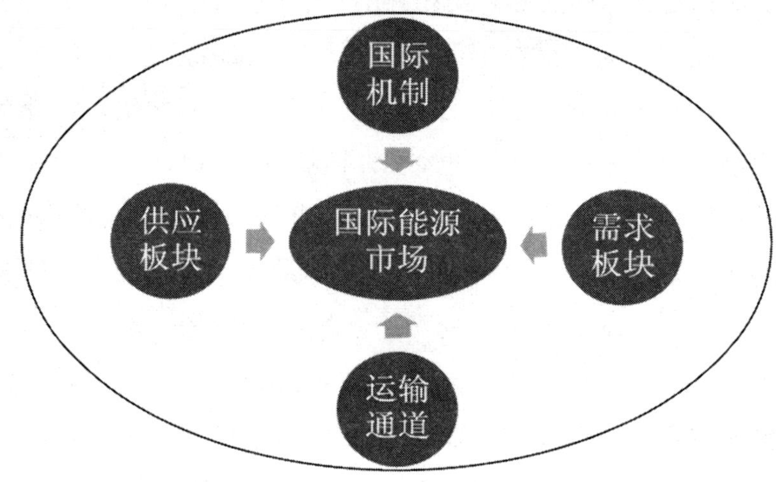

图 1　国际能源体系的结构②

在能源领域，世界各国是相互依存的，不论哪个国家、国家集团都不能独立于国际能源体系之外。能源价格的剧烈波动关系到整个国际能源体系的稳定，任何国家都不能脱离国际能源体系而独善其身，近年来，石油生产国之间、石油消费国之间、石油生产和消费国各种互动机制正在得到加强，相互依存、互利多赢、

① 潜旭明：《美国的国际能源战略研究》，博士学位论文，复旦大学，2010 年 12 月，第 37 页。

② 潜旭明：《美国的国际能源战略研究》，博士学位论文，复旦大学，2010 年 12 月，第 37 页。

可持续发展成为能源生产国和消费国的共识。[①]

（一）供应板块

从石油储藏分布来看，世界石油储量主要集中在中东、里海、俄罗斯以及非洲，在世界石油储藏的地缘政治版图上，形成了一个从北非的马格里布到波斯湾、里海、俄罗斯的西伯利亚和远东地区的巨大的带状区域，世界上的石油资源基本上储藏在这个带状区域之内。[②] 有的学者认为，从北非的马格里布到波斯湾，从波斯湾到里海，再到俄罗斯西伯利亚和远东地区巨大的地理带，由于其巨大的油气储量，在未来几十年内是世界油气的主要供应源，因此可以称之为“石油心脏地带”。[③]

根据英国石油公司（BP）统计数据显示，现在世界已探明的石油储量为1700.1亿桶，其中中东地区已探明的石油储量为810.7亿桶，亚欧大陆已探明的石油储量为154.8亿桶，非洲地区为129.2亿桶，拉丁美洲地区为330.2亿桶，北美地区为232.5亿桶，亚太地区为42.7亿桶。[④]

（二）需求板块

从石油需求的分布来看，世界性的石油需求主要来自环绕上述北非—海湾—里海—俄罗斯石油供应轴心的外部的两个地区，一是“内需求月形地带”，包括东亚、南亚、欧洲大陆以及英国和日本。

---

① 杨洁勉等：《大体系：多极多体的组合》，天津人民出版社，2008年1月版，第405页。

② 刘新华、秦华：“略论21世纪的石油地缘政治学”，《当代亚太》，2003年第7期。

③ 任娜、孙暖：“地缘政治视角下的能源安全——以美国全球能源安全战略为例”，《经济论坛与世界政治》，2007年第2期。

④ BP，BP Statistical Review of World Energy，June 2015，p. 6.

二是“外需求月形地带”，主要是北美、非洲和大洋洲。[①] 在“内需求月形地带”，随着亚洲经济的增长，这一地带对能源需求不断上升。有学者认为，在东北亚地区，地缘政治结构和自然资源相结合，使能源安全更加重要，甚至被称为“东北亚危机弧”。[②] 在石油“外需求月形地带”，美国的石油进口量也将稳步增长。目前，美国每天消费 1164.4 万桶原油，占其世界石油消费总量的 12.3%。[③] 在石油内需求月形地带，亚太地区，尤其是东亚地区对石油的需求将会大大增加。发展中国家的消费量也将增加一倍以上，世界石油消费中心正在由北美向亚洲新兴市场主要是东亚和南亚市场移动。[④]

（三）石油运输通道

由于世界各个区域石油储藏分布不均，造成石油生产区域和消费区域之间在地理上的分离，就需要交通运输工具把石油从产油区运往消费区。而石油生产区和消费区距离遥远，就需要保证石油运输通道的安全。当前跨地区石油运输主要有两种形式：一是在陆地上的石油运输，二是海上油轮运输。

1. 陆上石油运输通道

就陆地运输而言，石油输出的方向主要是从“石油中轴”区域向欧洲、南亚和东亚这个“内需求月形地带”流通，具体有西向、南向和东向这三个方向，形成了西线、南线和东线。西线是从俄

---

① 刘新华、秦仪：“略论 21 世纪的石油地缘政治学”，《当代亚太》，2003 年第 7 期。

② Kent Calder and Fereidun Fesharakil, Energy and Security in Northeast Asia: Fueling Security: An IGCC Study Commissioned for the Northeast Asia Cooperation Dialogue V Energy Workshop, 1996, p. 9.

③ BP, BP Statistical Review of World Energy, June 2015, p. 8.

④ 刘新华、秦仪：“略论 21 世纪的石油地缘政治学”，《当代亚太》，2003 年第 7 期。

罗斯和中亚输往欧洲市场；南线是从波斯湾和中亚到南亚次大陆；东线则是从俄罗斯、中亚到环黄海地区的中国、日本及韩国。[①] 为保证陆上石油运输通道的安全，就需要有发展强大的陆权来保卫输油管道、交通运输线和重要关口的安全。一般而言，传统的陆权国家具有较大的战略纵深，可以保证其运输安全。欧亚大陆上的国家大多是以陆权为主的国家，如果它们接近世界的油库，跨地区的石油管道运输对它们就具有战略意义。[②]

2. 海上石油运输通道

全球大约有60%的原油及其产品的出口是通过油轮来运输的，每天大约有4800万桶原油及其产品通过油轮往返于各个港口。[③] 世界出口的石油大约40%通过霍尔木兹海峡，28%通过马六甲海峡，7%通过曼德海峡。[④] 对于石油供应而言，保障海上运输线非常重要。在漫长的海上运输线中，起决定性作用的是一些具有战略意义的海峡，也称为海上战略运输通道。在全世界的海峡中起重要作用的仅有40多个，这些海峡是海上交通运输的生命线、货物贸易的大动脉，对国家的经济发展和影响力的扩大具有极其重要的战略意义。[⑤]

国际战略通道是海上交通的走廊和枢纽，也是国际海上运输的捷径。如马六甲海峡是沟通太平洋与印度洋的航运咽喉要道，中

---

① 刘新华、秦仪："略论21世纪的石油地缘政治学"，《当代亚太》，2003年第7期。

② 刘新华、秦仪："略论21世纪的石油地缘政治学"，《当代亚太》，2003年第7期。

③ 菲利普·赛比耶一洛佩兹著，潘革平译：《石油地缘政治》，社会科学文献出版社，2008年9月版，第33页。

④ Carlos Pascual and Jonathan Elkind, Energy Security, Washington, DC: Brookings Institution Press, 2010, p. 14.

⑤ 李兵：《国际战略通道研究》，中央党校博士学位论文，2005年，第18—19页。

国石油进口的80%、日本石油进口的90%都途经马六甲海峡，被认为是中国和日本的“海上生命线”；英吉利—多佛尔海峡号称世界上最繁忙的海峡，是欧洲到美洲、非洲航线的必经之路，每天通过的船只多达12万艘；霍尔木兹海峡是世界著名的“石油海峡”，是波斯湾通往阿拉伯海的咽喉，波斯湾沿岸国家石油出口的要道。苏伊士运河的开通，使欧洲大西洋沿岸国经苏伊士运河—曼德海峡航线比绕道好望角缩短航程5500公里至8000公里；巴拿马运河的通航，使太平洋和大西洋之间的航程比绕道麦哲伦海峡缩短了5000公里至14000公里。①

世界上有16个最具有战略价值的通道，在这全球16条海上战略通道中，大西洋有7条：加勒比海和北美的航道、佛罗里达海峡、斯卡格拉克海峡、卡特加特海峡、好望角航线、巴拿马运河、格陵兰—冰岛—联合王国海峡；地中海有2条：直布罗陀海峡和苏伊士运河；印度洋有2条：霍尔木兹海峡和曼德海峡。太平洋有5条：马六甲海峡、巽他海峡、望加锡海峡、朝鲜海峡和太平洋上通过阿拉斯加湾的北航线。②

国际能源通道的通畅与否，也会反映到能源供应和需求板块上，影响供给和需求曲线，进而影响到国际石油的价格，如武装冲突、恐怖主义、海盗抢劫、极端民族主义行为等，都会对国际石油的价格产生影响。对于石油供应而言，保障海上运输线非常重要。20世纪70年代末，伊朗伊斯兰革命和两伊战争爆发，双方相互攻击对方及中立国的船只，霍尔木兹海峡的石油运输受到破坏，引发了1979—1980年的第二次石油危机，1979年4月，石油价格达到14.5美元/桶，两伊战争爆发时，油价高达32美元/桶，

① Seaway Maritime Directory St. Clair，Mich.：McDaniel，1965.

② 李兵：《国际战略通道研究》，中央党校博士学位论文，2005年，第190页。

甚至一度突破40美元/桶。[①]

（四）国际能源机制

国际能源机制对国际能源体系的形成和发展具有重要的作用。国际能源机制为国际能源秩序提供基本条件，在国际能源体系中行为者之间进行有效的政策协调，以维护或变革已有的世界能源体系。随着全球相互依赖的迅速发展，政府间的国际机制大量涌现，国际机制通过国际协调对世界能源秩序的影响越来越大。有效的国际能源机制是一种国际能源体系得以形成和发展的重要因素。国际能源机制与权力和利益密切相关，在国际能源机制内部，占支配地位的强国总是最有发言权，国际能源机制的基本准则首先是与强国的价值标准、原则、目标、决策程序相一致的。[②] 尽管国际能源机制的效能在具体发挥的过程中不可避免地受到主权国家行为体的影响和制约，但国际能源机制进行的国际协调对于实现国际能源秩序的基本目标具有重要意义。

国际机制会对国际能源市场及其价格产生重要的影响，例如在20世纪70年代，第四次中东战争爆发，OPEC（石油输出国组织）为反对美国等西方国家支持以色列，祭起石油武器反对西方国家，引发石油危机。1974年，石油消费国成立了国际能源署（IEA），通过采取一系列措施，来应对石油危机、增进石油消费国合作，对国际石油价格的形成产生巨大的作用。1990年伊拉克入侵科威特，使国际原油市场的供给每天减少430万桶[③]，国际油价迅速上涨，国际能源机构（IEA）马上采取行动，稳定了国际石油市场，使油价回到了正常的水平。

---

① 潜旭明：《美国的国际能源战略研究》，复旦大学出版社，2013年3月版。

② 倪世雄：《当代西方国际关系理论》，复旦大学出版社，2005年10月版，第375页。

③ 杨光："新世纪的高油价与中东"，《西亚非洲》，2008年第9期。

（五）国际石油市场

国际能源市场是国际能源体系中最重要的组成部分，国际能源体系中的供应板块、需求板块、运输通道、国际能源机制等都是通过国际能源市场对能源的供给和需求起作用来影响国际能源价格的。供应板块通过影响国际能源市场的能源供给来影响价格；需求板块通过影响国际能源市场的能源需求来影响价格。能源运输通道的畅通与否，直接影响到能源供给能否顺利进行，是能源供给的重要因素。近年来，随着国家对能源市场的介入的加深，能源生产国和消费国在能源市场中扮演着越来越重要的角色，对能源价格施加重要的影响。国际能源机制也是通过一系列国际机制，通过影响国际石油市场的供给和需求最终影响国际石油市场的价格。

二、国际能源安全面临的风险

能源安全面临的风险因素主要有：地缘政治因素、供求关系紧张、产油国政治动荡、突发事件和投资的不确定性。若这些因素中的一个或几个产生问题，就会引起国际能源价格的波动，使能源安全面临风险。

（一）地缘政治因素

世界主要能源资源的储量具有两个特点。绝大部分石油集中于OPEC国家。根据《2012年石油输出国组织年度统计公报》的数据，OPEC成员国的探明石油储量高达11997.1亿桶，占全球储量的81%，所有非OPEC国家的探明石油储量仅有2820亿桶，占19%。[①] 全球55%以上的石油和70%以上的天然气储量位于从海湾、中亚里海到西伯利亚的巨大弧形地带。中东石油和天然气分别占全球

---

① OPEC Annual Statistical Bulletin，http：//www.opec.org/opec_web/en/data_graphs/330.htm.

储量的48.4%和43%，俄罗斯石油和天然气分别占全球储量的5.2%和17.6%。中亚里海国家，如哈萨克斯坦、土库曼斯坦和阿塞拜疆等，也有一定资源储量，比如，哈萨克斯坦的石油储量占全球总储量的1.8%，土库曼斯坦的天然气储量占全球总储量的9.3%。[①]

波斯湾、中亚里海、西非和拉丁美洲地区政局不稳，带来潜在的地缘风险。“石油国家”在政治上一直存在体制不稳定、政治不民主、财富分配不平等和腐败等问题。油气容易引起地方分离主义的冲突，特别是油气资源生产掌握在那些与本地人没有宗教、种族和地区认同的集团手里时，就更容易引起分离主义冲突。再加上近年来OPEC国家实行石油限产政策，以维持较高的油价水平。俄罗斯、委内瑞拉和伊朗等国不断强化政府对能源部门的控制，并利用石油资源推进其外交目标。地理分布的不平衡性加剧了地缘政治竞争，刺激了霸权国的危机意识，为了牢牢控制中东石油，美国屡次在海湾地区用兵，使世界主要产油区的局势更加动荡，加深了其他能源消费国的安全危机。

（二）能源需求的集中

美国、欧盟、中国、日本和印度构成世界能源的消费中心，2012年全世界平均每天消耗石油8977.4万桶，其中美国消费1855.5万桶（占19.8%）、欧盟1279.6万桶（占14.8%）、中国1022.1万桶（占11.7%）、日本471.4万桶（占5.3%）、印度365.2万桶（占5%），这些国家的总消费量占全球的比例高达56.6%。[②] 尽管这些国家（日本除外）都是石油生产大国，但由于石油储量不足，产量低于消费量，差额部分依靠进口石油填补，对外进口依赖度普遍位于高水平。2012年，欧盟日均石油产量153.8万桶，进

---

① BP Statistical Review of World Energy 2013，http：//www.bp.com/content/dam/bp/pdf/statistical-review/statistical_review_of_world_energy_2013.pdf.

② BP Statistical Review of World Energy 2013，http：//www.bp.com/content/dam/bp/pdf/statistical-review/statistical_review_of_world_energy_2013.pdf.

口依赖度为88%；中国日均石油产量415.5万桶，进口依赖度59.3%；印度日均石油产量89.4万桶，进口依赖度高达75.5%。[①] 日本国内几乎没有石油产量，进口依赖度接近100%。新兴经济体的能源消费需求却逐年增长。1990—2010年期间，中国的能源消费需求年均增长6.6%，印度年均增长5.5%。[②] 2012年，中印两国的能源消费需求增长占到新兴经济体净增长的90%。[③] 世界能源消费的重心正从经合组织向亚洲的新兴经济体转移。2006—2030年期间，非经合组织国家的能源消费占新增消费量的87%，在世界能源消费中的比例将从51%上升到62%。[④]

（三）能源运输战略通道

能源运输主要分为海路和陆路。从海路来看，油轮运输必须经过一些重要的战略通道，如霍尔木兹海峡（Hormuz Strait）、马六甲海峡（Strait of Malacca）和博斯普鲁斯海峡（Strait of Bosporus）。通过这些海峡运输的石油和天然气数量巨大，阻塞一个海峡就会对世界经济造成巨大的影响。

霍尔木兹海峡连接波斯湾和印度洋的战略通道，2011年在运出霍尔木兹海峡的原油中有超过85%运往亚洲市场，其中日本、

① 这些数据系根据《BP 2013年世界能源统计》（BP Statistical Review of World Energy 2013）中的数据计算得出。BP于每年6月25日定期发布上一年的世界能源统计数据。

② BP Energy Outlook 2030，London，January 2012.

③ BP Statistical Review of World Energy 2013，p. 4. http：//www. bp. com/content/dam/bp/pdf/statistical-review/statistical _ review _ of _ world _ energy _ 2013. pdf.

④ Dries Lesage，Thijs Van de Graaf and Kirsten Westphal，Global Energy Governance in a Multipolar World，Farnham and Burlington：Ashgate Publishing Limited，2010，p. 16.

印度、韩国、中国为主要目的地。[①] 马六甲海峡是东亚能源安全的枢纽，每天通过这个通道的石油约为1520万桶。[②] 油轮可以绕过马六甲海峡，但运输成本高昂，而且航程延长。因为其非常狭窄，有可能阻止或限制通过，从而对东亚国家的能源安全造成致命的威胁。博斯普鲁斯海峡是国际石油贸易和非石油贸易的重要通道，也是世界上最繁忙的海峡之一，每年有4800多艘船只通过[③]，其中单是油轮数量就数以千计，该海峡对俄罗斯向欧洲的能源出口意义重大。

（四）气候变化

化石能源主要用于发电和交通运输，全球温室气体的2/3来自化石能源。具体来说，40%的二氧化碳来自发电，20%来自交通运输。以美国为例，20世纪90年代以来，美国的电力行业仍然是最大的碳排放来源，碳排放量约占碳排放总量的41%。[④] 其中，煤炭排放的温室气体最多，石油和天然气次之。燃煤电厂生产1千瓦电力可排放1600—2100磅的二氧化碳，是油气联合循环电厂排放量的两倍多。煤炭燃烧所排放的二氧化碳在未来25年将超过以往250年的排放总量。[⑤] 由于大规模利用化石能源，向大气中排放的二氧化碳等温室气体显著增加，化石能源利用是导致大气中二氧化碳浓度增加的主要根源。截至2011年，化石能源仍是世界最

---

① 刘俊："霍尔木兹海峡牵动油运市场'神经'"，《中国水运报》，2012年2月10日，第6版。

② Energy Information Administration，US Departmant of Energy November，World Oil Transit Chokepoints，10，2014.

③ Association of French Ship Captain，The Turkish Straits Vessel Traffrc Service（TSVTS），http：//www. afcan. org/dossiers _ techniques/tsvts _ gb. html.

④ 杨荣海："美国碳排放量和经济增长的政策效应分析"，《国际经贸探索》，2010年第7期，第62页。

⑤ ［美］弗雷德·克鲁普、米丽亚姆·霍恩著，陈茂云等译：《决战新能源：一场影响国家兴衰的产业革命》，东方出版社，2009年版，第120页。

主要的能源，在总能源消费中占86.3%（石油32.6%，煤炭30%，天然气23.7%）。[①] 可以说，全球温室气体排放的显著增长进而导致全球气候异常主要是人类长期大规模利用化石能源造成的结果。

石油也是重要的排放来源，主要用于交通运输业的动力。2014年，全球每天平均消费9200多万桶石油[②]，绝大部分石油用于交通运输业，每天都向大气中排放大量的温室气体。美国是世界汽车拥有量最多的国家，汽车及其他交通工具消耗的石油占美国石油消费的大约70%。从世界范围来说，汽车数量惊人，造成的温室气体排放仅次于工业排放。目前，全世界使用汽油驱动的汽车数以亿计，据《汽车文摘》估计，2010年全世界机动车总量将达到7亿辆。[③] 而据英国石油公司的统计数据显示，2011年全世界机动车总量已达到10亿辆。[④]

从全球能源消费结构来看，当前各国更加依赖化石能源，因而碳排放非但不会减少，还会快速增加。根据国际能源署（IEA）在2008年的估计，从2006—2030年期间，全球主要能源需求仍将以每年1.6%的速度增长，二氧化碳排放量将以每年1.2%的速度增长。[⑤] 以中国为例，近年来由于能源消费的快速增加，中国温室气体排放量年均增长5%，温室气体排放总

① 根据BP2015统计数据据计算得出。

② BP，BP Statistical Review of World Energy 2015，p. 9，http：//www. bp. com/content/dam/bp/pdf/statistical-review，Jnne 2015.

③ ［美］斯蒂芬·李柏等著，李伟译：《即将来临的能源崩溃》，中国人民大学出版社，2009年版，第73页。

④ “全球汽车保有量与中国汽车保有量”，《时代汽车》，2012年第1期。

⑤ Andreas Wenger，Robert W. Orttung and Jeronim Perovig eds.，Energy and the Transformation of International Relations：Toward a New Producer-consumer Framework，Oxford：Oxford University Press，2009，p. 61.

量占发展中国家的 1/3 以上，人均排放量已高出世界平均水平 11%。①

在气候变化的大背景下，仅仅强调能源的可获得性和价格可负担性是远远不够的，能源安全已经超越了供需安全的范畴。消费国和输出国都需要制定新的能源安全战略，其目标不再是单方面追求供应安全或需求安全，而是要根本性地转变能源生产和消费模式，促进能源技术进步，特别推动与应对气候变化有关的能源技术创新，这既是一场新科技革命，又是一场广泛地涉及现代经济生活方式的观念革命。

第三节 国际能源合作主要机制

国际机制是指国家之间的多边协议，旨在协调某一问题领域的国际行为。国际能源机制就是世界上与能源有关的利益主体（国家集团或国际组织）通过制定一系列国际机制，如能源交易支付机制、生产国库存和配额机制、消费国战略储备机制等，在能源生产、交换、消费、分配方面达到的某种相对稳定或均衡的状态。

国际能源市场变化多端，能源领域竞争日益加剧的形势下，各国为了保障本国的能源安全，走向国际协调、对话、磋商与合作是一种必然的趋势。目前在能源方面较为成熟的能源合作的国际机制主要有：OPEC（石油输出国组织）、国际能源组织、经济发展与合作组织、8 国集团、G20、欧洲能源宪章、清洁能源发展机

① 徐华清、郭元等著：《中国能源发展的环境约束问题研究》，中国环境科学出版社，2012 年版，第 6—7 页。

制等。

（一）石油输出国组织（OPEC）

石油输出国组织（the Organization of Petroleum Exporting Countries，简称欧佩克 OPEC））成立于 1960 年 9 月 14 日，其主要目标就是维护国际石油市场价格的稳定，防止石油价格进一步下跌。① 石油输出国组织成立之初只有 5 个成员国，伊朗、伊拉克、科威特、沙特和委内瑞拉，这 5 个成员国拥有世界石油储量的 67%，掌控世界石油生产的 38%和石油贸易的 90%。② 后来一些石油生产国陆续加入：卡塔尔（1961 年）、印度尼西亚（1962 年）、利比亚（1962 年）、阿拉伯联合酋长国（1967 年）、阿尔及利亚（1969 年）、尼日利亚（1971 年）、厄瓜多尔（1973 年）和安哥拉（2007 年）。③ 这样，石油生产国联合成为一个集团，争取有利于自己的石油价格和石油收入目标。石油输出国组织成立的目的在于协调各国石油政策，确保石油市场有效、经济和有规则地向石油消费国提供石油，确保产油国获取稳定收入，确保石油工业的投资者获的公平的回报。④

石油输出国组织的组织结构为：OPEC 大会，OPEC 大会是该组织的最高权力机构，各成员国向大会派出以石油、矿产和能源部长（大臣）为首的代表团。大会每年召开两次。OPEC 理事会，

---

① Svante Karlsson，Oil and World Order：American Foreign Oil Policy，Warwick：Berg Publishers，1986，p. 189.

② Robert B. Krueger，The United States and International Oil，New York：Praeger，1975，p. 59.

③ VO Xuan Han，Oil，the Persian Gulf States，and the United States，Westport，Connecticut：London，p. 38.

④ http：//www. opec. org/opec _ web/en/about _ us/23. htm.

由各成员国提名并经大会通过的理事组成，每两年为一届，理事会负责管理OPEC的日常事务。OPEC秘书处，秘书处由秘书长、调研室、数据服务中心、能源形势研究部门、石油市场分析部门、行政与人事部门、信息部门、秘书长办公室以及法律室组成。在理事会的领导下负责行使该组织的行政性职能。秘书处内设有经济委员会，协助该组织把国际石油价格稳定在公平合理的水平上。

（二）国际能源署（IEA）

国际能源署（International Energy Agency）是石油消费国政府间的经济联合组织，总部设在巴黎。该组织于1974年由以美国为首的西方发达国家发起成立，其宗旨是协调成员的能源政策，发展石油供应方面的自给能力，共同采取节约石油需求的措施，加强长期合作以减少对石油进口的依赖，提供石油市场情报，拟订石油消费计划，石油发生短缺时按计划分享石油，以及促进它与石油生产国和其他石油消费国的关系等。①

国际能源组织的结构为：理事会，由各成员国政府的能源部长或高级官员为代表的一名以上代表组成，是最高权力机构，设煤炭工业顾问委员会和石油工业顾问委员会。管理委员会，理事会的执行机构，由各成员国的主要代表一人以上组成。秘书处，设五个办公室：长期合作办公室，非会员国家办公室，石油市场和紧急防备办公室，经济、统计和情报系统办公室，能源技术、研究与发展办公室。

国际能源署有29个成员国。要成为其成员国，要达到以下要求：（1）其原油储量要达到上一年平均净石油进口量90天的数

① http：//news. xinhuanet. com/ziliao/2003－07/10/content _ 965023. htm.

额，在紧急时刻政府可以用其作为应急反应手段机制（Emergency Response Measures，CERM）应对石油供应的中断；（2）有一个减少国家石油需求10%的需求限制项目；（3）在国家层面有一个法律规定的实施应急反应手段的机构；（4）法律确保该机构了解所有石油公司的石油储备量。①

（三）七国首脑会议（G7）

在石油危机的影响下，西方国家开始走向联合，协调各自的经济政策。1975年11月，法国政府邀请美国、英国、意大利和日本政府首脑到朗布依埃召开一次会议，讨论货币、贸易、能源、原材料以及发展中国家的问题，这样朗布依埃会议成了西方国家讨论经济政策的国际论坛。后来德国和加拿大也加入进来。从1977年伦敦会议开始，欧共体委员会主席也应邀加入。波多黎各会议确定会议每年7月召开一次，会议由法、美、英、德、日、意、加轮流当东道主，东道主国家元首或政府首脑为当年主席。② 1997年俄罗斯加入，这样就形成了西方8国首脑会议。2014年6月4日，七国集团（G7）在布鲁塞尔开会，17年来首次把俄罗斯排除在外，不让普京参加会谈，以此报复克里米亚入俄以及俄罗斯在乌克兰东部动荡局面中的角色。2015年6月7日在巴伐利亚的埃尔毛城堡召开G7峰会，俄罗斯没有参会。

西方7国首脑会议对国际石油价格的影响主要通过以下几个手段：（1）西方8国首脑会议的财长会议对国际石油价格进行判断，断定石油价格是否过高；（2）西方8国首脑会议的成员国通过协调

① http：//www.iea.org/aboutus/.

② 赵庆寺：《美国石油安全体系与外交》，上海人民出版社，2009年12月版，第187—188页。

而形成集体行动，来增强其在石油价格谈判中的地位，从而影响价格的制定；（3）成员国通过控制自身的石油消费和进口，来保持国际石油市场的价格稳定和充足供应。①

（四）欧洲能源宪章（Energy Charter）

1991能源宪章，也被称为欧洲能源宪章，于1991年12月17日在荷兰海牙签订，包括了一系列国际能源贸易、投资的原则，在共同能源供应安全和可持续经济增长基础上，加强能源合作。《能源宪章条约》（Energy Charter Treaty）于1994年12月签署，并于1998年4月正式生效。目前，欧亚大陆的54个国家和地区已经签署了条约。中国和美国也已成为能源宪章代表大会的观察国。②

《能源宪章条约》作为国际能源领域具有法律约束力的多边条约，对推动和促进能源领域的贸易、投资和运输活动具有重要意义。条约主要分为投资保护、能源贸易和运输保护、能源效率及争端解决等几部分。在能源投资方面，能源宪章条约具有与双边投资保护条约类似的促进和保护外国投资的作用，条约提供的争端解决机制已经成为从事国际能源投资活动的投资者保护其合法权益的有效途径。③

（五）清洁能源发展机制（CDM）

清洁发展机制，简称CDM（Clean Development Mechanism），

① 赵庆寺：《美国石油安全体系与外交》，上海人民出版社，2009年12月版，第188页。

② http：//www. energycharter. org/process/european-energy-charter-1991/.

③ http：//baike. baidu. com/view/2010507. htm.

是根据《京都议定书》第十二条建立的发达国家与发展中国家合作减排温室气体的灵活机制之一。它允许工业化国家的投资者在发展中国家实施有利于发展中国家可持续发展的减排项目，从而减少温室气体排放量，以履行发达国家在《京都议定书》中所承诺的限排或减排义务。核心内容是允许附件1缔约方（即发达国家）① 与非附件1（即发展中国家）进行项目级的减排量抵消额的转让与获得，在发展中国家实施温室气体减排项目。②

（六）上海合作组织（SCO）

上海合作组织前身是“上海五国”会晤机制。1996年4月26日，中国、俄罗斯联邦、哈萨克斯坦、吉尔吉斯斯坦、塔吉克斯坦五国元首在上海举行首次会晤。从此，“上海五国”会晤机制正式建立。2001年6月14日—6月15日，“上海五国”国家元首在上海举行第六次会谈，乌兹别克斯坦正式加入。次日，六国国家元首举行首次会谈并签署《上海合作组织成立宣言》，上海合作组织正式成立。上海合作组织政府首脑在会谈中联合决定启动上海合作组织多边经济合作进程，宣布正式建立上海合作组织政府首脑定期会谈机制。上海合作组织的宗旨是：加强各成员国之间的相互信任与睦邻友好；鼓励成员国在政治、经贸、科技、文化、教育、能源、交通、旅游、环保及其他领域的有效合作；共同致力于维护和保障地区的和平、安全与稳定；推动建立民主、公正、合理的国际政治经济新

---

① http：//unfccc. int/kyoto _ protocol/mechanisms/items/1673. php.

② http：//baike. baidu. com/view/132629. htm.

秩序。[①]

上海合作组织对内遵循“互信、互利、平等、协商、尊重多样文明、谋求共同发展”的“上海精神”，对外奉行不结盟、不针对其他国家和地区及开放原则。上海合作组织的最高决策机构是成员国元首理事会。该理事会每年举行一次会议，就组织所有重大问题做出决定和指示。上海合作组织成员国政府首脑理事会每年举行一次例会，重点研究组织框架内多边合作的战略与优先方向，解决经济合作等领域的原则和迫切问题，并批准组织年度预算。除元首和政府首脑理事会会议外，还设有议长、安全会议秘书、外交、国防、救灾、经济、交通、文化、卫生、执法部门领导人、总检察长等职以及最高法院院长会议等年度定期会晤机制。上海合作组织的协调工作由成员国国家协调员理事会负责。上海合作组织有两个常设机构，分别是设在北京的秘书处和设在塔什干的地区反恐怖机构。[②]

俄罗斯把建立上合组织能源俱乐部的设想提高到了亚洲能源战略的高度，这将对全球能源安全格局产生重要影响。俄罗斯在2006年6月提出在上海合作组织框架内建立能源俱乐部，2008年7月举办的比什凯克峰会通过的宣言表明，在能源等各个领域建立可靠和互利的伙伴关系有助于保障上合组织所在地区和全世界的安全与稳定。

（七）亚太经合组织（APEC）

亚太经济合作组织（简称“亚太经合组织”，Asia-Pacific Economic Cooperation-APEC），是亚太地区重要的经济合作论坛，也是

---

① http：//www. sectsco. org/CN11/brief. asp.

② http：//www. sectsco. org/CN11/brief. asp.

亚太地区最高级别的政府间经济合作机制。在亚太经济合作组织内APEC能源工作组和APEC能源部长会议是能源合作的两种重要的方式。

APEC能源工作组（Energy Working Group，EWG）成立于1990年，是APEC框架下基于自愿和协商一致原则的区域性论坛，旨在使能源部门更好地服务于地区经济和社会福利，缓解能源使用对环境的影响。能源工作组提出了许多新的倡议，促进了成员国在能源发展和能源安全领域的合作。能源工作组下设4个专家组和2个特别工作组，4个专家组为清洁能源专家组、能效和保护专家组、能源数据和分析专家组、新能源和技术专家组，2个特别工作组为生物能源特别工作组、能源贸易和投资专家组。能源工作组下设公共部门和私人部门对话机制——能源工作组商业网络（EBN），便于能源政策制定者和商业部门代表之间定期沟通和对话，以及提供能源政策建议。APEC能源部长会议每两年举办一次，对于促进APEC国家的能源合作，发挥了重要的作用。[①]

（八）二十国集团（G20）

G20成立于1999年12月，其最初的设计是由20国财长和央行行长就财政政策和货币政策进行对话。旨在推动国际金融体制改革以及发达国家和新兴市场国家之间就实质性问题进行讨论和研究，以寻求合作并促进世界经济的稳定和持续增长。2008年11月，在金融危机席卷全球的背景下，二十国集团峰会在美国首都华盛顿首次举行。会议主要议题包括：评估国际社会在应对当前金融危机方面取得的进展，讨论金融危机产生的原因，共商促进

① http：//www. apec. org/Home/Groups/SOM-Steering-Committee-on-Economic-and-Technical-Cooperation/Working-Groups/Energy.

全球经济发展的举措，探讨加强国际金融领域监管规范、推进国际金融体系改革等问题。[①] G20规格逐步提高，由首脑和部长们就扩大公共投资、加强金融监管、改革国际金融机构、反对贸易保护主义等问题达成共识，协调行动，从而使G20成为国际经济合作的重要平台。[②] G20国家覆盖了主要发达国家和新兴经济体，也包括了主要的能源资源供应国和消费国，具备承担能源资源市场全球治理的基本条件。

在2011年2月举行的G20财长和央行行长会议上，将大宗商品问题列入公报，并设立了分析资金流动对价格影响的工作小组。同时，G20下还设置了化石燃料补贴、化石燃料价格波动、清洁能源和能效三个工作组。在2011年11月举行的G20领导人峰会上，中国领导人强调，应当推动形成更加合理透明的大宗商品定价和调控机制，实现和保持大宗商品价格合理稳定。这次峰会的公报也指出，G20国家认可国际证监会组织（IOSCO）改进大宗商品衍生品市场监管的建言，并认为应当赋予市场监管机构有效的干预权力，尤其是应当拥有和利用正式的头寸管理能力。2013年7月，G20财长和央行行长会在莫斯科举行。会议主要就全球经济形势、“强劲、可持续、平衡增长框架”、国际金融构架改革、投资融资、金融监管、国际税收合作、能源和大宗商品等问题进行了讨论。会议同意进一步推进金融部门改革，提高大宗商品市场透明度，以避免大宗商品价格过度波动，并促进能源基

① “G20峰会”，中国网，2012年6月19日，http：//www.china.com.cn/guoqing/2012－06/19/content_25683338.htm.

② 王天龙：“完善G20机制，推进全球经济 治理结构改革”，《中国与世界年中经济分析与展望2010》，2010年8月。

础设施投资。[①]

在G20体系框架下，主要能源供应国、消费国、过境国共同讨论能源政策、市场建设、定价机制、运输通道安全等重大问题，形成有约束力的机制和共同行动计划，从而建立起一种集体能源安全体制。

① 陈效卫、林雪丹、谢亚宏：“二十国集团财长和央行行长会强调 促增长创就业要有硬招”，《人民日报》，2013年7月21日，第3版。

第二章 国际能源体系与中东能源

第一节 国际能源分布

由于地质构造的原因，世界能源分布不均匀。根据 BP 数据所示，现在世界已探明的石油储量为 2398 亿吨，其中中东地区已探明的石油储量为 1097 亿吨，亚欧大陆已探明的石油储量为 209 亿吨，非洲地区为 171 亿吨，拉丁美洲地区为 512 亿吨，北美地区为 353 亿吨，亚太地区为 57 亿吨。现在世界已探明的天然气储量为 187.1 兆立方米，其中中东地区已探明的石油储量为 79.8 兆立方米，亚欧大陆已探明的石油储量为 58 兆立方米，非洲地区为 14.2 兆立方米，拉丁美洲地区为 7.7 兆立方米，北美地区为 12.1 兆立方米，亚太地区为 15.3 兆立方米。[1] 从下图我们可以看出，油气在世界上的分布是不均匀的，中东和亚欧大陆蕴藏有丰富的油气资源，是地缘政治中油气供应的支轴地区。

① BP，BP Statistical Review of World Energy，June 2015，http：//www. bp. com/statisticalreview.

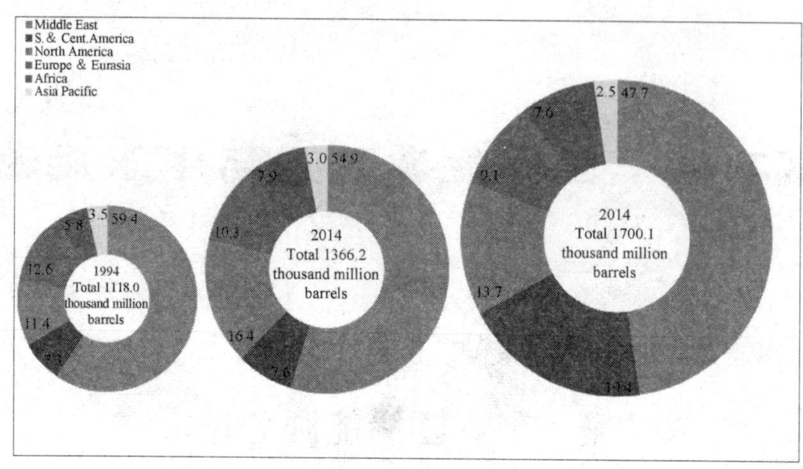

图 1　世界上已探明的石油分布（1994 年，2004 年，2014 年）①

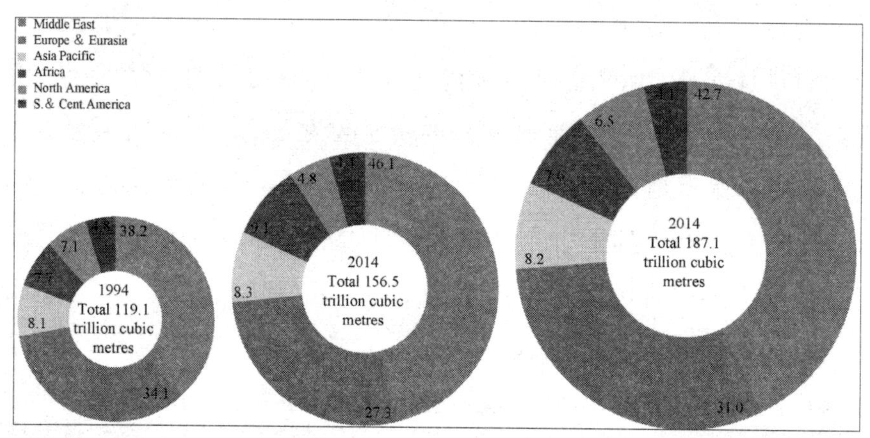

图 2　世界上已探明的天然气分布（1994 年，2004 年，2014 年）②

中东地区蕴藏着丰富的石油资源，是世界石油阀门之一。中东油层埋藏浅，石油开采成本低于世界平均水平，出产石油油质好，

① BP，BP Statistical Review of World Energy June 2015，p. 7.

② BP，BP Statistical Review of World Energy June 2015，p. 21.

多为经济价值较高的中、轻质油。2014 年，在中东各主要产油国中，沙特的石油剩余探明储量占世界剩余探明储量的 15.7%，伊朗占世界剩余探明储量的 9.3%，伊拉克占 8.8%，阿联酋占 5.8%，科威特占 6.0%。① 海湾地区石油的储采比要比世界各地平均水平高出 40 年以上。②

从国际能源机制来看，OPEC 成员除委内瑞拉和印度尼西亚外均为中东国家。虽然近年来在中亚里海地区和非洲等地发现了一些较高的油气储藏地，但在今后的一个世纪中，中东地区仍将是国际石油市场的核心，在未来甚至会变得更加重要。

中东国家在国际能源生产和出口中占有巨大的份额，2012 年中东石油产量为 13.37 亿吨，占世界石油总产量的 32.5%，其中欧洲及亚欧大陆占 20.3%，北美占 17.5%，非洲占 10.9%，中南美占 9.2%，亚太占 9.6%。（见表 1）

表 1　2012 年世界各个地区的石油产量及占世界总量的比重③

（单位：亿吨）

地区	中东	欧洲及亚欧大陆	北美	非洲	中南美	亚太
产量	13.37	8.36	7.21	4.49	3.78	3.97
占世界百分比	32.5%	20.3%	17.5%	10.9%	9.2%	9.6%

中东地区天然气产量也非常丰富，2012 年中东天然气产量为 5484 亿立方米，占世界总产量的 16.3%，总产量位于欧洲及亚欧

① BP, BP Statistical Review of World Energy, June 2015, http://www.bp.com/statisticalreview.

② 朱耿华、陈丙先：“中东石油的忧与乐”，《百科知识》，2006 年第 4 期。

③ BP, BP Statistical Review of World Energy, June 2013, http://www.bp.com/statisticalreview.

大陆、北美之后，居第三位。（见表2）

表2　2012年世界各个地区的天然气产量及占世界总量的比重①

（单位：亿立方米）

地区	中东	欧洲及亚欧大陆	北美	非洲	中南美	亚太
产量	5484	10354	8964	2162	1773	4902
占世界百分比	16.3%	30.7%	26.8%	6.4%	5.3%	14.5%

在国际能源体系中，中东石油出口量也保持领先的趋势，2012年中东石油出口量为1970万桶/日，占世界石油出口总产量的35.6%，其中欧洲及亚欧大陆占19.4%，北美占12.8%，非洲占13%，中南美占6.9%，亚太占11.6%。（见表3）

表3　2012年世界各个地区的石油出口及占世界总量的比重②

（单位：万桶/日）

地区	中东	欧洲及亚欧大陆	北美	非洲	中南美	亚太
出口量（万桶/日）	1970	1077.1	710.2	716.8	383.4	641.9
占世界百分比	35.6%	19.4%	12.8%	13%	6.9%	11.6%

页岩油气革命导致美国的石油生产能力大幅提高。自2004年以来，美国石油产量增长了56%，在美国传统油田正常产量之外，每天新增产量310万桶。2013年美国页岩油产量达到350万桶/日以上，2014年12月，美国的页岩油产量达920万桶/日，

① BP，BP Statistical Review of World Energy，June 2013，http：//www.bp.com/statisticalreview.

② BP，BP Statistical Review of World Energy，June 2013，http：//www.bp.com/statisticalreview.

2015年美国的页岩油产量达930万桶/日。[①] 美国页岩油气发展出乎全球预料，廉价的天然气不仅大量替代了煤炭，也部分替代了石油。

美国页岩油气对全球石油天然气供需格局产生了深远影响。美国能源产量大幅跃升，对国际能源价格的影响增加，石油输出国组织（OPEC）对石油生产和定价的主动权减弱。中东地区在美国整体外交中的角色由此发生变化，由原来举足轻重的能源供应保障地转变为美国可以进退自如，美国对中东地区能源已经从自身需要转变为对其他国家的控制工具。

在国际能源体系的供给侧，OPEC国家与非OPEC国家都在增产，与2013年同期相比，2014年全球石油供应总量增长280万桶/日。受利比亚原油恢复生产和伊拉克产量继续提升的推动，OPEC国家原油产量增加，2014年非OPEC国家石油日产量增加170万桶。南苏丹等国也恢复原油出口。国际油价下跌并未促使产油国减少生产，石油输出国组织曾经讨论过减产保价，但世界最大石油出口商沙特阿拉伯国家石油公司对所有出口产品降价，准备开打价格战，旨在应对俄罗斯因西方制裁而增加对外石油出口。

在需求侧，全球各国经济复苏不如预期，除美国经济复苏较为稳定，欧盟经济仍深陷在欧债危机之后的泥淖之中，中国作为最大的新兴市场国家的经济增速在显著放缓，日本经济刺激政策的效果并不明显，这些因素共同导致了全球石油市场需求减弱，价格下跌。

在短期内，美国、俄罗斯和中东国家之间在国际能源市场的竞争加剧，国际石油、天然气价格将会下降。在国际能源体系中，

---

① EIA，Short-Term Energy Outlook，January 13，2015.

已形成以中东、中亚、俄罗斯、北美为主体的四大能源供应板块、以欧洲、东亚、南亚三大区域为主体的能源需求板块的国际能源供求大格局。从长期来看，由于石油和页岩气是不可再生能源，随着大规模开采和使用，石油和页岩气总会有枯竭的一天。在新能源研发没有取得突破性进展之前，美国、欧洲、日本、印度，包括中国对石油、天然气的需求不会减少，国际能源价格具有长期上升的张力。

第二节　中东能源概况

根据BP统计数据显示，目前中东国家石油储量约占世界储量的47.7%，占全球天然气储量的42.7%。[①] 截至2014年年底，中东地区石油探明储量约1097亿吨，约占全球总量2398亿吨的47.7%。详见下表：

表4　2014年中东石油探明储表[②]

国家或地区	探明石油储量（亿吨）[③]	占世界总量百分比（%）	产量（亿吨）	占世界总量百分比（%）
世界总计	2398	100%	42.206	100%
中东国家合计[④]	1097	47.7%	13.395	31.7%

① BP, BP Statistical Review of World Energy, June 2015, http://www.bp.com/statisticalreview.

② BP, BP Statistical Review of World Energy, June 2015, http://www.bp.com/statisticalreview.

③ 石油储量换算系数为1桶=0.137吨，石油产量换算系数为1桶/日=50吨/年。

④ 中东其他产油国合计百分比少于0.5亿吨，占世界百分比少于0.05%。

续表

国家或地区	探明石油储量（亿吨）①	占世界总量百分比（%）	产量（亿吨）	占世界总量百分比（%）
沙特阿拉伯	367	15.7%	5.434	12.9%
伊朗	217	9.3%	1.692	4.0%
伊拉克	202	8.8%	1.603	3.8%
科威特	140	6.0%	1.508	3.6%
阿联酋	130	5.8%	1.673	4.0%
卡塔尔	27	1.5%	0.835	2.0%
阿曼	7	0.3%	0.462	1.1%
也门	4	0.2%	0.066	0.2%
叙利亚	3	0.1%	0.016	/

2014年，在中东油气生产国中，沙特的石油产量依然一枝独秀，达5.43亿吨，占世界总产量的12.9%，世界排位第一。此外，居世界石油产量前10位的还有伊朗、伊拉克、科威特、阿联酋四国，伊朗产量为1.692亿吨，占世界总产量的4.0%；伊拉克产量为1.603亿吨，占世界总产量的3.8%；科威特产量为1.508亿吨，占世界总产量的3.6%；阿联酋产量为1.673亿吨，占世界总产量的4.0%。②

2014年，中东地区的天然气探明储量合计79.8万亿立方米（详见下表），约占世界天然气探明总储量187.1万亿立方米的42.7%；产量6010亿立方米，约占世界总产量34606亿立方米的17.1%。按目前的产量，不考虑储量可能出现的增长因素，中东

① 石油储量换算系数为1桶=0.137吨，石油产量换算系数为1桶/日=50吨/年。

② BP, BP Statistical Review of World Energy, June 2015, http://www.bp.com/statisticalreview.

的天然气资源约可开采158年，而世界其他地区的天然气资源仅可开采43年左右，由此可见，中东的储采比远高于世界其他地区。

表5　2014年中东天然气探明储、产量表①（单位：亿立方米）

国家或地区	探明储量	占世界百分比	产量	占世界百分比
世界总计	1871000	100	34606	100
中东合计	798000	42.7	6010	17.3
伊朗	340000	18.2	1726	5.0
卡塔尔*②	245000	13.1	1772	5.1
沙特阿拉伯*	82000	4.4	1082	3.1
阿联酋*	61000	3.3	578	1.7
伊拉克*	36000	1.9	13	
科威特*	18000	1.0	164	0.5
阿曼	7000	0.4	290	0.8
也门	3000	0.1	96	0.3
叙利亚*	3000	0.2	44	0.1
巴林*	2000	0.1	169	0.5
以色列	2000	0.1	—	—

中东有6个阿拉伯国家的天然气储量都超过万亿立方米，其中多个国家世界排名居前10位。最新地质研究的成果表明，中东国家发现天然气新储量的潜力较大，这是因为以前主要集中在石油钻探上，对天然气储量的勘探评估较少。随着沙特、阿尔及利亚等国天然气勘探开发力度的加大和对外引资程度的提高，中东国

① BP，BP Statistical Review of World Energy，June 2015，http：//www. bp. com/statisticalreview.

② 标有*号的国家为阿拉伯石油输出国组织成员国。

家的天然气储产量将继续增长。[1]

（一）沙特阿拉伯

沙特阿拉伯王国（Kingdom of Saudi Arabia）位于阿拉伯半岛。东濒波斯湾，西临红海，同约旦、伊拉克、科威特、阿联酋、阿曼、也门等国接壤，并经法赫德国王大桥与巴林相接。海岸线长2448公里。地势西高东低。除西南高原和北方地区属亚热带地中海型气候外，其他地区均属热带沙漠气候。夏季炎热干燥，最高气温可达50℃以上；冬季气候温和。年平均降雨不超过200毫米。沙特阿拉伯领土面积为225万平方公里，2014年人口为3077万，其中沙特公民约占67%。伊斯兰教为国教，逊尼派约占85%，什叶派约占15%。[2]

2014年，沙特国内生产总值为7525亿美元，石油工业是沙特经济的主要支柱。沙特自然资源丰富，石油储量居世界首位。截至2013年年底，沙特石油剩余探明储量为365亿吨，占世界石油总储量的15.8%，天然气储量为8.2万亿立方米，占世界石油总储量的4.4%。[3] 近年来，沙特受益于国际油价攀升，石油出口收入丰厚，经济保持较快增长。政府大力建设和改造国内基础设施和生产设施，继续推进经济结构多元化、劳动力沙特化和经济私有化，努力发展采矿和轻工业等非石油产业，鼓励发展农业、渔业和畜牧业，积极吸引外资，保护民族经济。2005年12月，沙特正式加入世界贸易组织。近年来，沙特政府持续加大预算支出力度，加快经济多元化步伐，加大基础设施建设、卫生、教育等领

---

① 钱学文："阿拉伯油气产业发展现状与前景"，《阿拉伯世界研究》，2013年第5期。

② http://www.chinaembassy.org.sa/chn/stgk/t708997.htm.

③ BP, *BP Statistical Review of World Energy*, June 2014, http://www.bp.com/statisticalreview.

域投入。[①]

沙特阿拉伯有 112 个油气田，其中包括世界最大的陆上油田加瓦尔和海上油田撒法尼亚。沙特能够生产重质、中质、轻质、特轻质和超轻质 5 种源油，其产能以轻质油为主，达 800 万桶/日（44 亿吨/年）占其全部产能的 64%。沙特 2012 年的炼化产品产量，液化石油气 1125 万桶，高品质汽油 14589 万桶，石脑油 6418 万桶，航空柴油 6380 万桶，柴油 23412 万桶，燃料油 16838 万桶，沥青 1769 万桶。[②]

（二）伊朗

伊朗伊斯兰共和国（TheIs lamic Republic of Iran）位于亚洲西南部，同土库曼斯坦、阿塞拜疆、亚美尼亚、土耳其、伊拉克、巴基斯坦和阿富汗相邻，南濒波斯湾和阿曼湾，北隔里海与俄罗斯和哈萨克斯坦相望，素有“欧亚陆桥”和“东西方空中走廊”之称。海岸线长 2700 公里。境内多高原，东部为盆地和沙漠。伊朗领土面积 164.5 万平方公里，总人口为 7717 万。人口比较集中的省份有德黑兰、伊斯法罕、法尔斯、呼罗珊拉扎维和东阿塞拜疆。全国人口中波斯人占 66%，阿塞拜疆人占 25%，库尔德人占 5%，其余为阿拉伯人、土库曼人等少数民族。官方语言为波斯语。伊斯兰教为国教，98.8%的居民信奉伊斯兰教，其中 91%为什叶派，7.8%为逊尼派。[③]

伊朗石油、天然气和煤炭蕴藏丰富。截至 2011 年年底，已探明石油储量 1545.8 亿桶，天然气储量 33.69 万亿立方米，分别占世界总储量的 11%和 17%，分列世界第三、二位。石油和天然气

① http：//www.chinaembassy.org.sa/chn/stgk/t708997.htm.

② 中国驻沙特大使馆网站，http：//www.chinaembassy.org.sa/chn/stgk/t152949.htm。

③ http：//ir.mofcom.gov.cn/article/ddgk/zwjingji/201406/20140600644491.shtml.

产量均列世界第四位，日产原油能力 350 万桶、天然气 5 亿立方米。石油产业是伊朗经济支柱和外汇收入的主要来源之一，石油收入占伊朗外汇总收入的一半以上。近年，伊朗经济总体保持低速增长。2012 年，伊朗国内生产总值 4880 亿美元，人均国内生产总值 6456 美元。伊朗其他矿物资源也十分丰富，可采量巨大。目前，已探明矿山 3800 处，矿藏储量 270 亿吨；其中，铁矿储量 47 亿吨；铜矿储量 30 亿吨（矿石平均品位 0.8%），约占世界总储量的 5%，居世界第三位；锌矿储量 2.3 亿吨（平均品位 20%），居世界第一位；铬矿储量 2000 万吨；金矿储量 150 吨。此外，还有大量的锰、锑、铅、硼、重晶石、大理石等矿产资源。目前，已开采矿种 56 个，年矿产量 1.5 亿吨，占总储量的 0.55%，占全球矿产品总产量的 1.2%。①

（三）科威特

科威特位于阿拉伯湾（波斯湾）西北岸，国土面积 17818 平方公里。与沙特阿拉伯和伊拉克相邻，同伊朗隔海相望。海岸线长 290 公里。有布比延、法拉卡等 9 个岛屿，水域面积 5625 平方公里。科威特绝大部分国土为沙漠，地势较平坦，境内无山川、河流和湖泊，地下淡水贫乏。② 科威特籍人口 127.6 万，主要为阿拉伯人。科威特以伊斯兰教为国教，居民中 95%信奉伊斯兰教，其中约 70%属逊尼派，30%为什叶派。③

科威特单位土地面积上的石油累计储量高，每平方千米达到 96.8 万吨。石油是科威特财政收入的主要来源，国民经济的主要

---

① http：//ir.mofcom.gov.cn/article/ddgk/zwjingji/201406/20140600644491.shtml.

② http：//kw.mofcom.gov.cn/article/ddgk/zwdili/201506/20150600999379.shtml.

③ http：//kw.mofcom.gov.cn/article/ddgk/zwminzu/201506/20150601005553.shtml.

支柱，科威特财政收入的90%以上来自石油。科威特的石油储量集中在11个大油田，每个油田的原油储量均达到2.74亿吨以上。科威特绝大部分石油出口到远东和西欧，石油出口全部使用本地油港，最大的油港为米纳艾哈迈迪，可容纳50万吨级巨轮。[①] 截至2013年年底，科威特石油剩余探明储量为140亿吨，占世界石油总储量的6%，天然气储量为1.8万亿立方米，占世界石油总储量的1.0%。[②]

（四）卡塔尔

卡塔尔位于波斯湾西南岸的卡塔尔半岛上，南面与阿联酋和沙特接壤。海岸线长550公里。卡塔尔国土面积11521平方公里，总人口212万，其中卡塔尔公民约占15%。外籍人主要来自印度、巴基斯坦和东南亚国家。阿拉伯语为官方语言，通用英语。居民大多信奉伊斯兰教，多数属逊尼派中的瓦哈比教派，什叶派占全国人口的16%。卡塔尔属热带沙漠气候，夏季炎热漫长，最高气温可达50℃；冬季凉爽干燥，最低气温7℃。年平均降水量仅75.2毫米。[③]

石油和天然气是卡塔尔经济的支柱，卡塔尔是世界第一大液化天然气生产和出口国。卡塔尔还将发展非石油、天然气工业作为实现国民收入多元化和摆脱对石油依赖的主要途径，注重吸引外资和技术；鼓励发展农业，免费向农民提供种子、化肥和农业机械，号召植树造林，扩大耕地面积。2014年卡塔尔国内生产总值为1980亿美元，并于1994年成为关贸总协定第121个成员国，

---

① 杨言洪：《海湾油气与我国能源安全》，对外经贸大学出版社，2010年版，第53页。

② BP，BP Statistical Review of World Energy，June 2014，http：//www. bp. com/statisticalreview.

③ http：//qa. china-embassy. org/chn/zjkter/gjgk/.

1995年成为世界贸易组织成员。根据世界经济论坛（WEF）发布的《2011—2012全球竞争力报告》，卡塔尔全球竞争力居阿拉伯国家及中东国家首位。2012年美国《福布斯》杂志公布的全球最富国家和地区排行榜中，卡塔尔位列第一。[①]

卡塔尔拥有丰富的石油天然气资源，目前石油剩余探明储量为26亿吨，占世界石油总储量的1.5%，天然气储量为24.7万亿立方米，占世界石油总储量的13.3%。[②] 近年来卡塔尔大力发展油气产业，不断提高油气产量和出口量，使其成为世界上最富有的国家之一。

（五）阿联酋

阿联酋位于阿拉伯半岛的东南端，大致呈三角形，其海岸线构成波斯湾的南部和东南海岸以及阿曼湾的部分西海岸，其领土面积约82880平方公里，人口约410万。阿拉伯联合酋长国是一个由七个酋长国（阿布扎比、迪拜、沙迦、阿治曼、乌姆盖万、哈伊马角和富查伊拉）组成的联邦国家，阿布扎比占总国土面积的87%。阿联酋属沙漠气候，冬季温暖晴朗，夏季则炎热潮湿。东部山区则较为凉爽和干燥。[③]

阿联酋由七个酋长国组成，其油气生产和收入主要来自阿布扎比酋长国，其石油储量中的94%和天然气储量的92%集中在阿布扎比。[④] 阿联酋三大油气田分别为扎库姆（Zokum）、萨贾（Sajaa）和法奇（Fatch），这三大油田占阿联酋总储量的94%。

---

① http：//qa. china-embassy. org/chn/zjkter/gjgk/.

② BP. BP Statistical Review of World Energy，June 2014，http：//www. bp. com/statisticalreview.

③ http：//www. uaeinteract. com/chinese/factfile/.

④ 中华人民共和国驻阿拉伯联合酋长国大使馆网站，http：//www. fmprc. gov. cn/ce/ceae/chn/jmgx/t763682. htm。

截至 2013 年年底，阿联酋石油剩余探明储量为 130 亿吨，占世界石油总储量的 5.8%，天然气储量为 6.1 万亿立方米，占世界石油总储量的 3.3%。[①]

（六）伊拉克

伊拉克位于亚洲西南部，阿拉伯半岛东北部，国土面积约 43.7 万平方公里。北接土耳其，东邻伊朗，西毗叙利亚、约旦，南连沙特阿拉伯、科威特，东南濒波斯湾。海岸线长 60 公里。领海宽度为 12 海里。西南为阿拉伯高原的一部分，向东部平原倾斜；东北部有库尔德山地，西部是沙漠地带，高原与山地间是占国土大部分的美索不达米亚平原，绝大部分海拔不足百米。幼发拉底河和底格里斯河自西北向东南贯穿全境，两河在库尔纳汇合为夏台阿拉伯河，注入波斯湾。[②]

伊拉克地理条件得天独厚，石油、天然气资源十分丰富。伊拉克油气储量巨大，潜在储量高达 1440 亿桶，占全球储量 9%。[③] 伊拉克的石油资源主要集中在三个地区，北部、中部和南部富集区。探明储量超过 50 亿桶的巨型油田有 5 个，主要集中在南部，这 5 个巨型油田的储量约占伊拉克总储量的 60%。[④]

截至 2013 年年底，伊拉克石油剩余探明储量为 202 亿吨，占世界石油总储量的 8.9%，天然气储量为 3.6 万亿立方米，占世界

---

① BP，BP Statistical Review of World Energy，June 2014，http：//www.bp.com/statisticalreview.

② http：//iq.mofcom.gov.cn/article/ddgk/zwdili/201104/20110407514100.shtml.

③ Worldwide Look at Reserves and Production，Oil & Gas Journal，January 1，2015.

④ International Energy Agency，World Energy Outlook Special Report：Iraq Energy Outlook，October 2012，p.52.

石油总储量的1.9%。[1]

（七）利比亚

利比亚地处非洲北部，东接埃及和苏丹，西邻突尼斯和阿尔及利亚，南界尼日尔和乍得，北濒地中海，海岸线长1900余公里。利比亚国土面积176万平方公里，[2]总人口为652234人，其中166510人为外籍人口。[3]全境90%以上地区为沙漠半沙漠，沿海和东北部内陆区是海拔200米以下的平原，其他地区基本上为沙砾覆盖，为向北倾斜的高原和内陆盆地。高原上分布一些海拔500米到1500米左右的山脉。高原和意大利隔海相望。境内无常年河流，无大湖泊，但地下水资源丰富，井泉分布较广，成为主要水源。北部沿海属亚热带地中海式气候，冬暖多雨，夏热干燥，内陆区属热带沙漠气候。中部的塞卜哈是世界上最干燥的地区之一。[4]

2010年，利比亚GDP为974.3亿美元，同比增长2.5%，人均GDP为14100美元。当年石油销售收入达405亿利第，约324.3亿美元。2011年“2.17革命爆发”。受其影响，利比亚GDP下滑较大，仅为379.7亿美元。2012年，利比亚进出口贸易基本恢复正常，据国际货币基金组织及利比亚官方统计，2012年利比亚GDP为817亿美元，同比增长率104%，人均GDP为12700美元。2013年3月，利比亚国民议会发布当年预算，收入536亿美元，其中石油收入501亿美元（日产原油150万桶，预算原油均价90/桶），非石油收入35亿美元，预算支出576亿美元，

---

① BP, *BP Statistical Review of World Energy*, June 2014, http://www.bp.com/statisticalreview.

② http://ly.mofcom.gov.cn/article/ddgk/201002/20100206783952.shtml.

③ http://ly.mofcom.gov.cn/article/ddgk/201407/20140700649039.shtml.

④ http://ly.mofcom.gov.cn/article/ddgk/200510/20051000506616.shtml.

其中发展及重建开支165亿美元，人员工资开支178亿美元，商品补贴91亿美元，政府运营开支40亿美元，赤字40亿美元。然而，自2013年8月份起，民兵武装、石油设施卫队、部落占领封锁油田港口，导致利比亚下半年石油产量锐减，实际缩水约150亿美元。2014年利比亚财政预算为560亿利第，约合448亿美元（1＄＝1.25LD），较2013年的668亿利第减少16%；财政赤字100亿利第，比去年减少50亿利第，跌幅33%。①

受油田及港口示威活动影响，利比亚原油产量已由正常水平的150万桶/日下降至20万桶/日，月石油销售收入也随之由30亿—40亿美元下降至10亿美元。而利比亚96%的财政收入依靠石油，国际货币基金组织预测，利比亚2014年国内生产总值比去年减少8%。② 此外，2014年5月，利比亚退休将领以清除恐怖分子为名在东部地区发动"尊严"行动，与伊斯兰民兵武装发生激烈冲突。随着冲突加剧，包括中国、土耳其等国在内的建筑公司员工已撤离利比亚，利第贬值已超15%，黑市的汇率为1美元兑换＝1.4675利第，560亿利第实际仅相当于381亿美元。③

（八）阿曼

阿曼是典型的资源输出型国家，油气产业是国民经济的支柱。2014年油气业产值占国内生产总值（GDP）的46.6%，其收入占政府财政收入的85.6%，出口额占出口总额的65.7%。近年来，阿曼为改变过度依赖油气产业的单一经济结构，全面推进经济多元化战略，大力招商引资，努力发展基建、制造、物流、旅游、

① http：//ly.mofcom.gov.cn/article/ddgk/201407/20140700660250.shtml.

② 中华人民共和国驻利比亚大使馆经济商务参赞处网站，http：//ly.mofcom.gov.cn/article/ddgk/201407/20140700660250.shtml。

③ http：//ly.mofcom.gov.cn/article/ddgk/201407/20140700660250.shtml.

渔业等非油气产业，鼓励和支持私营企业特别是中小企业在经济建设中发挥更大作用。[①]

2000 年 11 月，阿曼正式加入世界贸易组织。2014 年，阿曼在世界经济论坛公布的《2014 至 2015 年全球竞争力报告》、联合国开发计划署公布的《2014 年人类发展报告》和世界银行公布的《全球营商环境报告》中分列第 46 位、56 位、66 位，在阿拉伯国家中排名靠前。2014 年阿曼的国内生产总值为 769 亿美元。[②]

阿曼大部分石油探明储量分布在北部和中部，北部 6 个主要油田的产量约占阿曼石油总产量的一半，西北部的耶巴尔（Yibal）油田是最大的油田，中部有 8 个主要油田，南部有 2 个油田，其中聂姆（Nimr）油田是阿曼第二大油田。阿曼原油大部分出口到亚洲，包括中国、日本、韩国等。

截至 2013 年年底，阿曼石油剩余探明储量为 7 亿吨，占世界石油总储量的 0.3%，天然气储量为 0.9 万亿立方米，占世界石油总储量的 0.5%。[③]

第三节　世界能源体系中的中东

一、国际能源体系与中东

国际能源体系是指国际能源市场所赖以生存和运作的政治环境，是全球性国际体系的一个重要的分体系，它是能源消费国、生产国和一系列非国家行为体（跨国石油公司、国际组织和国际

---

① http：//om. mofcom. gov. cn/article/ddgk/201506/20150601013138. shtml.

② http：//om. mofcom. gov. cn/article/ddgk/201506/20150601013138. shtml.

③ BP，*BP Statistical Review of World Energy*，June 2014，http：//www. bp. com/statisticalreview.

会议）按照既有和不断演变的规则、制度和价值规范，在地缘、经济、金融和环境保护等不同领域的复合状态。[①] 在国际能源体系中，各行为体的能源安全政策在地区、双边、全球、多边等不同层次进行磨合，同时会推进各种层次的互动机制、规则和价值广泛的演进。[②] 国际能源体系由能源供应板块、需求板块、能源运输通道、能源国际机制和国际能源市场等要素构成，国际上各种能源行为体根据自身权力的大小，通过制定石油战略，在国际能源体系中进行权力博弈，在一定时期内形成一种相对均衡的态势或结构（图1所示）。

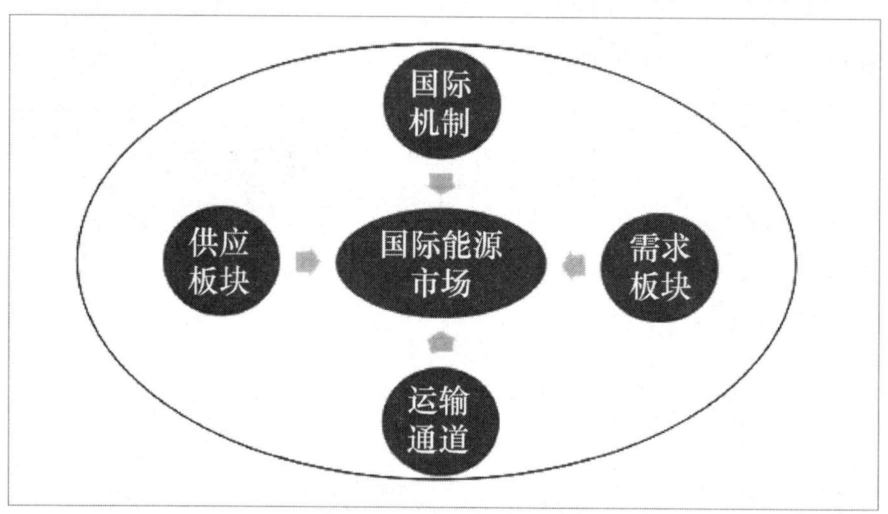

图3 国际能源体系的结构[③]

① 杨洁勉等：《大体系：多级多体的新组合》，天津人民出版社，2008年版，第393—394页。

② 杨洁勉等：《大体系：多级多体的新组合》，天津人民出版社，2008年版，第394—395页。

③ 潜旭明：《美国的国际能源战略研究——一种能源地缘政治学的视角》，复旦大学出版社，2013年版，第67页。

国际能源体系是由供应板块、运输通道、需求板块、国际机制和国际能源市场这五大要素形成的石油地缘政治的空间载体，能源地缘政治各能源行为体紧紧围绕这一载体而展开角逐。在国际能源体系中国际能源价格是核心，国际能源价格控制权是国际能源舞台各方争夺的焦点。在不同的历史时期，国际能源价格控制权的更替、转移标志着国际能源市场主导权的更替、转移。

中东蕴藏着丰富的石油资源，是世界石油阀门之一，是国际能源体系的核心部分。中东油层埋藏浅，石油开采成本低于世界平均水平，出产石油油质好，多为经济价值较高的中、轻质油。2012 年，在中东的各主要产油国中，沙特的石油剩余探明储量占世界剩余探明储量的 21%，伊朗占 10.9%，伊拉克占 9.1%，阿联酋占 7.8%，科威特占 8.1%。[①] 海湾地区石油的储采比要比世界各地平均水平高出 40 年以上。[②] 虽然近年来在中亚里海地区和非洲等地发现了一些较大的油气储量，但在今后的一个世纪中，“中东地区仍将是国际石油市场的核心，在未来甚至会变得更加重要”[③]，“从 2010 年到 2020 年，世界所有重大的产量增长都还将来自波斯湾。”[④] 在不久的将来，海湾地区仍是全球主要的石油供应基地和大国争夺焦点。

从国际能源机制来看，OPEC 成员除委内瑞拉和印度尼西亚外均为中东国家。2008 年，OPEC 国家平均日产量约为 3670.5 万

---

① BP，BP Statistical Reviewof World Energy，June 2009，http：//www. bp. com/statisticalreview.

② 朱耿华、陈丙先：“中东石油的忧与乐”，《百科知识》，2006 年第 4 期。

③ 据 BP2003 年预测。

④ Shibely Telhami，Fiona Hill，“America’ s Vital Stakes in Saudi Arabia”，*Foreign Affairs*，2002，(6) p. 167.

桶，占世界原油日产量的44.8%。[①] 仅波斯湾沿岸的沙特、伊拉克、阿联酋、科威特、伊朗五国，就集中了全球约28.3%的石油产量，以及近45.6%的世界探明石油储量。[②] 海湾阿拉伯国家合作委员会（GCC）也是中东地区最主要的政治经济组织，成员国包括阿联酋、阿曼、巴林、卡塔尔、科威特和沙特阿拉伯等国。海合会各成员国充分发挥语言和宗教相同、经济结构相似等方面的优势，积极推动经济一体化进程，在国际能源体系中发挥着重要的作用。

从能源战略通道来看，中东连接亚、非、欧三大洲，扼东西半球的交通要冲，“连接欧亚大陆东西两端的运输网，世界60%以上的石油和1/4的贸易从黑海—地中海—红海—波斯湾—印度洋—马六甲这条海上黄金通道经过。”[③] 中东地区的主要油气管道有以下几条。沙特阿拉伯有两条，一条为东西走向的原油管道，日输送能力为65.472万吨，用来将阿拉伯轻质油和超轻质油输送到西部和红海；另一条是从布盖格油田至延布的液化天然气管线，日输送能力为3.683万吨。伊拉克的主要油气管线中一条为从基尔库克到土耳其杰伊汉的油气管道，年输送能力为5500万吨，另一条为从巴士拉到地中海的油气管道，年输送能力为2500万吨，用于输送巴士拉的普通轻质油。科威特的主要油气管道线有劳扎塔因—艾哈迈迪、米纳吉斯—艾哈迈迪、乌姆古达尔—舒艾拜、沃夫拉—米纳、阿卜杜拉、布尔甘—艾哈迈迪。[④]

---

① BP，BP Statistical Reviewof World Energy，June 2009，http：//www. bp. com/statisticalreview

② 根据2015年BP统计数据计算得出。

③ 高祖贵：《美国与伊斯兰世界》，时事出版社，2005年版，第10页。

④ 郭依峰：《世界能源战略与外交（中东卷）》，知识产权出版社，2011年版，第36—49页。

二、从“北美中心”到“中东中心”

一个多世纪以来，中东从国际能源体系的边缘一步一步向体系的中央移动，成为国际能源体系中一颗光彩夺目的明珠。

从 1860 年开始至今，世界石油生产从无到有、从小到大，从表 6 可以看出，从 1860 年的 7 万吨发展到 2012 年的 41.19 亿吨。石油生产地区从美洲到欧洲、亚洲和非洲，逐步发展成为一个影响世界政治经济的最重要产业。石油供应板块重心也从北美洲转移到中东，再形成一条从北非的马格里布到波斯湾、里海、俄罗斯的西伯利亚和远东地区的巨大的带状区域。

表 6　1860—2014 年世界石油产量的区域分布①

年份	总产量（亿吨）	北美（%）	中南美（%）	中东（%）	前苏联（%）	远东（%）	西欧（%）	非洲（%）	其他地区（%）
1860	0.001	98							
1880	0.04	89			10		1		0
1900	0.2	44			51	2	2		1
1914	0.56	65	6	1	16	6	2		4
1920	0.94	64	24	2	4	4	1		1
1930	1.93	64	17	3	9	4	1		2
1947	4.14	61	19	10	6	1			3
1960	10.81	36	18	26	14	3	1		2

① 转引自郎一环、王礼茂：“世界石油供应板块地缘格局及重心迁移的驱动力机制研究”，《中国能源》，2009 年 8 月，第 31 卷，第 8 期，徐剑：《2006 年世界石油储量、产量和消费量统计评论》。http：//www.worldenergy.tom.cn/StatisticsData/2007/0628/content－l6944.htm，2007 年 6 月 28 日；张抗、周总瑛、周庆凡：《中国石油天然气发展战略》，地质出版社，2002 年版，第 407—424 页。

续表

年份	总产量（亿吨）	北美（%）	中南美（%）	中东（%）	前苏联（%）	远东（%）	西欧（%）	非洲（%）	其他地区（%）
1972	25.85	22	10	35	15	4	1	10	3
1978	30.15	17	11	34	19	8	3	10	1.2
1980	28.63	20	10	32	21	3.7	4.1	10	2.8
1985	27.62	21	12	18	22	7.8	6.8	8.8	3.6
1990	31.5	16	12	26	18	7.9	6.3	10	1.8
1995	30.72	13	13	31	11	10	9.9	10	2.1
2000	33.55	11.7	12.4	32	11.4	8.8	9.6	10	4.1
2006	39.14	16.5	8.8	31.2	15.3	9.7	6.3	12.1	0.1
2011①	39.95	16.8	9.5	32.6	16.5	9.7	2	10.4	2.5
2014②	42.2	20.5	9.3	31.7	16.0	9.4	1.6	9.3	2.2

1859年，美国人德雷克（Edwin Drake）打出世界上第一口有工业价值的石油井，标志着现代石油工业的起源。1870年洛克菲勒标准石油公司成立，通过不断的兼并成为美国最大的石油垄断企业，1911年该公司分为埃克森、莫比尔、雪弗龙等几家公司，成为国际石油公司的先驱。这一时期，美国石油年产量一直居于首位，l860年占世界产量的98%，1870年为91%，1880年为89%，1900年为44%。当时美国75%的产量在东部的阿巴拉契亚地区。③ 19世纪80年代中期开始，在俄罗斯的阿塞拜疆的巴库也发现了油田，俄罗斯成为美国之外的重要产油国。

从1900年至1947年，是世界石油工业的兴盛时期，世界石油

① BP，BP Statistical Review of World Energy，June 2012，bp. com/statisticalreview.

② BP，BP Statistical Review of World Energy，June 2015，bp. com/statisticalreview.

③ 郎一环、王礼茂："世界石油供应板块地缘格局及重心迁移的驱动力机制研究"，《中国能源》，2009年第8期。

产量从1900年的2043万吨增长到1947年的4.14亿吨，美国的石油产量在大多数年份占世界石油产量60%以上的份额。[①] 而欧洲作为两次世界大战的主要战场，石油工业受到不同程度影响，前苏联和罗马尼亚的石油产量分别锐减37.5%和45.6%。战争中断了中东的石油勘探活动，一部分油田也关闭了。所以北美成为当时石油供应板块地缘政治的中心，石油的贸易主要是从北美洲流向西欧。这一时期汽车工业迅速发展，汽车进入千家万户，石油工业进入了“汽油时代”，二战后美国经济的高速增长，使美国对石油的消费迅速增加。

如图4所示，这一时期的国际能源体系的结构为：在国际能源体系的供应板块方面，美国通过“门户开放”政策支持其国际石油公司向外扩张，一步步确立了对中东的主导地位。在需求板块，主要的能源需求区域为欧洲，随着美国汽车工业的发展和经济的高速增长，美国也从石油出口国变为进口国。美国凭借其强大的军事力量，控制海上运输通道。在国际石油市场上，国际石油定价权掌握在国际石油公司手中，以美国为主的七大石油公司（七姊妹）[②] 垄断了石油产业的勘探、开采、运输、贸易、加工、提炼和销售等各个环节。把国际油价定于极低的水平。在国际机制方面，美国通过《红线协定》及三个附属协定，染指中东的石油资源，将触角进一步向海湾地区扩展。

---

① 王春生：《美国石油安全战略研究》，军事科学院博士学位论文，2004年，第13页。

② 七姊妹包括：(1) 新泽西标准石油，即后来的埃克森，现在的埃克森美孚；(2) 壳牌公司（英荷合资）；(3) 英国波斯石油公司，即后来的英国石油（后来又与阿莫科合并，但依然叫英国石油）；(4) 纽约标准石油，即后来的美孚石油公司，之后与埃克森合并组成埃克森美孚；(5) 德士古，后来与雪佛龙合并成为雪佛龙德士古；(6) 加利福尼亚标准石油，后来成为雪佛龙，现与德士古合并为雪佛龙德士古；(7) 海湾石油，后成为雪佛龙的一部分。

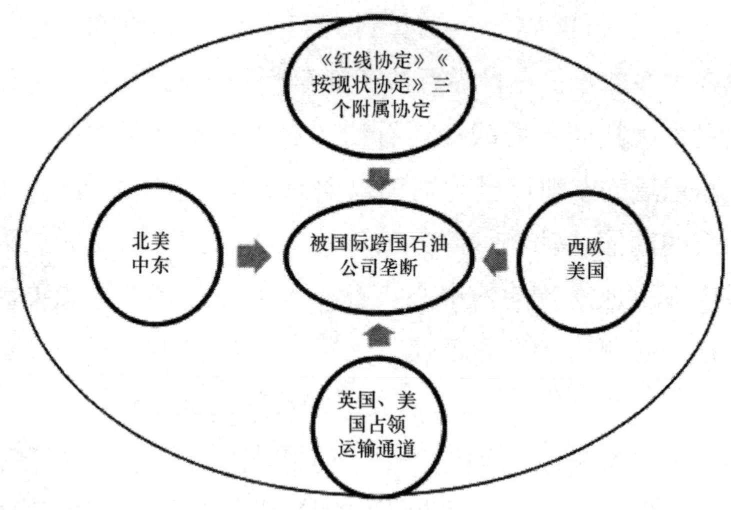

图 4　国际能源体系结构（一）[①]

二战后汽车工业迅速发展和美国经济的高速增长使美国国内石油需求迅速增加，从 1948 年起美国的石油进口量超过了石油的产量，成为石油净进口国，世界能源供应中心开始从北美向中东地区转移。20 世纪五六十年代，中东地区的已探明石油储量和产量迅猛增长，石油储量从 280 亿桶上升到 3670 亿桶，石油日产量从 110 万桶上升到 1820 万桶，在 1948—1972 年间，世界 7/10 的新增石油储量是在中东发现的。[②] 美国在世界总储量中的比重却从 43%下降到 7%。

1960 年 9 月，石油输出国组织（the Organization of Petroleum Exporting Countries，OPEC）成立，其主要目标就是维护国际石油市场价格的稳定，防止石油价格进一步下跌。[③] 这标志着石油输出

① 潜旭明：《美国的国际能源战略研究——一种能源地缘政治学的视角》，复旦大学出版社，2013 年版，第 123 页。

② ［美］丹尼尔·耶金著，钟菲译：《石油、金钱、权力》，新华出版社，1992 年版，第 401—424 页。

③ Svante Karlsson，Oil and World Order：*American Foreign Oil Policy*，Warwick：Berg Publishers，1986，p. 189.

国联合起来，以集体的形式出现在国际石油市场上与跨国石油公司作斗争，欧佩克通过第一次和第二次石油危机从跨国石油公司手中夺回了石油定价权和生产权，开始掌握世界石油市场的控制权。1972 年世界石油产量达到 25.85 亿吨，中东占到 34%，中东首次超过北美而居世界首位，其中沙特、伊朗和科威特产量分别居全球第 3、4、6 位[①]，二战后随着世界经济的恢复和发展，美国、西欧、日本的经济快速发展，对石油的需求大增，成为能源需求板块的重心。

1973 年 10 月，第四次中东战争爆发，以美国为首的西方国家支持以色列，石油输出国组织运用石油武器，通过减产、提价、禁运、国有化等手段来反对以色列和西方国家，并且成功夺取了世界石油市场中的主导权。这引发了 1973—1974 年的第一次石油危机。石油价格从 1973 年 4 月的 3 美元/桶升至 1974 年的 12 美元/桶，飚升了 3 倍。对美国和西方国家的经济造成严重的冲击。几年后，由于伊朗伊斯兰革命的爆发和两伊战争的影响，又发生了 1979—1980 年的第二次石油危机，1979 年 4 月，石油价格达到 14.5 美元/桶，随后两伊战争爆发，油价高达 32 美元/桶，甚至一度突破 40 美元/桶。[②] 20 世纪 70 年代的两次石油危机充分展示了 OPEC 对国际石油市场的影响力。两次石油危机对西方国家的经济造成巨大的冲击。

如图 5 所示，这一时期，在国际能源体系的供应板块中，中东的地位凸显，苏联的石油产量也迅速增加。在需求板块中，美国对石油的需求增加。日本和西欧的经济也得到恢复，对石油的需求也在增加。国际能源通道基本被美国和苏联两个超级大国所控制。在国际能源机制方面，OPEC 通过《德黑兰协定》、《的黎波里协定》

---

① 郎一环、王礼茂："世界石油供应板块地缘格局及重心迁移的驱动力机制研究"，《中国能源》，2009 年第 8 期。

② 朱小莉：《国际战略视野中的中东》，世界知识出版社，2010 年版，第 72 页。

和《日内瓦协定》(一)、(二)掌控国际石油价格的控制权。

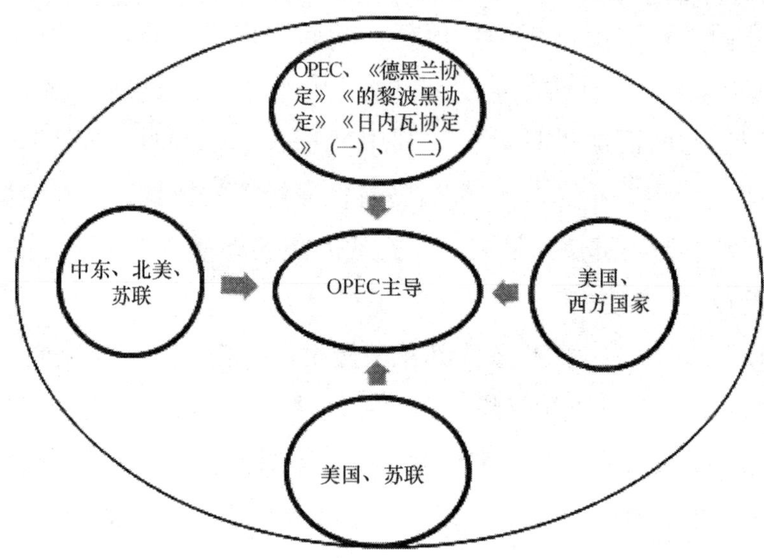

图5 国际石油体系结构(二)[①]

当时的国际石油市场结构特点为：在需求方面，美国对石油的依赖性增加，成为石油的净进口国，随着西欧和日本经济的恢复，他们对石油的需求也不断增加。在石油供给方面，一些独立石油公司纷纷挤进了“七姊妹”的势力范围，改变了“七姊妹”一统石油产业上游业务的局面，OPEC通过参股、国有化、减产、禁运等手段逐步掌握了国际能源市场的主导权，形成了以OPEC为主导的卖方市场，国际石油公司成为国际油价的被动接受者。

20世纪90年代以来，随着里海能源的开发和俄罗斯石油工业的复苏，产油区的重心在向北偏移，石油供应板块重心由西非沿海湾向西北扩展，横贯里海，直达俄罗斯的西伯利亚。这样，就

① 潜旭明：《美国的国际能源战略研究——一种能源地缘政治学的视角》，复旦大学出版社，2003年版，第138页。

形成一条从北非的马格里布到波斯湾、里海、俄罗斯的西伯利亚和远东地区的巨大的带状区域，世界上的石油资源基本上储藏在这个带状区域之内，这就是北非—海湾—里海—俄罗斯石油供应轴心。世界石油储量排名前十位的国家就有七个位于这一带状区域之内。[①] 自西向东依次是利比亚（第九位）、沙特阿拉伯（第一位）、伊拉克（第二位）、科威特（第三位）、阿联酋（第四位）、伊朗（第五位）和俄罗斯（第七位）。这一地带对世界石油主要消费国而言，是一个生命攸关的地带。中国学者徐小杰称之为“石油心脏地带”。在石油心脏地带，海湾地区仍然是全球最大的和最关键的石油输出地区，其中沙特阿拉伯和伊朗一直是最重要的石油输出国。欧洲对外石油输出的份额逐渐下降，俄罗斯和里海地区的石油产量份额缓慢增加。[②]

三、21世纪的国际能源体系与中东

进入21世纪以来，国际能源体系呈现出一些新的特点。石油的金融化日益明显，石油和金融结合成为石油地缘政治的核心。近年来，随着气候问题的凸显，全球气候变化又给国际能源体系注入了新的内容。

国际体系的主导国纷纷争夺新能源和低碳经济的创新优势[③]，从而获得更加有利的经济发展空间，进而影响世界权力的转移。欧美发达国家利用其技术和在国际秩序中的优势地位，通过能源和气候变化谈判来占领能源市场和温室气体排放额度的先机，实现对低碳经济的控制。因此，能源与气候变化问题成为国际政治、

① BP, *BP Statistical Review of World Energy*, June 2001.

② 刘新华、秦仪：“略论21世纪的石油地缘政治学”，《当代亚太》，2003年第7期。

③ 杨洁勉：《世界气候外交和中国的应对》，时事出版社，2009年版。

经济、文化、外交的重点。

在21世纪国际能源体系又得到了新的发展，在供应板块：(1)中东、中亚和俄罗斯、非洲、南美为四大石油净出口板块。中东拥有的石油储量占全球储量的61.76%[①]，是世界上最大的石油输出区，所生产石油的80%用于出口，约占世界出口总量的40%；其中沙特和伊朗一直是最大的石油输出国，沙特的石油出口量占中东地区的40%以上。[②] 随着伊拉克重建的进一步开展，伊拉克油气资源开发稳步发展。(2) OPEC在石油供应中占有较大的份额，但对国际石油市场的控制力有所下降。近年来西方国家纷纷对本国能源战略进行调整，大幅降低了OPEC成员国在国际石油市场中的市场份额，有效提升了以俄罗斯为代表的非OPEC石油出口国的市场地位与作用。随着美国页岩气革命的兴起，美国、加拿大、墨西哥等国家加大对非常规能源的开发，形成一个巨大的油气生产板块，2012年美洲天然气产量占全球的30%，其中美国占全球供应量的近20%。OPEC对国际市场油价的控制力大不如前。从1973年至今，OPEC对世界石油出口的控制已由53%下降到43.2%[③]。另一方面，由于OPEC成员国内部政治、经济利益的分化和差异，对石油产量的控制也愈加困难。

在需求板块：(1) 亚太、西欧为石油净进口板块。全球已经形成亚太、西欧石油消费的两大重心板块。欧洲、北美这两大板块对石油的消费趋于稳定，亚太板块对石油消费的需求旺盛，并保持增长的势头。(2) 西欧国家、日本等石油进口国纷纷调整国家能源战略，通过节约能源、发展新能源和替代能源、发展核能、调整产业结构等措施来削减对石油的需求，对石油的依赖大为降

---

① BP, BP Statistical Review of World Energy, June 2009.

② 张宏民：《石油市场与石油金融》，中国金融出版社，2009年版，第91页。

③ BP, BP Statistical Review of World Energy, June 2013.

低。西方国家通过国际机制来完善库存调节机制，如通过国际能源组织，经济合作发展组织等，通过庞大的石油战略储备来完善库存信息分布机制，掌握市场主导权。

在国际能源市场，石油市场与金融和资本市场相互融合，石油不但是一种战略物资，而且表现出强烈的金融属性，日益成为一个牵动全球神经的金融产品。[①] 随着全球统一的金融市场和资本市场的逐渐形成，石油期货交易日趋活跃，原油期货价格成为全球的基准油价，石油安全从“数量—供应”为主的安全体系，向以“价格—金融”为主的安全体系转变。[②] 石油和金融结合也成为石油地缘政治的核心，石油期货、石油掉期互换、石油基差期权等衍生品工具快速发展，石油期货市场、石油现货市场、石油衍生品市场、石油美元市场相互影响，形成一个高度复杂、精密的石油金融市场。[③]

目前的国际石油市场是全球金融市场的重要组成部分，越来越多的对冲基金和机构投资者把目标转向石油，美元的石油计价、美元债券、期货市场以及对全球近70%的石油资源及主要石油运输通道的控制，庞大的战略石油储备[④]，使得国际油价基本上掌握在西方大国和国际资本集团手中。

近年来，中东积极调整其能源战略，通过增加供应来稳定市场。首先，通过完善本国的石油产业链来提升整体竞争力；其次，大力开发天然气，建立综合的天然气产业体系；再次，稳定市场

---

① 张宏民：《石油市场与石油金融》，中国金融出版社，2009年版，第32页。

② 张宏民：《石油市场与石油金融》，中国金融出版社，2009年版，第172页。

③ 陈洪涛、周德群、王群伟：“石油金融理论研究评述”，《经济学动态》，2008年第7期，第99—105页。

④ 杨洁勉等：《大体系：多极多体的组合》，天津人民出版社，2008年版，第415—416页。

供求平衡，完善与其他产油国、石油消费国的对话和协调机制；最后，实现出口多样化，拓展国际市场，维持其在国际能源市场中的份额。[①] 目前，中东在国际能源体系中的地位仍举足轻重。

纵观一个多世纪以来中东能源和国际能源体系的变迁，我们可以发现，中东在国际能源体系的形成和发展中扮演着重要的角色，中东对国际关系和国际格局透射出强大的影响力。从20世纪60年代OPEC的形成到70年代两次石油危机，到国际能源机构（IEA）的形成，再到后来海湾战争、伊拉克战争，中东成为国际能源体系的核心，中东局势一有风吹草动，都会造成国际石油市场的激烈动荡，中东成为世界大国博弈的关键地带。

① 林伯强、黄光晓：《能源金融》，清华大学出版社，2011年版，第42—43页。

第三章　中国的“一带一路”战略

第一节　国内关于“一带一路”的研究

专家学者对“一带一路”进行了较为详尽的研究和探讨，研究成果较为丰富，总的看来，研究聚焦于以下几个领域：“一带一路”的特征和意义、“一带一路”战略的目标和地域范围、“一带一路”战略与区域合作、“一带一路”战略的实施。

一、关于“一带一路”的特征和意义

“一带一路”战略除具有国家战略所应有的全局性、长期性、整体性等基本特点外，还具有以下几个特征：（1）“一带一路作为国家战略，是最高层次的“顶层设计”，是指导我国国务所涉及的各个领域工作的总方略；（2）“一带一路”要达成的是国家运行的“总目标”，而不仅仅是外交、国家安全、对外经济交流、基础设施建设等领域的发展目标；（3）“一带一路”是长期行动计划，是在较长历史时期中国家的行动安排；（4）“一带一路”的实施主体具有国家的整体性，是倾全国之力去完成的行动计划，即便是在各省区间的具体工作有所不同，也仅仅是整体行动中的分工不同；（5）“一带一路”战略的实施需要科学性与艺术性的统一与融合，

既需要技术、物资的投入与建设，也需要人文、情感方面的推动与措施；（6）建设"一带一路"要考虑到世界全局性，而不仅仅是在"一带一路"沿线国家内的多边合作，它也需要处理与美国等世界政治、经济有影响力的众多国家的关系。①

"一带一路"战略一定程度上被解读为中国的西进战略，包括国际和国内两个视角，② 是我国向西开放战略的重要平台，③ 是新时期我国大周边外交的重要战略布局，④ 具有带动经济发展、维护和平稳定、沟通东西文化、促进民心相通等多重功能。⑤ 其核心目的是为我国开辟更广阔的商品市场和能源、资源供给地。⑥ 与美国、俄罗斯、伊朗、哈萨克斯坦、日本等国提出的与丝绸之路相关的战略相比，中国是要改变以往过于依赖美日韩及东盟市场的被动局面，完善沿海开放与向西开放、沿边开放与向西开放相适应的对外开放新格局，其亮点是中国对中亚政策的"四要原则"、"丝绸之路经济带"的"五大支柱"和上合组织开展务实合作的五大具体措施。⑦ 这一战略不仅与中亚国家的未来发展目标对接，而且对于俄罗斯、蒙古国、阿富汗和巴基斯坦等来说都是最为"理

---

① 于光军："建设'丝绸之路经济带'与'21世纪海上丝绸之路'研究热点述评"，《内蒙古社会科学》，2014年第6期。

② 李建民："'丝路精神'下的区域合作创新模式——战略构想、国际比较和具体落实途径"，《人民论坛·学术前沿》，2013年第12期。

③ 李红："青海省融入丝绸之路经济带建设的探析"，《攀登》，2014年第4期。

④ 王海运："'丝绸之路经济带'建设与中国能源外交运筹"，《中国石油经济》，2013年第12期。

⑤ 周明伟："丝绸之路经济带正焕发巨大的生机与活力"，《对外传播》，2014年第7期。

⑥ 蔡宏波、黄书娴："'丝绸之路经济带'带给中国的机遇"，《中国对外贸易》，2012年第5期。

⑦ 李建民："'丝路精神'下的区域合作创新模式——战略构想、国际比较和具体落实途径"，《人民论坛·学术前沿》，2013年第12期。

想的发展模式”，[①] 具有很强的区域互补性。[②] 它是一个包容性、开放性的战略构想，具有多元的国家战略诉求，包含多重的对外开放功能，呈现广阔的地域延展性，战略指向合作、互信、交流、融合等多重开放功能，是国家的能源安全、地缘政治、军事安全、国际合作、文化复兴、缩小区域差距等方面战略的综合考虑，[③] 是中国采取的有利于欧亚地区乃至全球经济发展的多边共赢的新思路，[④] 在发达国家、发展中国家与贫困国家之间搭起了一座桥梁。[⑤] 经济带建设将紧紧围绕经济合作，坚持共商、共建、共享原则，充分利用现有合作机制和平台，照顾各方利益关切，寻求合作最大公约数。[⑥] 与中亚各国产业合作的基本思路是：以政府为主导，以农业和能源工业为基础，多层次、多角度、全方位的开放合作。[⑦] 与中亚国家的能源合作，可考虑从能源与贸易、能源与投资、能源与运输以及能源与环境、能源与军事合作等方面进行。[⑧] 针对中亚复杂的地缘政治，推进合作的标准不应该过高。[⑨] 加强与

---

① 李琪：“中国与中亚创新合作模式、共建‘丝绸之路经济带’的地缘战略意涵和实践”，《陕西师范大学学报（哲学社会科学版）》，2014年第4期。

② 李红：“青海省融入丝绸之路经济带建设的探析”，《攀登》，2014年第4期。

③ 党建伟：“丝绸之路经济带建设对沿线重要节点城市未来发展的影响”，《大陆桥视野》，2014年第5期。

④ 张开城：“21世纪海上丝绸之路建设的广东响应”，《南方论刊》，2014年第7期。

⑤ 李文增、冯攀、李拉：“发挥天津港在中国新丝绸之路经济发展战略中的作用”，《港口经济》，2014年第3期。

⑥ 李朴民：“共建丝绸之路经济带，共享繁荣发展新机遇”，《宏观经济管理》，2014年第8期。

⑦ 王保忠、何炼成、李忠民：“‘新丝绸之路经济带’一体化战略路径与实施对策”，《经济纵横》，2013年第11期。

⑧ 柴利、成丽霞：“共建‘丝绸之路经济带’背景下我国与中亚国家能源合作中的影响因素分析”，《伊犁师范学院学报（社会科学版）》，2014年第1期。

⑨ 胡波：“构建‘丝绸之路经济带’的三大原则”，《中国经济周刊》，2013年第37期。

资源国、消费国、过境国的能源合作，强化"共同能源安全"、"命运共同体"意识。[①] 充分利用上合组织等区域合作机制，促进周边地区运输网络的建设，符合本国和地区的长远利益。[②] 将丝绸之路旅游作为我国重点发展区域和重点建设的旅游目的地。[③] 旅游开发必须全方位加强区域互动无障碍合作，构建"丝绸之路"国际旅游区经济利益共同体，打造世界一流的遗产廊道型旅游精品。[④] 鼓励丝绸之路国内旅游向跨国丝路旅游转变，丝绸之路跨国旅游向跨洲旅游转变；丝绸之路中小尺度旅游向大尺度旅游转变。[⑤]

二、关于"一带一路"战略的目标和地域范围

战略的远景目标是构建区域合作新模式，近期主要是贸易、交通、投资领域的合作，更多的是一种务实灵活的经济合作安排，[⑥] 构建一个以中国为纽带的全球性贸易体系，进而构建国际政治、文化新秩序，[⑦] 与周边国家形成"利益共同体"和"命运共同体"，地区运输基础设施被公认为是决定地区一体化进程的一个重要因

---

① 王海运："'丝绸之路经济带'建设与中国能源外交运筹"，《中国石油经济》，2013 年第 12 期。

② 杨雷："上合组织要敢于介入阿富汗"，环球网，2014 年 11 月 1 日。

③ 马耀峰、梁雪松、李君轶、白凯："跨国丝绸之路旅游合作研究"，《开发研究》，2006 年第 2 期。孙浩捷：《丝绸之路旅游可持续性研究》，华东师范大学硕士学位论文，2006 年。

④ 李创新、马耀峰、李振亭、马红丽："遗产廊道型资源旅游合作开发模式研究——以'丝绸之路'跨国联合申遗为例"，《旅游资源》，2009 年第 9 期。

⑤ 马耀峰、梁雪松、李君轶、白凯："跨国丝绸之路旅游合作研究"，《开发研究》，2006 年第 2 期。

⑥ 李建民："'丝路精神'下的区域合作创新模式——战略构想、国际比较和具体落实途径"，《人民论坛·学术前沿》，2013 年第 12 期。

⑦ 赵东波、李英武："中俄及中亚各国'新丝绸之路'构建的战略研究"，《东北亚论坛》，2014 年第 1 期。

素。"一带一路"战略将改善古丝绸之路等欧亚大陆通道的公路、铁路、港口、通关等软硬件条件。[①②] 主要任务是促进基础设施互联互通，提升经贸合作水平，拓展产业投资合作，深化能源资源合作，拓宽金融合作领域，密切人文交流合作，加强生态环境合作。[③] 要全面加快公路、铁路、航空、内陆港建设步伐，构建"向西、向南、向东"的现代化立体交通通道。[④] 实施新丝绸之路战略，发展贸易物流业首当其冲。[⑤] 陆上"新丝绸之路"计划是打通北线和中线，南线将来有望打通到伊朗，即使陆上打不通南线，那么由海上"新丝绸之路"计划作为补充。[⑥] 战略重点是打造完全便利的战略通道，建立关税同盟、扩充组织成员，空间上的重点是第二亚欧大陆桥沿线。战略路径是逐步探索对外统一协调的宏观经济政策。成立丝绸之路经济带战略通道协调委员会，创新基础设施建设融资机制。[⑦] 大力开展便捷、高效、可靠的大陆桥运输，以缩短运距，减少运费，加速货物运转。[⑧] 要打造陆路、空

---

① 李建民："'丝路精神'下的区域合作创新模式——战略构想、国际比较和具体落实途径"，《人民论坛·学术前沿》，2013 年第 12 期。

② ［印度］普拉比尔德、毕斯瓦："重修丝绸之路：迈向亚洲一体化"，《当代亚太》，2009 年第 3 期。

③ 李朴民："共建丝绸之路经济带，共享繁荣发展新机遇"，《宏观经济管理》，2014 年第 8 期。

④ 高新才、丁绪辉、高新雨："基于模糊物元方法的西北五省区物流能力评价研究"，《新疆社会科学》，2014 年第 1 期。

⑤ 李文增、冯攀、李拉："发挥天津港在中国新丝绸之路经济发展战略中的作用"，《港口经济》，2014 年第 3 期。

⑥ 赵东波、李英武："中俄及中亚各国'新丝绸之路'构建的战略研究"，《东北亚论坛》，2014 年第 1 期。

⑦ 胡波："构建'丝绸之路经济带'的三大原则"，《中国经济周刊》，2013 年第 37 期。

⑧ 高伟江、徐新荣："基于经济合作的丝绸之路开发"，《改革管理》，2005 年第 3 期。

中、信息三条丝绸之路，推动各国签订交通便利化协定，加快建立连接太平洋和波罗的海的国际运输走廊。[①] 必须物流先行，下大力气进行现代物流系统建设。[②] 将现代物流产业作为先导性、支柱性产业。[③] 能源合作应当置于"丝绸之路经济带"建设"重中之重"的位置。[④] 与欧盟在信息、生物、清洁能源、能源开发、高科技制造业技术等方面进行实质性的合作。[⑤] 以交通、邮电、纺织、化工、食品、制药、机械制造、农产品加工、消费品生产等行业为主，形成相互促进的网络产业布局模式和互补的产业梯度推移模式。[⑥] 除了油气领域外，铀资源开发与核电站建设合作、煤炭开发合作也具有很大潜力，值得大力推动。[⑦]

"一带一路"战略在空间上大致分五个区段：东亚段、中亚段、西亚段、中东欧段、西欧段。时间上可以按近期、中期、远期来分阶段建设。[⑧] 从自然地理环境看，可分为中亚五国、中东、高加索地区以及东欧的乌克兰、白俄罗斯和摩尔多瓦等国、俄罗

---

① 惠宁、杨世迪："丝绸之路经济带的内涵界定、合作内容及实现路径"，《延安大学学报（社会科学版）》，2014年第4期。

② 王之泰："丝绸之路经济带：丝绸之路的升华"，《中国流通经济》，2014年第5期。

③ 汪鸣、王彦庆："丝绸之路经济带物流系统建设发展思路"，《交通建设与管理》，2013年第12期。

④ 王海运："'丝绸之路经济带'建设与中国能源外交运筹"，《中国石油经济》，2013年第12期。

⑤ 惠宁、杨世迪："丝绸之路经济带的内涵界定、合作内容及实现路径"，《延安大学学报（社会科学版）》，2014年第4期。

⑥ 郭爱君、毛锦凰："丝绸之路经济带：优势产业空间差异与产业空间布局战略研究"，《兰州大学学报（社会科学版）》，2014年第1期。

⑦ 王海运："'丝绸之路经济带'建设与中国能源外交运筹"，《中国石油经济》，2013年第12期。

⑧ 何茂春、张冀兵："新丝绸之路经济带的国家战略分析——中国的历史机遇、潜在挑战与应对策略"，《人民论坛·学术前沿》，2013年第12期。

斯、阿富汗、巴基斯坦和印度五个区域。[①] 以道路联通的范围来看，能够利用这一道路运输的其他地区都可以参与到经济带的建设中来。[②] 中亚地区是连接中东、东亚、南亚、俄罗斯、高加索地区以及欧洲的枢纽。[③] 中亚国家技术相对落后，采矿业、冶金业等重工业发达，轻工业体系薄弱，产业结构单一，有合作的空间。[④] 在通信设备及通信服务、汽车工业、生物与化工、制药业、清洁能源、食品加工等行业，我国和中东欧都各具优势，应把中东欧作为我国产品进入欧洲市场的重要桥梁和纽带，注重投资产业的多样化和产业链延伸，开展有深度和有生命力的产业合作。[⑤] 相关国家的合作应由易到难、循序渐进、务求实效，[⑥] 采取稳步发展的原则，先在部分国家和地区设立产业合作示范园区，逐步积累经验，然后再稳步推广。[⑦] 中国境内沿线开发可采取“以线串点，以点带面”的开发战略，推进沿线整体联动发展。[⑧] 国内区域要加强以交通、通讯为主的线状基础设施建设，发挥各中心城市在区域经济带建设中的带动作用，促进合理分工，取得综合开发的整体

---

① 赵东波、李英武：“中俄及中亚各国‘新丝绸之路’构建的战略研究”，《东北亚论坛》，2014 年第 1 期。

② 党建伟：“丝绸之路经济带建设对沿线重要节点城市未来发展的影响”，《大陆桥视野》，2014 年第 5 期。

③ 惠宁、杨世迪：“丝绸之路经济带的内涵界定、合作内容及实现路径”，《延安大学学报（社会科学版）》，2014 年第 4 期。

④ 惠宁、杨世迪：“丝绸之路经济带的内涵界定、合作内容及实现路径”，《延安大学学报（社会科学版）》，2014 年第 4 期。

⑤ 郭雯：“我国与中东欧国家产业合作问题研究”，《对外经贸》，2014 年第 3 期。

⑥ 李前：“贸易和投资机会沿‘路’播撒”，《进出口经理人》，2014 年第 6 期。

⑦ 张建伦：“加强丝绸之路经济带产业合作”，《中国发展观察》，2014 年第 7 期。

⑧ 高伟江、徐新荣：“基于经济合作的丝绸之路开发”，《改革管理》，2005 年第 3 期。

经济效益。[①] 目前，可行的替代贸易运输线路有三条：亚欧大陆桥，和绕行整个非洲的好望角航道，以及北极航道，在安全、成本、时间等方面，替代穿越苏伊士运河的航道有不少优势。[②] 各成员间贸易一体化要经历不同的发展阶段：贸易一体化、共同市场、经济联盟以及共同体安排等阶段。[③] 在战略上，产业、能源、交通和城市一体化是初级阶段，文化、生态、贸易、金融是高级阶段。[④] 在初期阶段，战略目标是道路联通与贸易畅通。[⑤]

三、关于"一带一路"战略与区域合作

"一带一路"沿线各国政治制度不同，发展水平差距很大，开展合作顾虑很多，落实多边项目受到资金的制约，需要探索一条各方都能受益的合作方式。"一带一路"战略应注重依靠区域主体自身的文明特点、发展特征、资源与制度禀赋的优势来形成发展的合力，实践一种"合作导向的一体化"，而不仅仅是通过一套无差异或标准化的市场准入、税制、劳动力与货币规则来挖掘各自的竞争力。丝绸之路经济带提倡不同发展水平、不同文化传统、不同资源禀赋、不同社会制度国家间开展平等合作，共享发展成果，关键是要创新合作模式，通过合作与交流，把地缘优势转化为务实合作的成果。丝绸之路经济带应具备充足的制度包容性，

---

① 高伟江、徐新荣："基于经济合作的丝绸之路开发"，《改革管理》，2005年第3期。

② 梅新育："新丝绸之路的深意"，《人民论坛》，2013年第12期。

③ 王保忠、何炼成、李忠民："'新丝绸之路经济带'一体化战略路径与实施对策"，《经济纵横》，2013年第11期。

④ 王保忠、何炼成、李忠民："'新丝绸之路经济带'一体化战略路径与实施对策"，《经济纵横》，2013年第11期。

⑤ 胡波："构建'丝绸之路经济带'的三大原则"，《中国经济周刊》，2013年第37期。

表现为倡议提出者希望用丝绸之路的理念和精神把该地区正在进行的各种各样的合作整合起来，使他们相互连接，相互促进，加快各自发展。中国作为“负责任大国”，应当为区域经济一体化做出更多的贡献，成为区域经济一体化的“领头羊”，在扩大本国经济发展空间的同时，实现与地区国家经济发展的战略协调，进而打造一个幅员辽阔的亚欧经济合作带。“一带一路”沿线各国都是平等的参与者，是平等互利、合作共赢的“利益共同体”和“命运共同体”。在建设丝绸之路经济带过程中，中国提倡新的义利观，多予少取，中国要像中心城市发挥溢出效应一样，让周边地区得益，使各国实现互利共赢。这与霸权国家所力推的以控制他国经济命脉、改变他国政治制度为深层目的的“新丝绸之路计划”有着本质的不同。中国必须向周边国家以及其他国家充分阐释这一观点，争取周边国家的更多信任和支持，避免“新殖民论”或者“势力范围论”的反弹。同时，丝路经济带是开放型合作带，欢迎区域外国家参与，也不排除与美欧大国在丝绸之路经济带框架内开展合作的可能性。①

“一带一路”与区域合作研究主要集中在国与国之间，更多地含有边缘政治色彩和区域稳定动力，而资源争夺和利益分割是大国竞争与合作的最终目标。丝路国家的合作机制包括区域全面经济伙伴关系协定（RCEP）、自由贸易协定（FTA）、上海合作组织（SCO）和中亚区域经济合作（CAREC）等。SCO和CAREC两种合作机制在法律基础、组织性质、运行机制、合作领域、融资能力和项目执行力等方面存在较大的差异。② 中亚地区是中国保障新

---

① 李建民：“丝绸之路经济带合作模式研究”，《青海社会科学》，2014年第5期。

② 李道军、胡颖：“中国新疆参与中亚区域经济合作的机制比较与启示”，《新疆社会科学》，2011年第3期。

疆内地安全的屏障，低成本原料的来源，产品销售的市场和通往欧美和中东的走廊；因此，上海合作组织需要平衡所有涉及中亚地区的国家的利益。[①] 区域和产业层面的合作机制建设相对比较复杂。产业层面的合作机制涉及中国—东盟交通运输，[②] 中国—东盟区域服务贸易自由化，[③] 东亚能源合作，[④] 东北亚物流合作[⑤]以及丝路旅游合作。[⑥] 区域合作机制的建设和实施往往缺乏合作基础、存在外围陷阱以及大国威胁，没有现成的合作模式。在发展中国家之间引入模块网络化机制可以夯实他们的合作基础，构筑自主转型系统能够实现长期合作的战略，建构"共生协同转型"机制可以促进丝路沿线国家走向共同繁荣，弹性合作模式可以求同存异，实现基于异质性的创新发展。[⑦] 现有丝路合作机制大体可以归为基础构成、制度环境、合作形式、共生协同和问题治理五大模块：（1）基础构成模块包括协商合作条约，制定合作政策、组织、章程、项目、特区和指标等。[⑧]（2）制度环境模块包括外生的目标机

---

① Khodzhaev A.，The Central Asian Policy of the People's Republic of China，China and Eurasia Forum Quarterly，2009，7（1）：pp. 9—28.

② 余元玲："中国—东盟交通运输合作机制研究"，《甘肃社会科学》，2012年第4期。

③ 逯宇铎、李丹："区域服务贸易自由化合作机制的博弈分析——以中国—东盟自由贸易区为例"，《经济经纬》，2011年第5期。

④ 唐彦林："国际政治视野下构建东亚能源合作机制的路径分析与模式选择"，《世界经济与政治论坛》，2006年第4期。

⑤ 聂文元、李豫新："上海合作组织框架内中国新疆与周边国家区域经济合作机制探析"，《俄罗斯中亚东欧市场》，2008年第12期。

⑥ 李文兵、南宇："论丝绸之路沿线旅游合作机制"，《干旱区资源与环境》，2010年第1期。

⑦ 马莉莉、王瑞、张亚斌：《丝绸之路经济带的发展与合作机制研究》，《人文杂志》，2014年第5期。

⑧ 蒋瑛、郭玉华：《区域合作的机制与政策选择》，《江汉论坛》，2011年第2期。

制、动力激励机制、市场驱动机制等，也包括内生的平等对话机制、协调仲裁机制、信息交互机制、利益协商补偿机制、绩效评价机制、行为约束机制、功能运作机制等。[①]（3）合作形式模块涉及专业组织机构、会议论坛形式，可以借鉴非正式合作、地区政府服务契约、区域政府联盟、城市联邦制等。（4）共生协同模块包含一个行使公共权力的共同体和一套区域公共政策协调机制。[②]（5）问题治理模块可能是目前最需要研究的模块。首先，该模块能够识别现存问题，比如合作机制约束力不够、难以实施、滞后于现实需求，存在主权之争等；其次，该模块能够提供博弈平台，使合作各方在交往理性基础上实现合作博弈，协调好经济与政治关系，平衡各方利益与冲突。[③]

四、关于“一带一路”战略的实施

欧亚大陆桥形成了一条新的贯通中亚、东欧、西欧的国际运输大动脉。[④]一个以铁路为主体的“中亚交通走廊”已基本铺设完。[⑤]哈中过境运输铁路（哈萨克大陆桥）已建成，亚洲通向里海的出海口打通。[⑥]土耳其和中国将联手兴建连接东南部城市卡尔斯和西

① 王维平：《改进和完善我国区域经济合作机制的思考》，《甘肃社会科学》，2004年第1期。

② 臧乃康：《多中心理论与长三角区域公共治理合作机制》，《中国行政管理》，2006年第5期。

③ 淮建军、王征兵、赵寅科：“新丝绸之路经济带研究综述”，《学术界》，2015年第1期。

④ 刘睿文、刘衡：“多国联合申报世界文化遗产模式的引入——以丝绸之路为例”，《经济地理》，2005年第2期。

⑤ 孙亚辉：“丝绸之路的价值弘扬与文化旅游的开发及优化”，《社会科学家》，2014年第5期。

⑥ 马耀峰、梁雪松、李君轶、白凯：“跨国丝绸之路旅游合作研究”，《开发研究》，2006年第2期。

部城市埃迪尔内的高速铁路。[①] 我国围绕中通道和南通道，规划了六条铁路通道。[②] 随着新亚欧大陆桥投入使用，中哈第二条铁路开通，欧洲西部—中国西部国际公路、中吉乌铁路加快推进，丝绸之路经济带的交通运输体系正逐步形成。[③] 目前的正式国际货运班列已有五班，乌鲁木齐海关在通关方面也实现了"一票通关"。[④] 中国与中东 18 国的进出口连续几年快速增长，中国主要以进口石油石化产品为主，中东地区以进口轻工业、纺织、服装等为主。[⑤] 我国西北五省区内资源丰富，无论是开采条件还是空间组合都达到了理想的程度。[⑥] 我国与中亚各国都进入了经济快速增长时期，相关资源产业也蓬勃地发展起来。[⑦] 阿拉山口口岸由单一的通关过货功能向多功能、多元化方向发展，初步形成了以商贸、仓储、加工、运输、旅游为一体的综合经济区域。[⑧]

在产业合作领域，探索多种投资合作等模式，借鉴中巴合作建设瓜达尔港的模式，在一定区域内由中方投资工业园区基础设

① 舒景林、盛睿："中土战略合作伙伴关系研究"，《社会科学论坛》，2014 年第 5 期。

② 刘晓雷："发挥内陆无水港在丝绸之路经济带中的重要作用"，《中国发展观察》，2014 年第 10 期。

③ 惠宁、杨世迪："丝绸之路经济带的内涵界定、合作内容及实现路径"，《延安大学学报（社会科学版）》，2014 年第 4 期。

④ 大陆桥视野编辑部："'丝绸之路经济带'的战略意义"，《大陆桥视野》，2013 年第 19 期。

⑤ 许志瑜："丝绸之路经济带建设与中国中东地区经济合作"，《国际经济合作》，2014 年第 4 期。

⑥ 田澍、李勇锋："世界遗产视野中的丝绸之路"，《西北师大学报（社会科学版）》，2007 年第 6 期。

⑦ 孙亚辉："丝绸之路的价值弘扬与文化旅游的开发及优化"，《社会科学家》，2014 年第 5 期。

⑧ 马耀峰、梁雪松、李君轶、白凯："跨国丝绸之路旅游合作研究"，《开发研究》，2006 年第 2 期。

施。[①] 充分发挥上海合作组织的平台作用，依托欧亚经济论坛，推动建立双边、多边精品旅游合作项目。推进区域内关税互惠、交通运输、资金以及信息等领域的合作。协商制定和推进区域合作的战略规划，分步骤、分阶段落实各项合作任务。[②] 实现亚欧铁路集装箱班列的规模化、常态化和物流化，创新枢纽之间的物流资源共享、合作机制，搭建物流服务运作、信息服务等多种平台。[③] 配合西部地区城市化的发展，在中心城市规划和建设物流中心。[④] 以物流企业为主建立统一的货运代理体系，形成一对一的货运代理服务模式，并在新亚欧大陆桥各物流节点城市设立运输服务网点，对货运代理等相关事宜进行统一管理。[⑤] 构建出丝绸之路文化旅游体系，[⑥] 增加旅游线路产品组合的丰度，大力开发休闲度假项目和参与体验型旅游产品，组织开展一些规模适度的专项、专线、专题、参与性强的旅游活动。[⑦] 把文化内涵挖掘程度作为旅游产品评价的重要指标，在竞争性、差异性和互补性旅游产品上下工夫。[⑧] 成立“国际丝绸之路旅游合作开发委员会”及下设“国际丝绸之

---

① 张建伦：“加强丝绸之路经济带产业合作”，《中国发展观察》，2014 年第 7 期。

② 惠宁、杨世迪：“丝绸之路经济带的内涵界定、合作内容及实现路径”，《延安大学学报（社会科学版）》，2014 年第 4 期。

③ 汪鸣、王彦庆：“丝绸之路经济带物流系统建设发展思路”，《交通建设与管理》，2013 年第 12 期。

④ 王之泰：“丝绸之路经济带：丝绸之路的升华”，《中国流通经济》，2014 年第 5 期。

⑤ 邵辉、唐向华：“基于两业联动的新亚欧大陆桥物流通道发展研究”，《经贸论坛》，2014 年第 8 期。

⑥ 马勇、刘军：“丝绸之路旅游文化经济带全球发展战略研究”，《世界地理研究》，2014 年第 2 期。

⑦ 杨阿莉：“基于生态理念的丝绸之路旅游产品结构优化与升级研究”，《西北师范大学学报（自然科学版）》，2010 年第 1 期。

⑧ 梁雪松、马耀峰：“旅游偏好和旅游行为研究——以丝绸之路入境游客为例”，《商业经济与管理》，2008 年第 5 期。

路旅游合作联合体"协调机构，落实和开展旅游合作开发项目等事宜。[①] 成立由各国旅游局和各省、市、自治区政府、各国旅游行业协会、旅游企业等有关部门参加的合作开发联盟。共同编制跨国旅游区发展规划，建立共同发展基金，成立跨区域旅游行业组织来进行协调沟通。[②] 便利货币流通，发行多国承认的旅游卡，共同建设国际性旅游组织。[③] 建立产业转移数据库，梳理我国需要转移的产业以及各国需要引进的产业，并通过产业转移数据库进行对接。[④]

在贸易投资方面，以加入国际公约方式或以缔结与国际公约不相违的地区协议的形式，尽快形成一个覆盖整个亚洲的贸易便利化机制。[⑤] 在上海合作组织的基础上设立法律协调工作组，对推动贸易和投资便利化问题进行探讨并做出适当安排。[⑥] 与沿线更多国家和地区发展自由贸易关系，逐步形成高标准自贸区网络。[⑦] 以方便商品和服务在亚洲内部以及亚洲以外地区的流动，从而克服引起贸易成本上升、破坏地区竞争力的制度障碍和瓶颈。[⑧] 应跟踪分

① 马耀峰、梁雪松、李君轶、白凯："跨国丝绸之路旅游合作研究"，《开发研究》，2006 年第 2 期。

② 李创新、马耀峰、李振亭、马红丽："遗产廊道型资源旅游合作开发模式研究——以'丝绸之路'跨国联合申遗为例"，《旅游资源》，2009 年第 9 期。

③ 马勇、刘军："丝绸之路旅游文化经济带全球发展战略研究"，《世界地理研究》，2014 年第 2 期。

④ 张建伦："加强丝绸之路经济带产业合作"，《中国发展观察》，2014 年第 7 期。

⑤ [印度] 普拉比尔德、毕斯瓦："重修丝绸之路：迈向亚洲一体化"，《当代亚太》，2009 年第 3 期。

⑥ 张建伦："加强丝绸之路经济带产业合作"，《中国发展观察》，2014 年第 7 期。

⑦ 李金早："深化经贸合作，把'一带一路'建实建好"，《人民日报》，2014 年 8 月 12 日，第 13 版。

⑧ [印度] 普拉比尔德、毕斯瓦："重修丝绸之路：迈向亚洲一体化"，《当代亚太》，2009 年第 3 期。

析、综合判断中亚投资、税收等政策法规。[①] 建立定期会晤机制，加强非官方合作。

在经济体制方面，改革边境口岸，实施两国间“一站式”服务，同一批边境贸易货物仅实施一次检验检疫，缩短通关流程和通关时间。[②] 鼓励我国和中东欧国家企业相互投资。[③] 进一步发挥跨国铁路的联运优势，实现区域内贸易、投资便利化。[④] 积极向中亚国家出口我国在高铁装备、民用飞机、移动通讯终端等高科技产品。[⑤]

在交通物流方面，中国应加大对中亚国家的战略性交通援助、资金支持和技术输出，鼓励中国企业承揽境外交通基础设施项目。向中东欧国家铁路建设提供技术和资金。[⑥] 对于境外铁路干线的建设，可以适当地帮助其建设相关的铁路基础设施。[⑦] 成立由各国政府联合组成的协调管理机构，制定无水港建设规划和相关发展政策，协调国际贸易规则；以沿线各主要城市为基础，完善无水港运营体制机制。[⑧] 推进亚欧大陆桥集装箱海铁联运大通道建设。[⑨]

---

① 李琪：“中国与中亚创新合作模式、共建‘丝绸之路经济带’的地缘战略意涵和实践”，《陕西师范大学学报（哲学社会科学版）》，2014 年第 4 期。

② 牛风君：“丝绸之路经济带建设中上合组织贸易便利化发展研究”，《合作经济与科技》，2014 年第 9 期。

③ 郭雯：“我国与中东欧国家产业合作问题研究”，《对外经贸》，2014 年第 3 期。

④ 惠宁、杨世迪：“丝绸之路经济带的内涵界定、合作内容及实现路径”，《延安大学学报（社会科学版）》，2014 年第 4 期。

⑤ 张建伦：“加强丝绸之路经济带产业合作”，《中国发展观察》，2014 年第 7 期。

⑥ 甘钧先、毛艳：“丝绸之路的复活：中国高铁外交解析”，《太平洋学报》，2010 年第 7 期。

⑦ 邵辉、唐向华：“基于两业联动的新亚欧大陆桥物流通道发展研究”，《经贸论坛》，2014 年第 8 期。

⑧ 邵辉、唐向华：“基于两业联动的新亚欧大陆桥物流通道发展研究”，《经贸论坛》，2014 年第 8 期。

⑨ 姜彩良、华光、孙东泉：“经济带战略下交通物流一体化发展的策略”，《综合运输》，2014 年第 7 期。

鼓励融资以应对地区交通运输项目的资金短缺问题，加强不同运输方式之间的互联性，动员私人部门参与运输基础设施的运营和维护。[①] 采用特殊政策吸引国内外开发主体联合投资和合作经营，同时利用 BOT 等形式吸引外资或东部发达地区的民间资本。[②] 组建民航投资管理有限公司和设立民航投资基金，吸引社会资本广泛参与民航建设。[③] 有效落实《上海合作组织成员国多边经贸合作纲要》中的合作项目，确定铁路、航空运输今后互利合作的可能方向；加快组建开发银行；协调交通部长会议和经贸部长会议的关系。[④] 设立亚洲基础设施投资银行。[⑤]

第二节　中国"一带一路"战略的实施

公元前 138 年，中国西汉的张骞肩负和平友好使命，出使西域，开启了中国同中亚各国友好交往的大门，开辟出一条横贯东西、连接欧亚的丝绸之路。公元 73 年，班超又出使西域，被东汉任命为西域都护，班超将丝绸之路延伸到波斯湾。21 世纪初，贸易和投资在古丝绸之路上再度活跃。

中国"一带一路"战略的实施大致经历了三个阶段。第一阶

① ［印度］普拉比尔德、毕斯瓦："重修丝绸之路：迈向亚洲一体化"，《当代亚太》，2009 年第 3 期。

② 龚新蜀："'丝绸之路'经济带交通基础设施建设对区域贸易的影响"，《区域经济》，2014 年第 3 期。

③ 李家祥："中国民航局拟设民航投资基金，吸引社会资本参与民航建设"，澎湃新闻网，2014 年 7 月 11 日。

④ 牛风君："丝绸之路经济带建设中上合组织贸易便利化发展研究"，《合作经济与科技》，2014 年第 9 期。

⑤ 李文增、冯攀、李拉："发挥天津港在中国新丝绸之路经济发展战略中的作用"，《港口经济》，2014 年第 3 期。

段，中国国家主席习近平提出构建“丝绸之路经济带”、“21世纪海上丝绸之路”。此后，“一带一路”战略构想得到了国际社会、我国社会各界的积极响应。第二阶段，在国家发改委2013年11月召开丝绸之路经济带研究思路座谈会之后，参加座谈会的省区被解读为列入建设区范畴，被列入的省区开始进行建设规划内容的研究，没有列入的省区的研究则集中于论述本区域应予列入的理由、本区域如何参与、建设，或分析丝绸之路经济带建设给本省区带来的发展机会等。第三阶段，在国家领导人访问欧盟、俄罗斯、蒙古、南亚、东盟等周边国家之后，研究与解读、论证形成了“‘一带一路’建设具有国家战略性质”的共识。此后的研究转向建设所涉及的国际关系、沿线国家研究、与现有国际合作体制机制的关系以及以铁路建设为主的基础设施建设问题研究。[①]

2013年9月，习近平主席出访中亚四国、参加上合峰会时提出构建“丝绸之路经济带”。2013年10月，习主席访问印尼、出席亚太经合峰会时倡导建设21世纪“海上丝绸之路”。2013年10月24日周边外交工作座谈会在北京召开，会议对今后5—10年中国周边外交的战略目标、基本方针和工作思路作出了规划。习近平总书记在座谈会上讲话时指出：“周边对我国都具有极为重要的战略意义。思考周边问题、开展周边外交要有立体、多元、跨越时空的视角。”“我国周边外交的基本方针，就是坚持与邻为善、以邻为伴，坚持睦邻、安邻、富邻，突出体现亲、诚、惠、容的理念。”[②] 前一视角和后一理念成为新周边外交的指导思想和原则。习近平还要求与周边国家共同努力，加快基础设施互联互通，建

① 于光军：“建设‘丝绸之路经济带’与‘21世纪海上丝绸之路’研究热点述评”，《内蒙古社会科学（汉文版）》，第35卷第6期，2014年11月。

② 钱彤：“习近平：让命运共同体意识在周边国家落地生根”，新华网，2013年10月25日，http://news.xinhuanet.com/2013－10/25/c_117878944.htm。

设新丝绸之路经济带、21世纪海上丝绸之路，加快实施自由贸易区战略。

2014年3月5日，李克强总理在政府工作报告中提出，要构建开放型经济新体制，推动新一轮对外开放。在走出去中提升竞争力。推进对外投资管理方式改革，实行以备案制为主，大幅下放审批权限。健全金融、法律、领事等服务保障，规范走出去秩序，促进产品出口、工程承包与劳务合作。抓紧规划建设丝绸之路经济带、21世纪海上丝绸之路，推进孟中印缅、中巴经济走廊建设，推出一批重大支撑项目，加快基础设施互联互通，拓展国际经济技术合作新空间。①

5月21日在上海举行的亚信峰会，国家主席习近平主持会议并发表题为《积极树立亚洲安全观　共创安全合作新局面》的主旨讲话，提出“共同、综合、合作、可持续的亚洲安全观”。与会各方就亚洲地区安全形势以及反恐、粮食安全、能源安全、网络安全、核裁军和防扩散等问题广泛交换意见。各方高度评价中国为促进亚洲和世界和平、稳定、繁荣作出的重大贡献，赞赏中国坚持和平发展和睦邻友好，支持中方倡导的亚洲安全观，表示愿同中方携手努力，共建丝绸之路经济带，加强经济融合和互联互通，共同应对各种威胁和挑战，协力打击“三股势力”，实现共同安全、共同发展、共同繁荣。②

2014年6月5日，中阿合作论坛第六届部长级会议在人民大会堂开幕。国家主席习近平出席开幕式并发表题为《弘扬丝路精

---

① 李克强：“政府工作报告——2014年3月5日在第十二届全国人民代表大会第二次会议上”，中华人民共和国中央人民政府网站，http://www.gov.cn/guowuyuan/2014-03/05/content_2629550.htm。

② 吕岩松、刘建林、章念生：“亚洲相互协作与信任措施会议第四次峰会在上海举行（聚焦亚信第四次峰会）”，《人民日报》，2014年5月22日，第1版。

神，深化中阿合作》的重要讲话。习近平表示，通过古老的丝绸之路，中阿人民的祖先走在了古代世界各民族友好交往的前列。当前，中阿都面临实现民族振兴的共同使命和挑战。希望双方弘扬丝绸之路精神，以共建丝绸之路经济带和21世纪海上丝绸之路为新机遇、新起点，不断深化全面合作、共同发展的中阿战略合作关系。习近平强调，“一带一路”是互利共赢之路。中国同阿拉伯国家因为丝绸之路相知相交，是共建“一带一路”的天然合作伙伴。中阿双方应该坚持共商、共建、共享原则，打造中阿利益共同体和命运共同体。既要登高望远、也要脚踏实地，构建“1＋2＋3”的合作格局，即以能源合作为主轴，以基础设施建设、贸易和投资便利化为两翼，以核能、航天卫星、新能源三大高新领域为新的突破口，未来10年，争取把中阿贸易额从2013年的2400亿美元增至6000亿美元，把中国对阿非金融类投资存量从2013年的100亿美元增至600亿美元以上，加快协商和推进中国—海湾阿拉伯国家合作委员会自由贸易区、阿拉伯国家参与亚洲基础设施投资银行，争取早期收获。双方应该依托并增进中阿传统友谊。习近平指出，成立中阿合作论坛，是我们着眼中阿关系长远发展作出的战略抉择。希望双方抓住共建“一带一路”的新机遇，加强政策沟通，深化务实合作，不断开拓创新，把论坛建设好。阿方赞同习近平主席提出的加强论坛建设、发展阿中战略合作关系的主张，支持中方提出的共建“一带一路”倡议，愿意同中方加强沟通和协调，推动阿拉伯有关问题的政治解决，共同致力于促进地区和平、稳定、发展。①

2015年10月24日，包括中国、印度、新加坡等在内的21个

---

① “习近平出席中阿合作论坛第六届部长级会议开幕式并发表重要讲话”，《人民日报》，2014年6月6日，第1版。

亚洲基础设施投资银行首批意向创始成员国的财长和授权代表在北京人民大会堂签约，共同决定成立亚洲基础设施投资银行，标志着这一中国倡议设立的亚洲区域新多边开发机构的筹建工作将进入新阶段。正式签署《筹建亚投行备忘录》的国家包括孟加拉国、文莱、柬埔寨、中国、印度、哈萨克斯坦、科威特、老挝、马来西亚、蒙古国、缅甸、尼泊尔、阿曼、巴基斯坦、菲律宾、卡塔尔、新加坡、斯里兰卡、泰国、乌兹别克斯坦和越南。亚投行将是一个政府间性质的亚洲区域多边开发机构，按照多边开发银行的模式和原则运营，重点支持基础设施建设。总部将设在北京。亚投行的法定资本为1000亿美元，初始认缴资本目标为500亿美元左右，实缴资本为认缴资本的20%。目前各意向创始成员国同意将以国内生产总值（GDP）衡量的经济权重作为各国股份分配的基础，因此中国将持有最大股份，但中国在亚投行并不刻意寻求"一股独大"，也不一定非要占到50%，随着亚投行成员的增多，中国的占股比例会相应下降。备忘录签署以后，域内意向创始成员国将启动章程谈判和磋商。亚投行筹建将遵循开放包容的原则，欢迎其他感兴趣的国家和经济体加入筹建进程。按照目前的工作计划，预计各国在2015年年内完成章程谈判和签署工作，使亚投行在2015年年底前投入运作。[①]

11月8日，加强互联互通伙伴关系对话会在北京钓鱼台国宾馆举行。国家主席习近平主持会议并发表题为《联通引领发展伙伴聚焦合作》的重要讲话。习近平指出，共同建设丝绸之路经济带和21世纪海上丝绸之路与互联互通相融相近、相辅相成。如果将"一带一路"比喻为亚洲腾飞的两只翅膀，那么互联互通就是

① 韩洁、何雨欣："21国在京签约决定成立亚洲基础设施投资银行"，《新华网》，2014年10月24日。

两只翅膀的血脉经络。习近平就此提出五点建议。第一，以亚洲国家为重点方向，率先实现亚洲互联互通。第二，以经济走廊为依托，建立亚洲互联互通的基本框架。第三，以交通基础设施为突破，实现亚洲互联互通的早期收获，优先部署中国同邻国的铁路、公路项目。第四，以建设融资平台为抓手，打破亚洲互联互通的瓶颈。中国将出资400亿美元成立丝路基金。第五，以人文交流为纽带，夯实亚洲互联互通的社会根基。[①]

11月11日，亚太经合组织（APEC）第二十二次领导人非正式会议在北京举行，国家主席习近平主持会议并致开幕辞，[②] 倡导共建互信、包容、合作、共赢的亚洲伙伴关系。通过这些大手笔，“一带一路”和“二走廊”（孟中印缅走廊和巴中经济走廊）从布局走向实施，亚太自贸区进程速度加快，为新周边外交增添了新内容，注入了新的动力。

2015年3月28日，习近平在海南博鳌出席博鳌亚洲论坛年会开幕式并发表主旨演讲。他在演讲中指出，“一带一路”建设秉持的是共商、共建、共享原则，不是封闭的，而是开放包容的；不是中国一家的独奏，而是沿线国家的合唱。“一带一路”建设不是要替代现有的地区合作机制和倡议，而是要在已有基础上，推动沿线国家实现发展战略相互对接、优势互补。目前，已经有60多个沿线国家和国际组织对参与“一带一路”建设表达了积极态度。“一带一路”建设、亚洲基础设施投资银行都是开放的，我们欢迎

① 张朔：“习近平主持加强互联互通伙伴关系对话会并发表讲话”，《中国新闻网》，2014年11月8日，http://www.chinanews.com/gn/2014/11－08/6763082.shtml。

② 欧阳开宇：“APEC第二十二次领导人非正式会议举行，习近平主持”，《中国新闻网》，2014年11月11日，http://www.chinanews.com/gn/2014/11－11/6766148.shtml。

沿线国家和亚洲国家积极参与，也张开臂膀欢迎五大洲朋友共襄盛举。“一带一路”建设不是空洞的口号，而是看得见、摸得着的实际举措，将给地区国家带来实实在在的利益。在有关各方共同努力下，“一带一路”建设的愿景与行动文件已经制定，亚洲基础设施投资银行筹建工作迈出实质性步伐，丝路基金已经顺利启动，一批基础设施互联互通项目已经在稳步推进。这些早期收获向我们展现了“一带一路”的广阔前景。①

习近平主席提出的“丝绸之路经济带”是在古丝绸之路基础上扩展而形成的一个新的经济发展区域。从空间来看，我们可将“丝绸之路经济带”分为国内段和国外路段两大部分。丝绸之路国内路段部分，在交通通道方面，形成了在空间走向上以新欧亚大陆铁路桥为主的北线、以石油天然气管道为主的中线、以跨国公路为主的南线三条线。② 丝绸之路的国际部分，建设运行主要涉及中国和中亚、南亚、中东，辐射作用还可延伸至欧洲地区。③ “21世纪海上丝绸之路”不仅传承了古代“海上丝绸之路”和平友好、互利共赢的价值理念，而且注入新的时代内涵，合作层次更高，覆盖范围更广，参与国家更多，将串起连通东盟、南亚、中东、北非、欧洲、南太等各大经济板块的市场链。④ “一带一路”贯穿欧亚大陆，东边连接亚太经济圈，西边进入欧洲经济圈。中国领导人对周边国家进行“路演”式访问，加强互联互通伙伴关系对

---

① 习近平：“迈向命运共同体　开创亚洲新未来”，《新华网》，2015年3月28日，http：//news. xinhuanet. com/politics/2015－03/28/c _ 1114794507. htm。

② 李秀中：“丝绸之路经济带“扩容”多地竞入”，第一财经网，http：//finance. eastmoney. com/news/1350，20131119338602854. html，2013年11月19日。

③ 冯宗宪：“中国向欧亚大陆延伸的战略动脉——丝绸之路经济带的区域、线路划分和功能详解”，《人民论坛·学术前沿》，2014年2月下期（总第44期）。

④ 索有为：“广东湛江打造21世纪海上丝绸之路主要节点”，中文国际网，http：//www. chinadaily. com. cn/hqgj/jryw/2014－03－05/content _ 11341520. html。

话会在北京成功举行，亚洲基础设施投资银行、丝路基金等机制陆续推出，“一带一路”建设稳扎稳打，开始进入务实合作阶段，将有力带动周边国家和世界经济发展。

随着建设“一带一路”战略构想的提出，丝绸之路将再次成为世界地图上贯通中西、促进各方面交流合作的黄金路线。近年来，中国与中东国家的经贸和能源关系发展迅速，成为中国“一带一路”战略的支点。

“一带一路”战略大框架包括几个关键的支点：中亚、东南亚、中东、中东欧、欧洲、南太。中东蕴藏丰富的石油资源，是丝绸之路经济带的重点区域，中东地区是亚、非、欧三大洲的连接点和交通要冲，是海上丝绸之路的枢纽。随着中国经济的增长，中国现在已成为世界第一大能源消费国，能源因素在中国外交战略中的权重增加，中国与中东能源合作成为“一带一路”战略的重要支点。

2015 年 3 月 28 日，国家发改委、外交部、商务部联合发布了《推动共建丝绸之路经济带和 21 世纪海上丝绸之路的愿景与行动》。全文由前言、时代背景、共建原则、框架思路、合作重点、合作机制、中国各地方开放态势、中国积极行动、共创美好未来九部分组成。[①]

“一带一路”建设是一项系统工程，要坚持共商、共建、共享原则，积极推进沿线国家发展战略的相互对接。为推进实施“一带一路”重大倡议，让古丝绸之路焕发新的生机活力，以新的形式使亚欧非各国联系更加紧密，互利合作迈向新的历史高度，中国政府特制定并发布《推动共建丝绸之路经济带和 21 世纪海上丝

---

① 商务部综合司：“推动共建丝绸之路经济带和 21 世纪海上丝绸之路的愿景与行动”，2015 年 3 月 30 日，http://zhs.mofcom.gov.cn/article/xxfb/201503/20150300926644.shtml。

绸之路的愿景与行动》。

一、前言

2000多年前，亚欧大陆上勤劳勇敢的人民，探索出多条连接亚欧非几大文明的贸易和人文交流通路，后人将其统称为“丝绸之路”。千百年来，“和平合作、开放包容、互学互鉴、互利共赢”的丝绸之路精神薪火相传，推进了人类文明进步，是促进沿线各国繁荣发展的重要纽带，是东西方交流合作的象征，是世界各国共有的历史文化遗产。

进入21世纪，在以和平、发展、合作、共赢为主题的新时代，面对复苏乏力的全球经济形势，纷繁复杂的国际和地区局面，传承和弘扬丝绸之路精神更显重要和珍贵。

2013年9月和10月，国家主席习近平在出访中亚和东南亚国家期间，先后提出共建“丝绸之路经济带”和“21世纪海上丝绸之路”（以下简称“一带一路”）的重大倡议，得到国际社会高度关注。国务院总理李克强参加2013年中国—东盟博览会时强调，铺就面向东盟的海上丝绸之路，打造带动腹地发展的战略支点。加快“一带一路”建设，有利于促进沿线各国经济繁荣与区域经济合作，加强不同文明交流互鉴，促进世界和平发展，是一项造福世界各国人民的伟大事业。

“一带一路”建设是一项系统工程，要坚持共商、共建、共享原则，积极推进沿线国家发展战略的相互对接。为推进实施“一带一路”重大倡议，让古丝绸之路焕发新的生机活力，以新的形式使亚欧非各国联系更加紧密，互利合作迈向新的历史高度，中国政府特制定并发布《推动共建丝绸之路经济带和21世纪海上丝绸之路的愿景与行动》。[①]

二、时代背景

当今世界正发生复杂深刻的变化，国际金融危机深层次影响继续显现，世界经济缓慢复苏、发展分化，国际投资贸易格局和多边投资贸易规则酝酿深刻调整，各国面临的发展问题依然严峻。共建“一带一路”顺应世界多极化、经济全球化、文化多样化、社会信息化的潮流，秉持开放的区域合作精神，致力于维护全球自由贸易体系和开放型世界经济。共建“一带一路”旨在促进经济要素有序自由流动、资源高效配置和市场深度融合，推动沿线各国实现经济政策协调，开展更大范围、更高水平、更深层次的区域合作，共同打造开放、包容、均衡、普惠的区域经济合作架构。共建“一带一路”符合国际社会的根本利益，彰显人类社会共同理想和美好追求，是国际合作以及全球治理新模式的积极探索，将为世界和平发展增添新的正能量。

共建“一带一路”致力于亚欧非大陆及附近海洋的互联互通，建立和加强沿线各国互联互通伙伴关系，构建全方位、多层次、复合型的互联互通网络，实现沿线各国多元、自主、平衡、可持续的发展。“一带一路”的互联互通项目将推动沿线各国发展战略的对接与耦合，发掘区域内市场的潜力，促进投资和消费，创造需求和就业，增进沿线各国人民的人文交流与文明互鉴，让各国人民相逢相知、互信互敬，共享和谐、安宁、富裕的生活。

当前，中国经济和世界经济高度关联。中国将一以贯之地坚持

---

① 商务部综合司：“推动共建丝绸之路经济带和21世纪海上丝绸之路的愿景与行动”，2015年3月30日，http://zhs.mofcom.gov.cn/article/xxfb/201503/20150300926644.shtml。

对外开放的基本国策，构建全方位开放新格局，深度融入世界经济体系。推进"一带一路"建设既是中国扩大和深化对外开放的需要，也是加强和亚欧非及世界各国互利合作的需要，中国愿意在力所能及的范围内承担更多责任义务，为人类和平发展作出更大的贡献。[①]

三、共建原则

恪守联合国宪章的宗旨和原则。遵守和平共处五项原则，即尊重各国主权和领土完整、互不侵犯、互不干涉内政、平等互利、和平共处。

坚持开放合作。"一带一路"相关的国家基于但不限于古代丝绸之路的范围，各国和国际、地区组织均可参与，让共建成果惠及更广泛的区域。

坚持和谐包容。倡导文明宽容，尊重各国发展道路和模式的选择，加强不同文明之间的对话，求同存异、兼容并蓄、和平共处、共生共荣。

坚持市场运作。遵循市场规律和国际通行规则，充分发挥市场在资源配置中的决定性作用和各类企业的主体作用，同时发挥好政府的作用。

坚持互利共赢。兼顾各方利益和关切，寻求利益契合点和合作最大公约数，体现各方智慧和创意，各施所长，各尽所能，把各方优势和潜力充分发挥出来。[②]

---

① 商务部综合司："推动共建丝绸之路经济带和21世纪海上丝绸之路的愿景与行动"，2015年3月30日，http：//zhs. mofcom. gov. cn/article/xxfb/201503/20150300926644. shtml。

② 商务部综合司："推动共建丝绸之路经济带和21世纪海上丝绸之路的愿景与行动"，2015年3月30日，http：//zhs. mofcom. gov. cn/article/xxfb/201503/20150300926644. shtml。

四、框架思路

“一带一路”是促进共同发展、实现共同繁荣的合作共赢之路，是增进理解信任、加强全方位交流的和平友谊之路。中国政府倡议，秉持和平合作、开放包容、互学互鉴、互利共赢的理念，全方位推进务实合作，打造政治互信、经济融合、文化包容的利益共同体、命运共同体和责任共同体。

“一带一路”贯穿亚欧非大陆，一头是活跃的东亚经济圈，一头是发达的欧洲经济圈，中间广大腹地国家经济发展潜力巨大。丝绸之路经济带重点联通中国经中亚、俄罗斯至欧洲（波罗的海）；中国经中亚、西亚至波斯湾、地中海；中国至东南亚、南亚、印度洋。21 世纪海上丝绸之路重点方向是从中国沿海港口过南海到印度洋，延伸至欧洲；从中国沿海港口过南海到南太平洋。

根据“一带一路”走向，陆上依托国际大通道，以沿线中心城市为支撑，以重点经贸产业园区为合作平台，共同打造新亚欧大陆桥、中蒙俄、中国—中亚—西亚、中国—中南半岛等国际经济合作走廊；海上以重点港口为节点，共同建设通畅安全高效的运输大通道。中巴、孟中印缅两个经济走廊与推进“一带一路”建设关联紧密，要进一步推动合作，取得更大进展。

“一带一路”建设是沿线各国开放合作的宏大经济愿景，需各国携手努力，朝着互利互惠、共同安全的目标相向而行。努力实现区域基础设施更加完善，安全高效的陆海空通道网络基本形成，互联互通达到新水平；投资贸易便利化水平进一步提升，高标准自由贸易区网络基本形成，经济联系更加紧密，政治互信更加深入；人文交流更加广泛深入，不同文明互鉴共荣，各国人民相知相交、和平友好。[①]

五、合作重点

沿线各国资源禀赋各异，经济互补性较强，彼此合作潜力和空间很大。以政策沟通、设施联通、贸易畅通、资金融通、民心相通为主要内容，重点在以下方面加强合作。

政策沟通。加强政策沟通是“一带一路”建设的重要保障。加强政府间合作，积极构建多层次政府间宏观政策沟通交流机制，深化利益融合，促进政治互信，达成合作新共识。沿线各国可以就经济发展战略和对策进行充分交流对接，共同制定推进区域合作的规划和措施，协商解决合作中的问题，共同为务实合作及大型项目实施提供政策支持。

设施联通。基础设施互联互通是“一带一路”建设的优先领域。在尊重相关国家主权和安全关切的基础上，沿线国家宜加强基础设施建设规划、技术标准体系的对接，共同推进国际骨干通道建设，逐步形成连接亚洲各次区域以及亚欧非之间的基础设施网络。强化基础设施绿色低碳化建设和运营管理，在建设中充分考虑气候变化影响。[②]

抓住交通基础设施的关键通道、关键节点和重点工程，优先打通缺失路段，畅通瓶颈路段，配套完善道路安全防护设施和交通管理设施设备，提升道路通达水平。推进建立统一的全程运输协

---

① 商务部综合司：“推动共建丝绸之路经济带和21世纪海上丝绸之路的愿景与行动”，2015年3月30日，http：//zhs. mofcom. gov. cn/article/xxfb/201503/20150300926644. shtml。

② 商务部综合司：“推动共建丝绸之路经济带和21世纪海上丝绸之路的愿景与行动”，2015年3月30日，http：//zhs. mofcom. gov. cn/article/xxfb/201503/20150300926644. shtml。

调机制，促进国际通关、换装、多式联运有机衔接，逐步形成兼容规范的运输规则，实现国际运输便利化。推动口岸基础设施建设，畅通陆水联运通道，推进港口合作建设，增加海上航线和班次，加强海上物流信息化合作。拓展建立民航全面合作的平台和机制，加快提升航空基础设施水平。

加强能源基础设施互联互通合作，共同维护输油、输气管道等运输通道安全，推进跨境电力与输电通道建设，积极开展区域电网升级改造合作。

共同推进跨境光缆等通信干线网络建设，提高国际通信互联互通水平，畅通信息丝绸之路。加快推进双边跨境光缆等建设，规划建设洲际海底光缆项目，完善空中（卫星）信息通道，扩大信息交流与合作。

贸易畅通。投资贸易合作是“一带一路”建设的重点内容。宜着力研究解决投资贸易便利化问题，消除投资和贸易壁垒，构建区域内和各国良好的营商环境，积极同沿线国家和地区共同商建自由贸易区，激发释放合作潜力，做大做好合作“蛋糕”。

沿线国家宜加强信息互换、监管互认、执法互助的海关合作，以及检验检疫、认证认可、标准计量、统计信息等方面的双多边合作，推动世界贸易组织《贸易便利化协定》生效和实施。改善边境口岸通关设施条件，加快边境口岸“单一窗口”建设，降低通关成本，提升通关能力。加强供应链安全与便利化合作，推进跨境监管程序协调，推动检验检疫证书国际互联网核查，开展“经认证的经营者”（AEO）互认。降低非关税壁垒，共同提高技术性贸易措施透明度，提高贸易自由化便利化水平。

拓宽贸易领域，优化贸易结构，挖掘贸易新增长点，促进贸易平衡。创新贸易方式，发展跨境电子商务等新的商业业态。建立健全服务贸易促进体系，巩固和扩大传统贸易，大力发展现代服务贸易。把投资和贸易有机结合起来，以投资带动贸易发展。

加快投资便利化进程，消除投资壁垒。加强双边投资保护协定、避免双重征税协定磋商，保护投资者的合法权益。

拓展相互投资领域，开展农林牧渔业、农机及农产品生产加工等领域深度合作，积极推进海水养殖、远洋渔业、水产品加工、海水淡化、海洋生物制药、海洋工程技术、环保产业和海上旅游等领域合作。加大煤炭、油气、金属矿产等传统能源资源勘探开发合作，积极推动水电、核电、风电、太阳能等清洁、可再生能源合作，推进能源资源就地就近加工转化合作，形成能源资源合作上下游一体化产业链。加强能源资源深加工技术、装备与工程服务合作。①

推动新兴产业合作，按照优势互补、互利共赢的原则，促进沿线国家加强在新一代信息技术、生物、新能源、新材料等新兴产业领域的深入合作，推动建立创业投资合作机制。

优化产业链分工布局，推动上下游产业链和关联产业协同发展，鼓励建立研发、生产和营销体系，提升区域产业配套能力和综合竞争力。扩大服务业相互开放，推动区域服务业加快发展。探索投资合作新模式，鼓励合作建设境外经贸合作区、跨境经济合作区等各类产业园区，促进产业集群发展。在投资贸易中突出生态文明理念，加强生态环境、生物多样性和应对气候变化合作，共建绿色丝绸之路。②

---

① 商务部综合司："推动共建丝绸之路经济带和21世纪海上丝绸之路的愿景与行动"，2015年3月30日，http：//zhs. mofcom. gov. cn/article/xxfb/201503/20150300926644. shtml。

② 商务部综合司："推动共建丝绸之路经济带和21世纪海上丝绸之路的愿景与行动"，2015年3月30日，http：//zhs. mofcom. gov. cn/article/xxfb/201503/20150300926644. shtml。

中国欢迎各国企业来华投资。鼓励本国企业参与沿线国家基础设施建设和产业投资。促进企业按属地化原则经营管理，积极帮助当地发展经济、增加就业、改善民生，主动承担社会责任，严格保护生物多样性和生态环境。

资金融通。资金融通是“一带一路”建设的重要支撑。深化金融合作，推进亚洲货币稳定体系、投融资体系和信用体系建设。扩大沿线国家双边本币互换、结算的范围和规模。推动亚洲债券市场的开放和发展。共同推进亚洲基础设施投资银行、金砖国家开发银行筹建，有关各方就建立上海合作组织融资机构开展磋商。加快丝路基金组建运营。深化中国—东盟银行联合体、上合组织银行联合体务实合作，以银团贷款、银行授信等方式开展多边金融合作。支持沿线国家政府和信用等级较高的企业以及金融机构在中国境内发行人民币债券。符合条件的中国境内金融机构和企业可以在境外发行人民币债券和外币债券，鼓励在沿线国家使用所筹资金。[①]

加强金融监管合作，推动签署双边监管合作谅解备忘录，逐步在区域内建立高效监管协调机制。完善风险应对和危机处置制度安排，构建区域性金融风险预警系统，形成应对跨境风险和危机处置的交流合作机制。加强征信管理部门、征信机构和评级机构之间的跨境交流与合作。充分发挥丝路基金以及各国主权基金作用，引导商业性股权投资基金和社会资金共同参与“一带一路”重点项目建设。

民心相通。民心相通是“一带一路”建设的社会根基。传承和弘扬丝绸之路友好合作精神，广泛开展文化交流、学术往来、人

---

① 商务部综合司：“推动共建丝绸之路经济带和21世纪海上丝绸之路的愿景与行动”，2015年3月30日，http://zhs.mofcom.gov.cn/article/xxfb/201503/20150300926644.shtml。

才交流合作、媒体合作、青年和妇女交往、志愿者服务等，为深化双多边合作奠定坚实的民意基础。

扩大相互间留学生规模，开展合作办学，中国每年向沿线国家提供1万个政府奖学金名额。沿线国家间互办文化年、艺术节、电影节、电视周和图书展等活动，合作开展广播影视剧精品创作及翻译，联合申请世界文化遗产，共同开展世界遗产的联合保护工作。深化沿线国家间人才交流合作。

加强旅游合作，扩大旅游规模，互办旅游推广周、宣传月等活动，联合打造具有丝绸之路特色的国际精品旅游线路和旅游产品，提高沿线各国游客签证便利化水平。推动21世纪海上丝绸之路邮轮旅游合作。积极开展体育交流活动，支持沿线国家申办重大国际体育赛事。

强化与周边国家在传染病疫情信息沟通、防治技术交流、专业人才培养等方面的合作，提高合作处理突发公共卫生事件的能力。为有关国家提供医疗援助和应急医疗救助，在妇幼健康、残疾人康复以及艾滋病、结核、疟疾等主要传染病领域开展务实合作，扩大在传统医药领域的合作。①

加强科技合作，共建联合实验室（研究中心）、国际技术转移中心、海上合作中心，促进科技人员交流，合作开展重大科技攻关，共同提升科技创新能力。

整合现有资源，积极开拓和推进与沿线国家在青年就业、创业培训、职业技能开发、社会保障管理服务、公共行政管理等共同关心领域的务实合作。

充分发挥政党、议会交往的桥梁作用，加强沿线国家之间立法

---

① 商务部综合司："推动共建丝绸之路经济带和21世纪海上丝绸之路的愿景与行动"，2015年3月30日，http：//zhs. mofcom. gov. cn/article/xxfb/201503/20150300926644. shtml。

机构、主要党派和政治组织的友好往来。开展城市交流合作，欢迎沿线国家重要城市之间互结友好城市，以人文交流为重点，突出务实合作，形成更多鲜活的合作范例。欢迎沿线国家智库之间开展联合研究、合作举办论坛等。

加强沿线国家民间组织的交流合作，重点面向基层民众，广泛开展教育医疗、减贫开发、生物多样性和生态环保等各类公益慈善活动，促进沿线贫困地区生产生活条件改善。加强文化传媒的国际交流合作，积极利用网络平台，运用新媒体工具，塑造和谐友好的文化生态和舆论环境。

六、合作机制

当前，世界经济融合加速发展，区域合作方兴未艾。积极利用现有双多边合作机制，推动“一带一路”建设，促进区域合作蓬勃发展。

加强双边合作，开展多层次、多渠道沟通磋商，推动双边关系全面发展。推动签署合作备忘录或合作规划，建设一批双边合作示范。建立完善双边联合工作机制，研究推进“一带一路”建设的实施方案、行动路线图。充分发挥现有联委会、混委会、协委会、指导委员会、管理委员会等双边机制作用，协调推动合作项目实施。

强化多边合作机制作用，发挥上海合作组织（SCO）、中国—东盟“10＋1”、亚太经合组织（APEC）、亚欧会议（ASEM）、亚洲合作对话（ACD）、亚信会议（CICA）、中阿合作论坛、中国—海合会战略对话、大湄公河次区域（GMS）经济合作、中亚区域经济合作（CAREC）等现有多边合作机制作用，相关国家加强沟通，让更多国家和地区参与“一带一路”建设。

继续发挥沿线各国区域、次区域相关国际论坛、展会以及博鳌亚洲论坛、中国—东盟博览会、中国—亚欧博览会、欧亚经济论坛、中国国际投资贸易洽谈会，以及中国—南亚博览会、中国—阿拉伯博览会、中国西部国际博览会、中国—俄罗斯博览会、前海合作论坛等平台的建设性作用。支持沿线国家地方、民间挖掘"一带一路"历史文化遗产，联合举办专项投资、贸易、文化交流活动，办好丝绸之路（敦煌）国际文化博览会、丝绸之路国际电影节和图书展。倡议建立"一带一路"国际高峰论坛。①

七、中国各地方开放态势

推进"一带一路"建设，中国将充分发挥国内各地区比较优势，实行更加积极主动的开放战略，加强东中西互动合作，全面提升开放型经济水平。

西北、东北地区。发挥新疆独特的区位优势和向西开放重要窗口作用，深化与中亚、南亚、西亚等国家交流合作，形成丝绸之路经济带上重要的交通枢纽、商贸物流和文化科教中心，打造丝绸之路经济带核心区。发挥陕西、甘肃综合经济文化和宁夏、青海民族人文优势，打造西安内陆型改革开放新高地，加快兰州、西宁开发开放，推进宁夏内陆开放型经济试验区建设，形成面向中亚、南亚、西亚国家的通道、商贸物流枢纽、重要产业和人文交流基地。发挥内蒙古联通俄蒙的区位优势，完善黑龙江对俄铁路通道和区域铁路网，以及黑龙江、吉林、辽宁与俄远东地区陆海联运合作，推进构建北京—莫斯科欧亚高速运输走廊，建设向

① 商务部综合司："推动共建丝绸之路经济带和21世纪海上丝绸之路的愿景与行动"，2015年3月30日，http：//zhs. mofcom. gov. cn/article/xxfb/201503/20150300926644. shtml。

北开放的重要窗口。

西南地区。发挥广西与东盟国家陆海相邻的独特优势，加快北部湾经济区和珠江—西江经济带开放发展，构建面向东盟区域的国际通道，打造西南、中南地区开放发展新的战略支点，形成21世纪海上丝绸之路与丝绸之路经济带有机衔接的重要门户。发挥云南区位优势，推进与周边国家的国际运输通道建设，打造大湄公河次区域经济合作新高地，建设成为面向南亚、东南亚的辐射中心。推进西藏与尼泊尔等国家边境贸易和旅游文化合作。

沿海和港澳台地区。利用长三角、珠三角、海峡西岸、环渤海等经济区开放程度高、经济实力强、辐射带动作用大的优势，加快推进中国（上海）自由贸易试验区建设，支持福建建设21世纪海上丝绸之路核心区。充分发挥深圳前海、广州南沙、珠海横琴、福建平潭等开放合作区作用，深化与港澳台合作，打造粤港澳大湾区。推进浙江海洋经济发展示范区、福建海峡蓝色经济试验区和舟山群岛新区建设，加大海南国际旅游岛开发开放力度。加强上海、天津、宁波—舟山、广州、深圳、湛江、汕头、青岛、烟台、大连、福州、厦门、泉州、海口、三亚等沿海城市港口建设，强化上海、广州等国际枢纽机场功能。以扩大开放倒逼深层次改革，创新开放型经济体制机制，加大科技创新力度，形成参与和引领国际合作竞争新优势，成为“一带一路”特别是21世纪海上丝绸之路建设的排头兵和主力军。发挥海外侨胞以及香港、澳门特别行政区的独特优势作用，积极参与和助力“一带一路”建设。为台湾地区参与“一带一路”建设作出妥善安排。[①]

---

① 商务部综合司：“推动共建丝绸之路经济带和21世纪海上丝绸之路的愿景与行动”，2015年3月30日，http：//zhs. mofcom. gov. cn/article/xxfb/201503/20150300926644. shtml。

内陆地区。利用内陆纵深广阔、人力资源丰富、产业基础较好的优势，依托长江中游城市群、成渝城市群、中原城市群、呼包鄂榆城市群、哈长城市群等重点区域，推动区域互动合作和产业集聚发展，打造重庆西部开发开放重要支撑和成都、郑州、武汉、长沙、南昌、合肥等内陆开放型经济高地。加快推动长江中上游地区和俄罗斯伏尔加河沿岸联邦区的合作。建立中欧通道铁路运输、口岸通关协调机制，打造“中欧班列”品牌，建设沟通境内外、连接东中西的运输通道。支持郑州、西安等内陆城市建设航空港、国际陆港，加强内陆口岸与沿海、沿边口岸通关合作，开展跨境贸易电子商务服务试点。优化海关特殊监管区域布局，创新加工贸易模式，深化与沿线国家的产业合作。①

八、中国积极行动

一年多来，中国政府积极推动“一带一路”建设，加强与沿线国家的沟通磋商，推动与沿线国家的务实合作，实施了一系列政策措施，努力收获早期成果。

高层引领推动。习近平主席、李克强总理等国家领导人先后出访20多个国家，出席加强互联互通伙伴关系对话会、中阿合作论坛第六届部长级会议，就双边关系和地区发展问题，多次与有关国家元首和政府首脑进行会晤，深入阐释“一带一路”的深刻内涵和积极意义，就共建“一带一路”达成广泛共识。

签署合作框架。与部分国家签署了共建“一带一路”合作备忘录，与一些毗邻国家签署了地区合作和边境合作的备忘录以及经

---

① 商务部综合司：“推动共建丝绸之路经济带和21世纪海上丝绸之路的愿景与行动”，2015年3月30日，http：//zhs. mofcom. gov. cn/article/xxfb/201503/20150300926644. shtml。

贸合作中长期发展规划。研究编制与一些毗邻国家的地区合作规划纲要。

推动项目建设。加强与沿线有关国家的沟通磋商，在基础设施互联互通、产业投资、资源开发、经贸合作、金融合作、人文交流、生态保护、海上合作等领域，推进了一批条件成熟的重点合作项目。

完善政策措施。中国政府统筹国内各种资源，强化政策支持。推动亚洲基础设施投资银行筹建，发起设立丝路基金，强化中国—欧亚经济合作基金投资功能。推动银行卡清算机构开展跨境清算业务和支付机构开展跨境支付业务。积极推进投资贸易便利化，推进区域通关一体化改革。

发挥平台作用。各地成功举办了一系列以“一带一路”为主题的国际峰会、论坛、研讨会、博览会，对增进理解、凝聚共识、深化合作发挥了重要作用。[①]

九、共创美好未来

共建“一带一路”是中国的倡议，也是中国与沿线国家的共同愿望。站在新的起点上，中国愿与沿线国家一道，以共建“一带一路”为契机，平等协商，兼顾各方利益，反映各方诉求，携手推动更大范围、更高水平、更深层次的大开放、大交流、大融合。“一带一路”建设是开放的、包容的，欢迎世界各国和国际、地区组织积极参与。

共建“一带一路”的途径是以目标协调、政策沟通为主，不刻意

① 商务部综合司：“推动共建丝绸之路经济带和21世纪海上丝绸之路的愿景与行动”，2015年3月30日，http://zhs.mofcom.gov.cn/article/xxfb/201503/20150300926644.shtml。

追求一致性，可高度灵活，富有弹性，是多元开放的合作进程。中国愿与沿线国家一道，不断充实完善"一带一路"的合作内容和方式，共同制定时间表、路线图，积极对接沿线国家发展和区域合作规划。

中国愿与沿线国家一道，在既有双多边和区域次区域合作机制框架下，通过合作研究、论坛展会、人员培训、交流访问等多种形式，促进沿线国家对共建"一带一路"内涵、目标、任务等方面的进一步理解和认同。

中国愿与沿线国家一道，稳步推进示范项目建设，共同确定一批能够照顾双多边利益的项目，对各方认可、条件成熟的项目抓紧启动实施，争取早日开花结果。

"一带一路"是一条互尊互信之路，一条合作共赢之路，一条文明互鉴之路。只要沿线各国和衷共济、相向而行，就一定能够谱写建设丝绸之路经济带和21世纪海上丝绸之路的新篇章，让沿线各国人民共享"一带一路"共建成果。[①]

第三节 "一带一路"建设与金融机构

一、金融机构支持"一带一路"建设

"一带一路"是中国新一轮改革开放的重大战略，也是中国经济结构调整和转型升级时期的必然需求。由于国别和地域的限制，在实现"五通"目标的过程中，人才、信息、技术等要素的流动会受到诸多的限制，只有金融的流动是不受时间与空间的限制，

① 商务部综合司："推动共建丝绸之路经济带和21世纪海上丝绸之路的愿景与行动"，2015年3月30日，http：//zhs. mofcom. gov. cn/article/xxfb/201503/20150300926644. shtml。

可以迅速流动到一带一路各国的资金需求区域。金融机构作为现代经济的重要枢纽，一路一带项目的开展是无法离开金融的支持。

首先，一带一路建设需要金融机构进行长远的规划和整体的统筹。中国与一带一路沿线国家的合作需要长远规划及分阶段实施的具体措施。货币互换等合作要考虑长远的金融与货币一体化目标，贷款业务方面也需要进行统筹安排。较为单一的信用结构会造成贷款集中度过高，对贷款风险的缓释带来不利影响。

其次，一带一路建设金融需求迫切、需考虑金融的长期可持续性。丝绸之路涉及的国家收入水平差异较大，大部分国家属于低收入国家，金融基础设施缺乏，本国经济金融缺乏良性循环的条件。与这些国家开展经济金融合作，既要注重开发性投资的特点，同时也要避免陷入简单“扶贫”的陷阱，确保长期金融的可持续性。

再次，一带一路建设资金需求量大，投资回报期长，需要金融机构的支持。由于涉及的国家经济状况差异大，而且大部分是欠发达国家和地区，能源资源开发、交通基础设施等各领域均存在投融资期限较长、未来收益不确定、资金需求量大、回报周期长的问题，绝大部分需要采取“先期扶持、长期获益”的开发理念。最后，一带一路建设涉及多个国家、多个币种的广泛跨境金融合作。丝绸之路涉及的国家和地区较多，绝大部分的金融服务需要多个国家的货币金融体系相互合作，涉及货币兑换、金融基础设施的联通、监管协调，以及双边、多边层面的跨境货币金融合作框架的设计等。①

当前，我国与“一带一路”沿线国家金融合作的成果主要有以

① 蒋志刚：“‘一带一路’建设中的金融支持主导作用”，《国际经济合作》，2014年第9期。

下几个方面：（1）推动建立区域投融资机构。2010年9月，我国领导人首次正式提出设立上合组织开发银行（上合银行）的倡议。2013年10月，习近平主席赴印尼出席亚太经合组织峰会时提出筹建亚洲基础设施投资银行（亚投行）的倡议。2014年1月24日，中国与10多个亚洲国家举行了筹建亚投行第一次多边工作磋商会议，就筹建亚投行的框架方案交换了意见。经过多轮磋商，2015年6月29日，亚投行57个意向创始成员国代表签署了《亚洲基础设施投资银行协定》。（2）多边区域金融合作。人民银行通过参与东亚及太平洋中央银行行长会议组织（EMEAP）、东盟与中日韩（10+3）金融合作机制等区域合作机制，增加了与相关地区国家的沟通交流，提升了我国在区域金融合作中的参与力度。（3）互设金融机构与项目融资合作。中国国家银行机构在包括俄罗斯、新加坡、越南等14个国家设立了33家机构，机构形式有子公司、分行和代表处。中资金融机构对“一带一路”沿线主要国家合作项目和基础设施建设提供了有力的金融支持。配合信贷支持政策，国内金融机构积极开展了为相关合作国家提供战略规划咨询、项目策划、投融资顾问、风险管理为一体的综合性金融服务，推动企业“走出去”。[①]（4）人民币跨境使用。跨境人民币业务政策框架已基本建立，并陆续开展了境外机构投资银行间债券市场、境外项目人民币贷款以及人民币合格境外机构投资者境内证券投资(RQFII)、人民币和非主要国际储备货币的挂牌等业务，双边货币合作不断深化，人民币跨境循环使用渠道日渐顺畅。人民币在跨境贸易和投资中的使用进一步扩大，开展双边本币互换和其他合作安排。（5）金融市场合作。截至2013年12月底，26家获批投

① 易诚：“进一步加强与‘一带一路’国家的金融合作”，《甘肃金融》，2014年第4期。

资银行间债券市场的境外央行中有十余家来自丝绸之路经济带地区，在推动我国债券市场对外开放的同时，也提升了人民币的知名度。

在亚洲债券方面，EMEAP机制下的亚洲债券基金和“10＋3”金融合作机制下的亚洲债券市场倡议分别从债券需求角度和供给角度尝试推动亚洲债券市场的发展，人民银行积极参与了两期亚洲债券基金的发行和管理工作。[①]

二、亚洲基础设施投资银行

亚洲基础设施投资银行（Asian Infrastructure Investment Bank，AIIB）是中国首倡的区域性的、开放的多边开发机构。总部将设在北京。[②] 亚投行法定资本1000亿美元。[③]

2013年10月2日，习近平主席提出筹建倡议，2014年1月24日，中国与10多个亚洲国家举行了筹建亚投行第一次多边工作磋商会议，就筹建亚投行的框架方案交换了意见。中方还成立了亚投行筹建工作组，加快推进筹建工作。此后，中方与有关国家举行了数次多边磋商会议，就亚投行的宗旨、治理、总部选址、股权结构等问题进行了充分的沟通。[④] 2014年10月24日，包括中国、印度、新加坡等在内21个首批意向创始成员国的财长和授权代表在北京签约，共同决定成立亚洲基础设施投资银行。2015年

① 易诚：“进一步加强与‘一带一路’国家的金融合作”，《甘肃金融》，2014年第4期。

② “背景资料：亚洲基础设施投资银行”，新华网，2015年8月23日，http：//news. xinhuanet. com/fortune/2015－03/18/c _ 1114687561. htm.

③ http：//baike. baidu. com/view/10938006. htm.

④ “背景资料：亚洲基础设施投资银行”，新华网，2015. 8. 23，http：//news. xinhuanet. com/fortune/2015－03/18/c _ 1114687561. htm。

3月12日，英国正式申请加入亚投行，成为首个申请加入亚投行的主要西方国家。随后，法国、意大利、德国等西方国家纷纷以意向创始成员国身份申请加入亚投行。[①] 韩国、俄罗斯、巴西等域内国家和重要新兴经济体也纷纷申请成为亚投行的意向创始成员国。截至2015年4月15日，亚投行意向创始成员国确定为57个，其中域内国家37个、域外国家20个。[②] 涵盖了除美日和加拿大之外的主要西方国家，以及亚欧区域的大部分国家，成员遍及五大洲。其他国家和地区今后仍可以作为普通成员加入亚投行。各方商定将于2015年年中完成亚投行章程谈判并签署，年底前完成章程生效程序，正式成立亚投行。

根据《亚洲基础设施投资银行协定》，亚投行的法定股本为1000亿美元，分为100万股，每股的票面价值为10万美元。初始法定股本分为实缴股本和待缴股本。实缴股本的票面总价值为200亿美元，待缴股本的票面总价值为800亿美元。域内外成员出资比例为75：25。初始认缴股本中实缴股本分5次缴清，每次缴纳20%。因个别国家未能足额认缴按照其GDP占比分配的法定股本，目前总认缴股本为981.514亿美元。中方认缴额为297.804亿美元（占比30.34%），实缴59.561亿美元。[③]

2014年11月28日，筹建亚洲基础设施投资银行首次谈判代表会议在云南昆明举行。会议由中国财政部副部长史耀斌主持，22个亚投行意向创始成员国的首席谈判代表出席会议。亚投行筹

---

① 张敬伟：“亚投行撕开全球金融旧秩序铁幕”，《羊城晚报》，2015年3月30日，第A02版。

② 王丽颖：“亚投行路线图猜想”，《国际金融报》，2014年11月24日，第24版。

③ 财政部新闻办公室：“《亚洲基础设施投资银行协定》签署仪式在北京举行”，2015年6月29日，http：//www.mof.gov.cn/zhengwuxinxi/caizhengxinwen/201506/t20150629_1262372.html。

建临时多边秘书处秘书长金立群出席会议。会议着重讨论了亚投行首席谈判代表会议的议事规则和工作计划、亚投行筹建临时多边秘书处的组建方案、工作程序等事项，并为正式启动亚投行章程谈判做准备。[①] 22个亚投行意向创始成员国商定了接纳新意向创始成员国的程序和规则。

2015年1月15日至16日，筹建亚洲基础设施投资银行第二次谈判代表会议在印度孟买举行。会议对临时多边秘书处首席律师起草的亚投行章程草案进行了第一次审议。亚投行临时多边秘书处秘书长金立群向会议报告了秘书处建设及亚投行筹建进展情况。会议决定有意愿作为创始成员加入的国家须在2015年3月31日前正式提出申请，经现有意向创始成员国同意，即可参与亚投行筹建进程。[②]

2015年3月30日至31日，筹建亚洲基础设施投资银行第三次谈判代表会议在哈萨克斯坦阿拉木图举行。会议由筹建亚投行谈判代表会议常设主席、中国财政部副部长史耀斌和会议联合主席、哈萨克斯坦国民经济部部长艾博拉特·杜萨耶夫共同主持，29个亚投行意向创始成员国谈判代表和亚投行多边临时秘书处秘书长金立群出席会议。香港特别行政区派员作为中国政府代表团成员参加了会议。会议就多边临时秘书处起草的《亚投行章程（草案）》修订稿进行了深入和富有成效的讨论。金立群向会议报告了亚投行筹建工作进展情况。会前，多边临时秘书处举行了研讨会，就治理结构、环境和社会框架、采购政策等问题向各方做

---

① 国际财金合作司：“筹建亚洲基础设施投资银行首次谈判代表会议在昆明举行”，2014年11月28日，http：//gjs. mof. gov. cn/pindaoliebiao/gongzuodongtai/201411/t20141128_1161203. html。

② 李晓喻：“亚投行章程草案获第一次审议　计划2015年中签署终稿”，2015年1月20日，中国新闻网，http：//finance. chinanews. com/cj/2015/01—20/6987644. shtml。

了专题汇报。[①]

4月27日至28日，筹建亚洲基础设施投资银行（亚投行）第四次谈判代表会议在北京举行。会议由筹建亚投行谈判代表会议常设主席、中国财政部副部长史耀斌主持，55个亚投行意向创始成员国的谈判代表和亚投行多边临时秘书处秘书长金立群出席会议，香港特别行政区派员作为中国政府代表团成员参加了会议。会议对德国、意大利、法国、伊朗、阿联酋、马耳他、吉尔吉斯斯坦、土耳其、西班牙、韩国、奥地利、荷兰、巴西、芬兰、格鲁吉亚、丹麦、澳大利亚、埃及、挪威、俄罗斯、瑞典、以色列、南非、阿塞拜疆、冰岛、葡萄牙和波兰27个国家成为亚投行新的意向创始成员国表示欢迎，并就多边临时秘书处起草的《亚投行章程（草案）》修订稿进行了深入和富有成效的讨论并取得显著进展。[②] 金立群秘书长向会议报告了亚投行筹建工作进展情况。根据亚投行筹建工作计划，各方计划于2015年年中商定亚投行章程终稿并签署，之后经成员国批准生效，年底前正式成立亚投行。

2015年5月20日至22日，筹建亚洲基础设施投资银行第五次谈判代表会议在新加坡举行。会议由筹建亚投行谈判代表会议常设主席、中国财政部副部长史耀斌与新加坡财政部副常秘余秉义共同主持，57个亚投行意向创始成员国谈判代表和亚投行多边临时秘书处秘书长金立群出席会议。香港特别行政区派员作为中国政府代表团成员参加了会议。各方就《亚投行章程》文本达成一致，并商定将于2015年6月底在北京举行《亚投行章程》签署

---

① 国际财金合作司：“筹建亚投行第三次谈判代表会议在哈萨克斯坦举行”，2015年3月31日，http：//gjs. mof. gov. cn/pindaoliebiao/gongzuodongtai/201503/t20150331_1210913. html。

② 韩洁、申铖：“亚投行55个意向创始成员国代表共聚北京讨论章程草案”，2015年4月28日，http：//news. xinhuanet. com/2015－04/28/c_1115121984. htm。

仪式。金立群秘书长向会议报告了亚投行筹建工作进展情况，会议还就亚投行有关环境与社会保障框架、采购等政策文件进行了讨论。[①]

2015 年 6 月 29 日，《亚洲基础设施投资银行协定》（以下简称《协定》）签署仪式在北京举行。亚投行 57 个意向创始成员国财长或授权代表出席了签署仪式，其中已通过国内审批程序的 50 个国家正式签署《协定》，分别是：澳大利亚、奥地利、阿塞拜疆、孟加拉国、巴西、柬埔寨、文莱、中国、埃及、芬兰、法国、格鲁吉亚、德国、冰岛、印度、印尼、伊朗、意大利、以色列、约旦、哈萨克斯坦、韩国、吉尔吉斯斯坦、老挝、卢森堡、马尔代夫、马耳他、蒙古、缅甸、尼泊尔、荷兰、新西兰、挪威、阿曼、巴基斯坦、葡萄牙、卡塔尔、俄罗斯、沙特、新加坡、西班牙、斯里兰卡、瑞典、瑞士、塔吉克斯坦、土耳其、阿联酋、英国、乌兹别克斯坦、越南。其他尚未通过国内审批程序的意向创始成员国见证签署仪式。根据《协定》规定，此次未签署协定的意向创始成员国可在年底前签署。中国财政部部长楼继伟作为中方授权代表签署《协定》并在仪式上致辞。[②]

（一）运行机制

亚投行总部设在中国北京，其宗旨为：（1）通过在基础设施及其他生产性领域的投资，促进亚洲经济可持续发展、创造财富并改善基础设施互联互通；（2）与其他多边和双边开发机构紧密

---

① 国际财金合作司：“筹建亚投行第五次谈判代表会议在新加坡举行”，2015 年 5 月 22 日，http：//gjs. mof. gov. cn/pindaoliebiao/gongzuodongtai/201505/t20150522 _ 1237796. html。

② 财政部新闻办公室：“《亚洲基础设施投资银行协定》签署仪式在北京举行”，2015 年 6 月 29 日，http：//www. mof. gov. cn/zhengwuxinxi/caizhengxinwen/201506/t20150629 _ 1262372. html。

合作，推进区域合作和伙伴关系，应对发展挑战。亚投行成员资格向国际复兴开发银行和亚洲开发银行成员开放。不享有主权或无法对自身国际关系行为负责的申请方，应由对其国际关系行为负责的银行成员同意或代其向银行提出加入申请。[①]

亚投行的法定股本为1000亿美元，分为100万股，每股的票面价值为10万美元。初始法定股本分为实缴股本和待缴股本。实缴股本的票面总价值为200亿美元，待缴股本的票面总价值为800亿美元。域内外成员出资比例为75∶25。经理事会超过多数同意后，亚投行可增加法定股本及下调域内成员出资比例，但域内成员出资比例不得低于70%。域内外成员认缴股本在75∶25范围内以GDP（按照60%市场汇率法和40%购买力平价法加权平均计算）为基本依据进行分配。初始认缴股本中实缴股本分5次缴清，每次缴纳20%。目前总认缴股本为981.514亿美元，原因是个别国家未能足额认缴按照其GDP占比分配的法定股本。中方认缴额为297.804亿美元（占比30.34%），实缴59.561亿美元。[②]

亚投行的总投票权由股份投票权、基本投票权以及创始成员享有的创始成员投票权组成。每个成员的股份投票权等于其持有的亚投行股份数，基本投票权占总投票权的12%，由全体成员（包括创始成员和今后加入的普通成员）平均分配，每个创始成员同时拥有600票创始成员投票权，基本投票权和创始成员投票权占总投票权的比重约为15%。按现有各创始成员的认缴股本计算，中国投票权占总投票权的26.06%。随着新成员的不断加入，中方和

① 《亚洲基础设施投资银行协定》，http://www.mof.gov.cn/zhengwuxinxi/caizhengxinwen/201506/P020150629360882378045.pdf。

② 《亚洲基础设施投资银行协定》，http://www.mof.gov.cn/zhengwuxinxi/caizhengxinwen/201506/P020150629360882378045.pdf。

其他创始成员的股份和投票权比例均可能被相应稀释。[①]

亚投行按照稳健原则开展经营。亚投行的业务分为普通业务和特别业务。其中，普通业务是指由亚投行普通资本（包括法定股本、授权募集的资金、贷款或担保收回的资金等）提供融资的业务；特别业务是指为服务于自身宗旨，以亚投行所接受的特别基金开展的业务。两种业务可以同时为同一个项目或规划的不同部分提供资金支持，但在财务报表中应分别列出。银行可以向任何成员或其机构、单位或行政部门，或在成员的领土上经营的任何实体或企业，以及参与本区域经济发展的国际或区域性机构或实体提供融资。在符合银行宗旨与职能及银行成员利益的情况下，经理事会超过多数投票同意，也可向非成员提供援助。亚投行开展业务的方式包括直接提供贷款、开展联合融资或参与贷款、进行股权投资、提供担保、提供特别基金的支持以及技术援助等。[②]

（二）治理结构

亚投行设立理事会、董事会、管理层三层管理架构。理事会是亚投行的最高决策机构，拥有亚投行的一切权力。理事会可将其部分或全部权力授予董事会，但以下权力除外：吸收新成员、增减银行法定股本、中止成员资格、裁决董事会对本协定的相关解释或适用提出的申诉、选举银行董事并决定其薪酬或支出、任免行长并决定其薪酬、批准银行总资产负债表和损益表、决定银行储备资金及净收益分配、修订本协定、决定终止银行业务并分配银行资产、行使本协定明确规定属于理事会的其他权力。董事会负责亚投行的总体运营，为非常驻，除非理事会另有规定。其权

---

① 《亚洲基础设施投资银行协定》，http：//www.mof.gov.cn/zhengwuxinxi/caizhengxinwen/201506/P020150629360882378045.pdf。

② 《亚洲基础设施投资银行协定》，http：//www.mof.gov.cn/zhengwuxinxi/caizhengxinwen/201506/P020150629360882378045.pdf。

力包括理事会的准备工作、制定银行政策、就银行业务做出决定、监督银行管理与运营并建立监督机制、批准银行战略、年度计划和预算、视情况成立专门委员会、向理事会提交每个财年的账目等。董事会共有 12 名董事，其中域内 9 名，域外 3 名。亚投行设立行长 1 名，从域内成员产生，任期 5 年，可连选连任一次。同时设立副行长若干名。[①]

理事会采用简单多数、特别多数和超级多数原则进行决策。简单多数指投票权的半数以上；特别多数指理事人数占理事总人数半数以上、且所代表投票权不低于成员总投票权一半的多数通过；超级多数指理事人数占理事总人数 2/3 以上、且所代表投票权不低于成员总投票权 3/4 的多数通过。[②]

理事会讨论的所有事项，均应由所投投票权的简单多数决定。选举行长、增加资本金、修改协定、下调域内出资比例等重大事项均需要以超级多数批准，吸收新成员则采用特别多数原则批准。董事会讨论的所有问题，均应由所投投票权的简单多数决定。其中，董事会制定主要业务和财务政策、向行长下放政策及项目决定权需不低于总投票权的 3/4 多数批准。[③]

（三）创立意义

第一，它对促进亚洲国家经济发展与区域经济一体化具有重要意义。[④] 创建亚洲基础设施投资银行，通过公共部门与私人部门的

---

① 《亚洲基础设施投资银行协定》，http：//www. mof. gov. cn/zhengwuxinxi/caizhengxinwen/201506/P020150629360882378045. pdf。

② 《亚洲基础设施投资银行协定》，http：//www. mof. gov. cn/zhengwuxinxi/caizhengxinwen/201506/P020150629360882378045. pdf。

③ 《亚洲基础设施投资银行协定》，http：//www. mof. gov. cn/zhengwuxinxi/caizhengxinwen/201506/P020150629360882378045. pdf。

④ 王丽颖："亚投行路线图猜想"，《国际金融报》，2014 年 11 月 24 日，第 24 版。

合作，有效弥补亚洲地区基础设施建设的资金缺口，推进了亚洲区域经济一体化建设。

第二，有利于扩大全球投资需求，支持世界经济复苏。①

第三，有利于通过基础设施项目，推动亚洲地区经济增长，促进私营经济发展并改善就业。②

第四，通过提供平台将本地区高储蓄率国家的存款直接导向基础设施建设，实现本地区内资本的有效配置，并最终促进亚洲地区金融市场的迅速发展。③

亚投行的利好消息让人看到“一带一路”战略的稳健步子，这一切是世界对中国外交“有所作为”的认可。中国社会必将从局面的不断向好转变中收获信心，也积累如何在复杂国际环境下发挥中国作用的经验。④

亚投行不仅有利于亚洲地区的基础设施建设和助力经济发展，更加体现了一种大局思维，让新兴市场国家不再受制，也把中国在世界经济舞台的地位再次拉升了一个档次，带动中国产业升级，推动中国金融服务业的改革发展和国际化接轨，这是一个新的起点。⑤

亚投行的产生，可推动亚洲基础设施的投资，推动亚洲的经济增长。亚投行不仅仅是一个“修桥”和“造路”的机构，更能在

① 王丽颖：“亚投行路线图猜想”，《国际金融报》，2014年11月24日，第24版。

② 王丽颖：“亚投行路线图猜想”，《国际金融报》，2014年11月24日，第24版。

③ 王丽颖：“亚投行路线图猜想”，《国际金融报》，2014年11月24日，第24版。

④ “亚投行中国的‘和’赢美国的‘斗’”，人民网，2015年3月18日，http://opinion.people.com.cn/n/2015/0318/c1003－26710301.html。

⑤ 王丽颖：“亚投行路线图猜想”，《国际金融报》，2014年11月24日，第24版。

投融资体制改革方面发挥更大作用。亚投行会帮助亚洲和全球经济持续增长，以及增强全球经济的稳定性。①

中国提倡筹建亚洲基础设施投资银行（AIIB），一方面能继续推动国际货币基金组织（IMF）和世界银行（WB）的进一步改革，另一方面也是补充当前亚洲开发银行（ADB）在亚太地区的投融资与国际援助职能。亚洲基础设施投资银行（AIIB）将弥补亚洲发展中国家在基础设施投资领域存在的巨大缺口，减少亚洲区内资金外流，投资于亚洲的"活力与增长"。亚洲基础设施投资银行（AIIB）是继提出建立金砖国家开发银行（NDB）、上合组织开发银行之后，中国试图主导国际金融体系的又一举措。这也体现出中国尝试在外交战略中发挥资本在国际金融中的力量。更值得期待的是亚洲基础设施投资银行将可能成为人民币国际化的制度保障，方便人民币"出海"。

三、丝路基金

2014年11月4日上午，国家主席习近平主持召开中央财经领导小组第八次会议，研究丝绸之路经济带和21世纪海上丝绸之路规划、发起建立亚洲基础设施投资银行和设立丝路基金。2014年11月8日，习近平宣布，中国将出资400亿美元成立丝路基金。丝路基金是开放的，欢迎亚洲域内外的投资者积极参与。②

2014年11月9日，在2014年APEC工商领导人峰会上，习近平表示，丝路基金将为"一带一路"沿线国基础设施建设、资源开发、产业合作等有关项目提供投融资支持。2014年12月29

① 王琳："中国倡议建亚洲基础设施投资银行"，《第一财经日报》，2013年10月8日。

② 钱彤："丝路基金从发起建立到宣布成立仅用4天"，《北京青年报》，2014年11月9日。

日，丝路基金有限责任公司完成工商注册，金琦出任公司董事长。

丝路基金将为“一带一路”沿线国基础设施建设、资源开发、产业合作等有关项目提供投融资支持。设立丝路基金是要利用中国资金实力直接支持“一带一路”建设。要注意按国际惯例办事，充分借鉴现有多边金融机构长期积累的理论和实践经验，制定和实施严格的规章制度，提高透明度和包容性，确定开展好第一批业务。亚洲基础设施投资银行和丝路基金同其他全球和区域多边开发银行的关系是相互补充而不是相互替代的，将在现行国际经济金融秩序下运行。丝路基金的成立，将与亚洲基础设施投资银行（亚投行）一道，有力助推“一带一路”建设。

2015 年 4 月 20 日，习近平主席访问巴基斯坦期间，丝路基金、三峡集团与巴基斯坦私营电力和基础设施委员会在伊斯兰堡共同签署了《关于联合开发巴基斯坦水电项目的谅解合作备忘录》，中国国家主席习近平和巴基斯坦总理纳瓦兹·谢里夫共同出席了签字仪式。这是丝路基金首个对外投资项目，标志着丝路基金开展实质性投资运作迈出了重要一步。[①]

四、制约金融机构发挥作用的因素

（一）金融生态环境影响

部分沿线国家系统性风险高，金融机构资本充足水平、资产质量、抗风险能力都比较低，银行信用等级差，汇率不稳定，各国（尤其是相对落后国家）对金融服务业承诺的开放程度也存在一定限制。这些因素将使国内金融机构进入相关国家市场时面临高成

① “丝路基金首单：联合三峡集团斥资百亿投资巴基斯坦水电”，人民网，2015 年 4 月 21 日。

本、低收益、币值不稳定、风险大等一系列不利因素。[①]

（二）已有经济联盟的竞争性排斥

目前中亚国家参与的经济联盟主要是欧亚经济共同体和统一经济空间，特别是俄白哈统一经济空间发展迅速，形成内部一致协同对外的坚固经济联盟，对外来经济势力进入形成屏障。中国与中亚各国的金融合作需要在互利共赢的前提下加强沟通与协作，寻求达到利益共同体的契合点。[②]

（三）地缘政治因素影响

分析金融机构在中亚、中东、东南亚、南亚、欧洲、美洲等地区面临的地缘政治影响及其风险。

从中亚各国来看，中亚国家民族问题比较复杂，政局动荡，经济也正处在转型阶段，一定程度上影响与我国的互动合作。中亚区域内部的水资源争端、毒品走私、家族势力等问题长期存在。丝绸之路经济带牵扯多个地缘政治势力范围。俄罗斯的中亚地缘政治思维、美国的“新丝绸之路计划”、日本的丝绸之路外交等，都增加了该区域合作关系的复杂性。中亚地区恐怖主义和极端主义势力的主要矛头是指向美国、北约及当政的世俗领导人的，但它们与中国的“东突”等恐怖集团的密切联系必然对中国形成威胁。

从中东地区来看，中东国家政局不稳、“伊拉克与黎凡特伊斯兰国”（ISIS）极端组织血腥崛起，对中东地区乃至国际安全构成严重威胁。中东内乱的持续化、常态化对中国的对外投资也产生负面影响。中国在这些国家的利益越来越多，政局动荡将不可避

---

① 易诚：“进一步加强与‘一带一路’国家的金融合作”，《甘肃金融》，2014年第4期。

② 易诚：“进一步加强与‘一带一路’国家的金融合作”，《甘肃金融》，2014年第4期。

免地波及到中国在当地的企业。

从东南亚地区看，美国和日本对中国的牵制增强，中国和一些东南亚国家之间在南海的领土争端将继续存在。南海争端问题导致中国与部分东南亚国家，特别是菲律宾、越南等国在安全关系、政治关系、战略关系上的紧张，对互信合作关系形成一定冲击，影响区域经济金融合作。东南亚地区是多民族、种族、宗教和文化的汇集地，缺乏区域共识，不利于双边或多边战略互信的构建。再加上部分东南亚国家国内政局动荡，国内政治派别斗争尖锐，反政府抗议激烈，导致这些国家风险突出，制约了经济社会发展及吸引投资能力，给我国金融机构和企业拓展国际业务带来较大风险和不确定性。

从南亚地区来看，印巴之间虽未有大规模军事冲突和战争，双方角力则愈益深化。1998 年 5 月，印巴相继进行核试验，两国一度接近战争的边缘。1999 年 2 月，两国签署了《拉合尔宣言》，印巴关系趋向缓和。但是 1999 年 5 月初，印巴两国在克什米尔的卡吉尔地区再次爆发冲突，两国关系再回冰点。2008 年 5 月 8 日夜，印巴边防部队发生猛烈交火，战斗虽然持续时间不长，但其激烈程度和使用的武器规模为过去 5 年来所未见。[①]

① “印巴边界猛烈交火近年来罕见战争阴云袭上心头”，中国网，2008 年 5 月 13 日，http://www.china.com.cn/military/txt/2008－05/13/content_15188658_2.htm。

第四章 "一带一路"战略背景下的中国与中东能源合作

第一节 中国与中东国家经贸合作的基本情况

中国与中东国家经济结构不同，贸易互补性强，中国从中东国家进口的商品主要是石油、化工产品以及铜、铝、钢等金属材料。中国向阿拉伯国家出口的商品以轻工业、纺织、服装和粮油食品为主，还包括五金矿产、机械设备等。中东是中国重要的工程承包与劳务市场。中国企业在中东国家签订的承包合同涉及住房、通讯、交通、石油、化工、渔业和医疗卫生等领域。在投资方面，中国在中东国家的投资主要集中在资源开发、家电、轻工和服装领域，中东国家在华投资主要集中在轻工、建材、房地产等行业。[①] 中国与中东国家的经贸合作在未来还有很大的空间。

2011 年以来，中东地区动荡持续，叙利亚局势至今仍然动荡不安，埃及进入新一轮动荡。尽管如此，2012 年中国与中东国家的贸易额不但没有下降，反而强劲增长，相互投资规模不断扩大，

① 商务部新闻办公室："中国与阿拉伯国家经贸合作继续深化"，商务部网站：http：//wujiang. mofcom. gov. cn/aarticle/dongtai/200702/20070204382129. html。

在基础设施等领域的合作持续发展。

一、中国与中东国家经贸关系的特点

1. 双边贸易快速增长。在经济全球化、区域经济一体化的形势下，中国与阿拉伯国家经贸合作日益密切，双边贸易总体保持增长态势，2012 年双边贸易额 2224 亿美元，同比增长 14%，再创历史新高。其中中国对阿出口额 913 亿美元，自中东阿拉伯进口额 1311 亿美元。中阿双方已互为重要的贸易伙伴。[①] 中国的纺织服装、机械设备、电子产品、家用电器、日常用品深受阿拉伯消费者喜爱，中国轿车已成为许多阿拉伯家庭的代步工具。阿拉伯国家对华出口产品日益丰富，除原油、石化、化肥等产品外，大理石、橄榄油、芝麻等产品也逐渐进入中国市场。随着中国经济结构调整，生活方式、经济发展方式发生转变，尤其是对节能降耗、加强环保要求加强，中国从阿拉伯国家进口产品的结构也会产生改变。[②]

2. 投资合作稳步发展。2004 年以来，随着中国政府实施“走出去”战略，鼓励中国企业开展对外投资，中国对阿拉伯国家投资快速发展，年均增长率超过 170%。2010 年，中国对阿拉伯国家的非金融类直接投资达 7.88 亿美元。2011 年中东变局对中国的投资有所影响，投资额有所减少，对阿拉伯国家非金融类直接投资为 6.3 亿美元，占当年中国对外直接投资总额的 1%，[③] 投资领

---

① “商务部副部长李金早在国务院新闻办新闻发布会上的讲话”，2013 年 7 月 17 日，http：//www. china. com. cn/zhuanti2005/txt/2013—07/17/content _ 29446241. htm。

② 曹轶、邹欣媛：“商务部：中阿贸易将持续增长”，新华网，http：//news. xinhuanet. com/fortune/2013—07/17/c _ 116575531. htm。

③ 资料来源：中华人民共和国商务部网站。

域仍以矿业为主，制造业比例有所上升。

表 1　2004—2011 年中国对阿拉伯国家直接投资①

年份	投资额（万美元）	占中国对外投资比重（%）
2004	18204	3.3
2005	27993	2.3
2006	33792	1.9
2007	48331	1.8
2008	23018	0.4
2009	54746	1.0
2010	78814	1.1
2011	63267	1.0

2012 年，中国对阿投资 14 亿美元，同比增长 120%；投资领域从资源开发、轻工、纺织服装向机械制造、汽车组装等领域不断拓展，带动了当地产业发展，提供了大量就业机会，推动了当地石油钻机组装、纺织服装等产业的发展。阿拉伯国家也十分重视对华投资合作，在华积极参与有影响的大型项目。阿拉伯国家对华投资主要分布在石化、商贸、物流、机械制造等领域，2012 年对华实际投资额为 2.3 亿美元，同比增长 77%。此外，海湾阿拉伯国家金融机构还购买了中国金融机构和企业在香港等地上市的大量股票，卡塔尔、科威特等国主权投资基金已获得约 10 亿美元的合格境外投资者投资额度。②

3. 工程承包领域合作成效显著。随着阿拉伯国家基础设施建

① 资料来源：中华人民共和国商务部网站。

② 易初：“中阿经贸合作依然持续发展”，http：//finance.people.com.cn/n/2013/0514/c1004－21468290.html。

设步伐的加快，越来越多的中国企业积极参与了阿拉伯国家的基础设施建设，促进了当地经济社会的发展。在中东变局的影响下，中国在中东国家承包工程业务有所减少，2011 年中国企业在阿拉伯国家新签承包工程合同额总计为 229.1 亿美元，同比下降 12.5%，完成营业额为 205.8 亿美元，同比下降 8.5%。截至 2011 年年底，中国企业在阿拉伯国家签订的承包工程合同总额已达到 1701.8 亿美元，占中国企业在全球签订合同额的 20.2%，完成营业额为 1130.5 亿美元，占全球完成营业额的 21%。[①]

表 2　2007—2011 年中国在阿拉伯国家承包工程业务统计

年份	新签合同额（亿美元）	占全球比重	完成合同额（亿美元）	占全球比重
2007	170.2	21.9%	94.7	23.3%
2008	314.3	30.1%	145.7	25.7%
2009	294.6	23.3%	210.3	27.1%
2010	261.7	19.5%	225.0	24.4%
2011	229.1	16%	205.8	19.9%

资料来源：中华人民共和国商务部网站。

目前，中国企业在阿拉伯国家完成工程项目营业额不断增长，承建项目的领域已从最初的房建、路桥扩展到输油管线、通讯、铁路、港口、建材等众多领域，科技含量与装备水平不断提高。阿尔及利亚东西高速公路、苏丹麦罗维大坝、沙特水泥生产线等一大批重大项目已建成投入运营，在当地经济建设和社会事业发

① 林桂军：《中国—阿拉伯国家经贸论坛——中阿经贸关系发展进程》，宁夏人民出版社，2013 年版，第 84 页。

展中发挥着重要作用。[①]

二、中国与中东国家经贸合作的障碍性因素

1. 中东地区局势长期动荡。中东国家政局不稳，长期动荡，对中国与阿拉伯国家经贸合作带来了许多障碍。一些在和平时期签订的经贸协议与商业合同，一旦遭遇政局动荡或者战乱，不仅会使企业遭受巨大经济损失，还会造成人员伤亡。

2. 大国因素的干扰。中东蕴藏着丰富的石油资源，是全球主要的石油供应基地和大国争夺焦点。中东是美国石油利益和地缘利益结合的最为紧密的地区。美国的历届政府非常重视对中东地区的政策，在这一地区投入大量的资源，通过实施一系列战略，逐步影响和控制中东的石油。中国和中东国家经贸合作的不断加强，特别在油气方面的合作，被视为是对美国在中东地区利益的挑战。近年来，美国通过攻打伊拉克、干涉利比亚，推翻萨达姆和卡扎菲这两个OPEC组织的强硬派，加紧对伊朗和苏丹的制裁，对中国与苏丹、伊朗的经贸合作造成巨大的压力。

3. 贸易不平衡。阿拉伯国家的单一经济结构，相对落后的民用工业，导致阿拉伯国家对中国的出口产品种类相对单一。中国大量进口原油和有关化工产品，出口轻工业制品、耐用消费品、纺织品，除与产油国保持贸易逆差之外，与其他中东国家大多维持贸易顺差，招致有关国家的反倾销抵制。因此，如何平衡中国与阿拉伯国家之间的贸易平衡，使双边贸易健康、稳定地发展，是中国与阿拉伯国家开展经贸合作面临的主要问题之一。[②]

---

① 易初："中阿经贸合作依然持续发展"，http：//finance.people.com.cn/n/2013/0514/c1004－21468290.html。

② 王联："中国与中东国家的经贸关系"，载《国际问题研究》，2008年第4期。

三、加强中国与中东国家经贸合作的对策建议

随着经济全球化和区域一体化速度的不断加快，国际分工、国际贸易已经将世界各国经济紧密地连在一起。近年来中国经济迅速发展，国内生产总值跃居世界第二，外汇储备已达到3.69万亿美元[①]，中国和中东国家巨大的市场容量和较强的经济互补，在参与全球化过程当中，中东地区成为中国经济“走出去”开放战略的重点区域，经贸合作具有广阔的前景。

对照中国与中东国家的经贸关系现状，笔者形成了关于加强中阿经贸合作的几点思考。

1. 提升中国企业的形象，加强对出口产品质量的监管。中东市场十分巨大，潜力也很大，对中国产品有着很大需求。中东国家对产品的质量十分讲究，中国产品应该在自身质量上多下功夫，提升中国企业的形象，国内有关部门要加强对出口产品质量的监管，采取一定的措施，如建立出口信用记录等方法，对屡教不改的企业取消资格。[②]

2. 发挥高校、智库、商会的作用，为中阿经贸合作提供智力支持。发挥全国中东研究的智库、研究所、学术机构的力量，开展相关课题研究，为中国与中东的经贸关系出谋划策。中东政治局势不稳，经济与政治形势密切相关，政局动荡往往会冲击经济发展，进而影响中国与中东经贸的发展。因此，要加强对中东政治和经济发展加强前瞻性研究，做好准备，防范政治经济风险，

① 魏晞：“中国外汇储备3.69万亿美元 比去年末减1492亿美元”，《中国新闻网》，2015年07月14日，http：//www.chinanews.com/cj/2015/07－14/7404165.shtml。

② “大阿拉伯自由贸易区及加强我同阿拉伯国家贸易的建议”，http：//finance.sina.com.cn/roll/20050422/094429420.shtml。

保障人员安全，使经贸、投资利益损失减少到最小限度。培养相关领域的专门人才，充实中国与中东经贸合作队伍。阿拉伯国家差异很大，有关商会、协会应利用各经商处的优势，深入当地市场进行调研，对国内相关产业进行指导，让更多国内公司更深入详细地了解中东市场。[①]

3. 优化国内投资环境，吸引中东国家投资。近年来石油价格高启，中东产油国通过石油贸易，积累了雄厚的金融资本，在国外寻求投资伙伴。近年来，伊斯兰金融增长很快，其金融可望从现在的1.5万亿至2万亿美元增长到2015年的2.8万亿美元。在海湾十大银行中沙特占绝对优势，按市值排序沙特有6家银行进入前十名；科威特有两家；卡塔尔一家；巴林一家。其中沙特拉吉赫银行市值309.92亿美元，排名第一，沙特沙美银行市值为142.76亿美元，排第二，科威特国家银行以市值140.38亿美元，排名第三；卡塔尔国家银行市值123.67亿美元[②]。近年来，中国不断优化国内投资环境，可积极吸引中东国家投资。

4. 以能源合作为重点，向其他领域拓展。能源合作对中国与中东全方们发展起着重要的作用。沙特已成为中国在中东地区最大的贸易合作伙伴和能源供应国，阿曼是中国从中东进口石油的第二大国，中国与苏丹能源合作起步较晚，但发展迅速。中国与中东的经贸合作正以能源合作为重点，以点带面，向多元化方向发展。中国与中东经贸合作领域已涵盖能源、经贸、基建、劳务、食品、旅游等许多方面。并向人文交流方面扩展，涉及文化、教育、体

---

① "大阿拉伯自由贸易区及加强我同阿拉伯国家贸易的建议"，http：//finance.sina.com.cn/roll/20050422/094429420.shtml。

② "海湾十大银行排序：沙特执牛耳"，http：//www.mofcom.gov.cn/aarticle/i/jyjl/k/201003/20100306820065.html。

育、宗教等领域，成为深化中国与中东经贸合作的重要纽带。[①]

中国和中东国家同处经济转型升级的关键时期，共同利益和相互需求进一步增多，在资源、市场等方面的互补优势更加明显，双方在贸易、投资、工程等领域的合作将继续深化与发展，在服务业、农业、金融、物流、节能环保等领域的合作也将不断拓展。展望未来，双方经贸合作一定会在更大范围、更广领域、更高层次上全面发展。[②]

第二节 “一带一路”战略背景下中国与中东能源合作

中东地区连接亚、非、欧三大洲，扼东西半球的交通要冲，“连接欧亚大陆东西两端的运输网，世界60%以上的石油和1/4的贸易从黑海—地中海—红海—波斯湾—印度洋—马六甲这条海上黄金通道经过”。[③] 中东地区地缘位置显要，能源资源丰富，发展潜力很大，是“一带一路”战略的枢纽地区。

改革开放以来，随着经济的发展，中国对能源的需求不断增长。在1980—1990年10年间，中国的能源生产总量大于消费总量。从1990年开始，中国的能源消费总量开始接近能源生产总量，能源进口大幅上升，到1992年，中国能源消费总量已略高于能源生产总量，此后，能源的生产与消费的缺口逐渐拉大。1993

① 杨鸿玺：“中阿经贸合作的动力分析与路径选择”，《阿拉伯世界研究》，2011年第2期。

② 易初：“中阿经贸合作依然持续发展”，人民网，http：//finance. people. com. cn/n/2013/0514/c1004－21468290. html。

③ 高祖贵：《美国与伊斯兰世界》，时事出版社，2005年版，第10页。

年中国石油消费大于石油生产，成为石油净进口国。[①] 中国从 1993 年成为石油的净进口国以后，石油进口量逐年增加，1993 年中国石油净进口量为 988 万吨（成品油净进口超过原油净出口），到 1996 年中国原油和成品油贸易均出现负值，成为完全意义上的石油净进口国（净进口量为 1395 万吨）。[②]

21 世纪以来，中国加入了 WTO，能源需求进一步增长，2003 年中国进口原油总量达 9102 万吨，依存度达 44.2%，2007 年中国进口原油 1.6316 亿吨，2008 年中国原油进口 1.7888 亿吨，2009 年中国进口原油约 2.0365 亿吨，比 2008 年增长约 14%，石油消费对外依存度为 51.3%。[③] 2010 年中国原油进口 2.3768 亿吨，对外依存度为 53.8%，[④] 中国能源消费量占全球的 20.3%，超过美国成为世界上最大的能源消费国。[⑤] 2012 年中国原油进口 2.7103 亿吨，[⑥] 石油对外依存度为 57%。[⑦] 据预测，到 2020 年，我国石油的进口量将超过 5 亿吨，对外依存度将到 70%。石油供需矛盾更加突出，石油资源将严重制约我国经济发展。

---

① 倪健民、郭云涛：《能源安全》，浙江大学出版社，2009 年版，第 37 页。

② 倪健民：《国家能源安全报告》，人民出版社，2005 年版，第 58 页。

③ 陈柳钦："新世纪中国能源安全面临的挑战及其战略应付"，《决策咨询通讯》，2011 年第 3 期。

④ 陈柳钦："新世纪中国能源安全面临的挑战及其战略应付"，《决策咨询通讯》，2011 年第 3 期。

⑤ "中国超美国成全球最大能源消费国"，中国能源信息网 2011.6.9，13：30：17，http：// www. nengyuan. net /201106/09－664231. html。

⑥ BP，BP Statistical Review of World Energy，June 2013，http：//www. bp. com/statisticalreview.

⑦ 中华人民共和国国务院新闻办公室：《中国的能源政策（2012）》白皮书》，2012 年 10 月。

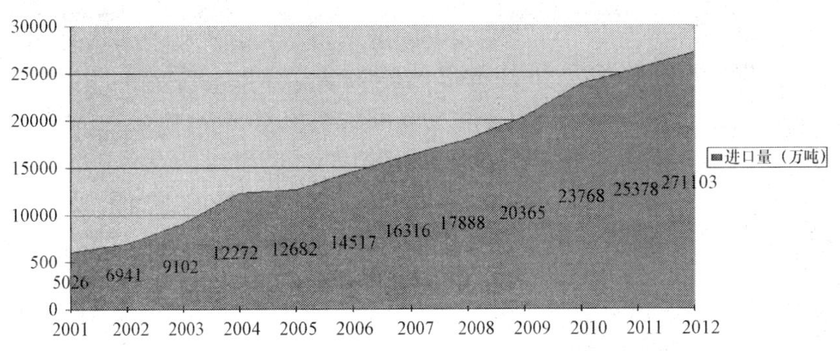

图1　2001—2012年中国进口原油数量

资料来源：根据国家统计局数据制成。

从20世纪90年代开始，中国逐渐从中东进口石油及相关产品，中东地区逐渐发展为我国石油进口的最大来源地，1996—2009年中东原油占我国进口总量的份额一直保持在45％—50％之间。在中国原油进口的地区结构中，中东、非洲、独联体为三大主要来源地，分别占中国原油进口总量的47.8％、30.1％和10.5％。从国家来看，阿拉伯产油国始终是我国原油进口的主要来源。最初主要是阿曼和也门，2000年之前它们是中国从中东和阿拉伯世界进口原油的前两位国家，1997—2000年阿曼取代印尼成为中国最大原油进口国（26％）。2001年伊朗和沙特超过阿曼成为中国前两大原油供应国，2002—2009年沙特始终以明显的优势成为中国最大原油供应国，2008年和2009年沙特分别占当年中国原油进口量的20.3％和20.6％。2009年我国进口原油超过100万吨以上的阿拉伯国家就有沙特、阿曼、伊拉克、科威特、阿联酋、也门、苏丹、利比亚和阿尔及利亚等9个国家，其中海湾阿拉伯产油国占6个；1999—2009年来自阿拉伯国家的对华原油供应由1336万吨上升到9486万吨，在我国原油进口总量的份额也由36.5％上升到46.5％，其中来自海湾阿拉伯产油国就占36.5％。由此可见阿拉伯世界尤其是海湾阿拉伯产油国在我国能源进口格局中举足轻重的地位。[①] 2011年，中国从中东进口原油约1.3亿吨，占当年进口原油总量的50%以上。[②]

2013年，中国从中东进口原油达1.4654亿吨，增长了8.6%，占到了石油总进口量的52%。2013年位居前10位的中国原油进口国依次为：沙特阿拉伯、安哥拉、阿曼、俄罗斯、伊拉克、伊朗、委内瑞拉、哈萨克斯坦、阿拉伯联合酋长国、科威特，中东国家就占了6个。其中，从沙特进口了5389.99万吨、伊朗2144.2万吨、伊拉克2351.54万吨、阿曼2547.53万吨、阿联酋1027.58万吨。[③]（如下表所示）

表3 2011—2013年我国自中东进口原油的数量和金额

年份	2011年		2012年		2013年	
国别	数量（万吨）	金额（百万美元）	数量（万吨）	金额（百万美元）	数量（万吨）	金额（百万美元）
沙特	5027.24	39015.42	5390.52	44117.77	5389.99	42334.37
伊朗	2775.66	21820.14	2201.90	17845.80	2144.20	16885.89
阿曼	1815.42	13818.48	1957.28	15799.29	2547.53	19890.78
伊拉克	1377.36	10438.94	1568.46	12637.50	2351.54	17887.54
科威特	954.34	7343.68	1049.16	8401.69	934.42	7256.25
阿联酋	673.52	5518.69	874.37	7480.74	1027.58	8358.33
也门	309.81	2578.99	358.45	3072.82	245.26	2003.57

资料来源：中国海关信息网，http：//www.haiguan.info/。

① 余建华："关于中阿能源合作的若干思考"，《阿拉伯世界研究》，2010年第6期。

② 中国海关总署网站：http：//www.customs.gov.cn。

③ "2013年我国石油进口增速放缓 进口来源多样化显现"，载《中国能源报》，2014年2月2日。

随着建设“一带一路”战略构想的提出，丝绸之路将再次成为世界地图上贯通东西、促进各方面交流合作的黄金路线。近年来，中国与中东国家的经贸和能源关系发展迅速，成为中国“一带一路”战略的支点。

2014年6月5日，中阿合作论坛第六届部长级会议在人民大会堂开幕。中国国家主席习近平出席开幕式并发表题为《弘扬丝路精神，深化中阿合作》的重要讲话。习近平表示，通过古老的丝绸之路，中阿人民的祖先走在了古代世界各民族友好交往的前列。当前，中阿都面临实现民族振兴的共同使命和挑战。希望双方弘扬丝绸之路精神，以共建丝绸之路经济带和21世纪海上丝绸之路为新机遇和新起点，不断深化全面合作、共同发展中阿战略合作关系。习近平强调，“一带一路”是互利共赢之路。中国同阿拉伯国家因为丝绸之路相知相交，是共建“一带一路”的天然合作伙伴。中阿双方应该坚持共商、共建、共享原则，打造中阿利益共同体和命运共同体。既要登高望远、也要脚踏实地，构建“1＋2＋3”的合作格局，即以能源合作为主轴，以基础设施建设、贸易和投资便利化为两翼，以核能、航天卫星、新能源三大高新领域为新的突破口，未来10年，争取把中阿贸易额从去年的2400亿美元增至6000亿美元，把中国对阿非金融类投资存量从去年的100亿美元增至600亿美元以上，加快协商和推进中国—海湾阿拉伯国家合作委员会自由贸易区、阿拉伯国家参与亚洲基础设施投资银行，争取早期收获。双方应该依托并增进中阿传统友谊。习近平指出，成立中阿合作论坛，是我们着眼中阿关系长远发展作出的战略抉择。希望双方抓住共建“一带一路”的新机遇，加强政策沟通，深化务实合作，不断开拓创新，把论坛建设好。阿方赞同习近平主席提出的加强论坛建设、发展阿中战略合作关系的主张，支持中方提出的共建“一带一路”倡议，愿意同中方加强沟通和协调，推动阿拉伯有关问题的政治解决，共同致力于促进地区和平、稳定、发展。①

10月由中国、印度等21国签约成立亚洲基础设施投资银行。11月份在北京举办的加强互联互通伙伴关系对话会，宣布中国出资400亿美元成立丝路基金；同月在北京主办的APEC第22次领导人非正式会议，倡导共建互信、包容、合作、共赢的亚洲伙伴关系。通过这些大手笔，"一带一路"和"二走廊"（孟中印缅走廊和中巴经济走廊）从布局走向实施，亚太自贸区进程速度加快，为新周边外交增添了新内容，注入了新的动力。

"一带一路"战略大框架包括几个关键的支点：中亚、东南亚、中东、中东欧、欧洲，中东蕴藏丰富的石油资源，是丝绸之路经济带的重点区域，中东地区处于亚、非、欧三大洲连接点和交通要冲，是海上丝绸之路的枢纽。随着中国经济的增长，中国现在已成为世界第一大能源消费国，第二大石油进口国，能源因素在中国外交战略中的权重增加，中国与中东能源合作成为"一带一路"战略的重要支点。

中国与中东国家通过丝绸之路进行友好交往的历史源远流长，近年来中国与中东国家的合作日新月异。2012年，中国与海湾合作委员会六国贸易额达1550亿美元，中国是沙特最大的贸易伙伴，中东地区是中国能源的主要进口来源。2014年1月17日，国家主席习近平在人民大会堂会见来华出席中国—海湾阿拉伯国家合作委员会第三轮战略对话的海合会代表团时指出，中方愿同海方共同努力，推动丝绸之路经济带和21世纪海上丝绸之路建设。海合会代表也表示，海合会各成员国高度重视发展对华关系，愿

① "习近平出席中阿合作论坛第六届部长级会议开幕式并发表重要讲话"，《人民日报》，2014年6月6日，第1版。

积极推进双方在各领域友好合作。古老的丝绸之路曾把海湾国家同中国联系在一起。海合会各成员国愿积极参与丝绸之路经济带和21世纪海上丝绸之路建设。[①]

第三节 中国与中东能源合作的主要机制

随着中国经济持续发展，对能源需求也进一步增长，能源安全成为重中之重，中国与中东国家的能源合作关系是确保中国能源安全的关键。能源合作成为中阿关系最具战略意义的领域之一，更是中阿关系持续、稳定发展的重要基石。“一带一路”战略下的中国—中东能源合作机制主要有“中阿合作论坛”、“中阿能源合作大会”、“中阿能源合作联盟”等，在这些机制的作用下，中国与中东能源合作取得了可喜的成绩。

一、中阿合作论坛

2004年中国与阿拉伯国家共同设立中阿合作论坛，作为中阿关系发展史上的重要里程碑，成为开启中阿能源合作大踏步进展的契机。主要成员为中国和阿盟22个成员国：约旦、阿联酋、巴林、突尼斯、阿尔及利亚、吉布提、沙特、苏丹、索马里、伊拉克、阿曼、巴勒斯坦、卡塔尔、科摩罗、科威特、黎巴嫩、利比亚、埃及、摩洛哥、毛里塔尼亚、也门、叙利亚[②]。

中阿合作论坛的主要机制：（1）部长级会议为论坛长期机制，

① 郝亚琳：“习近平会见海合会代表团：望早日签署自贸协定”，新华网，2014年1月17日，http：//www.chinanews.com/gn/2014/01－17/5751512.shtml。

② 2011年11月16日，阿盟正式中止叙利亚成员国资格；2013年3月26日，阿盟决定将叙利亚在阿盟的席位授予叙利亚反对派“全国联盟”，但迄今尚未落实。

由各国外长和阿盟秘书长组成，每两年在中国或阿拉伯国家联盟总部或任何一个阿拉伯国家轮流举行一次部长级例会，必要时可以召开非常会议。会议主要讨论加强中国和阿拉伯国家在政治、经济、安全等领域的合作；就共同关心的地区和国际问题、联合国及其专门机构会议所讨论的热点问题交换意见；回顾“论坛”行动计划执行情况；讨论双方共同关心的其他事务。（2）高官委员会会议：每年召开例会，由中阿双方轮流承办，必要时经双方同意也可随时开会。负责筹备部长级会议并落实部长级会议的决议和决定，并举行中阿集体政治磋商。（3）其他机制：除部长级会议和高官会外，“论坛”框架下逐步形成了中阿企业家大会暨投资研讨会、中阿关系暨中阿文明对话研讨会、中阿友好大会、中阿能源合作大会、中阿新闻合作论坛、中阿互办艺术节、中阿卫生高官会议等机制。以上活动一般每两年轮流在中国和阿拉伯国家举办一次。中阿在环境保护、高教与科研、人力资源培训领域也有着机制性合作。（4）联络组：中国驻埃及大使馆为中方联络组，阿拉伯驻华使节委员会和阿盟驻华代表处为阿方联络方，负责双方的联络并落实部长会和高官会的决议和决定。中方“论坛”事务秘书处办公室设在中国外交部西亚北非司。①

2004年9月14日，中阿合作论坛首届部长级会议在开罗举行。中国与阿盟22个成员国的外长或代表、阿盟秘书长穆萨出席。会议就“如何进一步发展新时期中阿关系”和“如何建设好论坛和论坛下一步行动”两个议题进行了讨论。会议签署了《中国—阿拉伯国家合作论坛宣言》和《中国—阿拉伯国家合作论坛行动计划》。会后双方发表了新闻公报。②

---

① “中国—阿拉伯国家合作论坛”，《中华人民共和国外交部网站》，http：//wcm. fmprc. gov. cn/pub/chn/pds/gjhdq/gjhdqzz/zalt/t532818. htm。

② http：//www. fmprc. gov. cn/zalt/chn/jzjs/bzjhys/t537789. htm.

双方强调，中国与阿拉伯国家相互支持为维护独立、主权和领土完整进行的努力。中国支持阿拉伯国家捍卫民族合法权益的正义事业。阿拉伯国家重申坚持一个中国原则的立场。双方将采取积极措施，大力推动中阿在经贸、投资、能源、教育、文化、新闻、人力资源、科技、医疗卫生、环境等领域的交流与合作，促进中国和阿拉伯国家共同发展。① 在能源领域，特别是在石油和天然气领域加强合作。中国鼓励阿拉伯国家的石油、石化产品和天然气进入中国市场。双方欢迎对方向本方能源领域投资，双方鼓励各自企业与对方企业在该领域建立合资项目，并向对方提供便利和经验，鼓励并便利中国石油工程服务及其设备进入阿拉伯国家。②

2006 年 5 月 31 日至 6 月 1 日，论坛第二届部长级会议在北京举行。阿盟秘书长和 15 位阿拉伯国家外长或部长出席，中国国家主席集体会见与会的阿拉伯国家代表，就进一步发展中阿友好合作关系提出四点主张：（1）加强政治合作，巩固和发展中阿政治关系的基础。（2）加强经济合作，实现互利共赢。（3）加强文化合作，弘扬传统友谊。（4）加强国际合作，促进和平稳定。会议重点讨论了落实中国国家主席关于发展中阿关系四点主张的途径，就论坛今后两年的主要工作达成一致，决定继续建设平等、全面合作的新型伙伴关系。双方提出了 2010 年将双边贸易额提高至 1000 亿美元的目标，中方承诺三年间为阿方培训 1500 名技术管理人才。会后，中阿双方共同签署了《中国—阿拉伯国家合作论坛

---

① “中华人民共和国外交部与阿拉伯国家联盟秘书处新闻公报”，2004 年 9 月 14 日，开罗，中国外交部网站，http：//www. cascf. org/chn/wjk/bzjhywj/dijbzjhy/t866308. htm。

② “中国—阿拉伯国家合作论坛行动计划”，2004 年 9 月 14 日，开罗，中国外交部网站，http：//www. cascf. org/chn/wjk/bzjhywj/dijbzjhy/t866307. htm。

第二届部长级会议公报》、《中国—阿拉伯国家合作论坛2006年至2008年行动执行计划》、《中华人民共和国政府和阿拉伯国家联盟关于环境保护合作的联合公报》和《关于建立中国—阿拉伯国家合作论坛企业家大会合作机制的谅解备忘录》。[①]

中国和阿拉伯各国政府一致同意在中阿合作论坛框架下，举办"中国—阿拉伯合作论坛企业家大会"，旨在就发展中阿经贸合作提出中阿双方企业界和商界的意见和建议。企业家大会每两年一次在中国和阿拉伯国家轮流举行。贸促会将作为中方主办单位。阿拉伯国家经社理事会和阿盟秘书处经与阿拉伯国家农工商会总联盟及其他有关组织协调后确定阿方主办国和主办方。主办方将负责大会的组织工作并承担会议费用。企业家大会将设中方和阿方两主席，负责协调大会各项事宜。阿方主席由阿拉伯国家经社理事会轮值主席担任，中方主席由贸促会会长担任。[②]

在能源合作方面，双方重视加强能源领域的合作，特别是石油、天然气和可再生能源领域的合作。双方欢迎相互间进行能源领域投资，鼓励各自企业与对方企业在该领域建立合资项目，并向对方提供便利和经验以及进行技术转让。双方同意积极推动建立中阿能源合作对话机制。由中国国家发展和改革委员会与阿盟经社理事会和秘书处、阿拉伯国家石油输出国组织合作实施。在此机制下，双方将于2006—2008年间举办一次中阿石油合作会议，并开展能源合作方面的互访、对话等活动，邀请和积极参加对方在该领域举办的活动，并在联合国及其他国际组织的相关活

① http://www.cascf.org/chn/jzjs/bzjhys/t537792.htm.

② 《关于举办"中国—阿拉伯合作论坛企业家大会"谅解备忘录》，2006年6月1日，http://www.cascf.org/chn/wjk/bzjhywj/derjbzjhy/t866314.htm。

动中进行协调。[①]

2008年5月21日至22日，论坛第三届部长级会议在巴林首都麦纳麦举行。会议围绕建立面向和平和可持续发展的中阿新型伙伴关系进行了深入讨论。中国外长代表中方作主旨发言和总结讲话，并与阿盟秘书长穆萨签署了《中国—阿拉伯国家合作论坛第三届部长级会议公报》、《中国—阿拉伯国家合作论坛2008年至2010年行动执行计划》。双方有关部门还签署了《中华人民共和国政府和阿拉伯国家联盟环境保护合作执行计划（2008—2009年度）》、《中国国际贸易促进委员会与阿盟秘书处关于投资研讨会机制的谅解备忘录》。[②]

在能源合作方面，双方强调继续加强能源领域的合作，特别是在互利基础上开展石油、天然气、电力、新能源、可再生能源和替代能源领域的合作。双方支持在上述领域的相互投资，愿为上述领域的共同项目提供便利，并进行在能源及能源相关项目的环保等领域的经验交流和技术转让，研究双方未来就此签署谅解备忘录的可行性。双方高度评价2008年1月在海南三亚举行的第一届中国—阿拉伯能源合作大会及会上签署的联合声明，决心积极落实会议“联合声明”的宗旨和要求，并欢迎于2010年在苏丹共和国首都喀土穆召开第二届中阿能源合作大会。[③]

2010年5月13至14日，中国—阿拉伯国家合作论坛第四届部长级会议在天津举行。双方就中阿关系未来、中阿合作论坛建设以及共同关心的国际和地区问题进行了广泛、深入的探讨，取

---

① “中国—阿拉伯国家合作论坛2006年至2008年行动执行计划”，2006年6月1日，http：//www. cascf. org/chn/wjk/bzjhywj/derjbzjhy/t866311. htm。

② http：//www. cascf. org/chn/jzjs/bzjhys/t537793. htm.

③ “中国—阿拉伯国家合作论坛2008—2010年行动执行计划”，2008年5月21日，http：//www. cascf. org/chn/wjk/bzjhywj/dsjbzjhy/t866316. htm。

得重要成果。会议签署并发表了《天津宣言》（全文另发），宣布在论坛框架下建立全面合作、共同发展的中阿战略合作关系。为了这一目标，双方将加强各层次互访，开展战略对话和磋商，继续在各自核心和重大利益问题上相互支持，深化政治、经贸、能源、环境、人文等领域合作，密切在国际和地区事务中的沟通与协调。①

在能源合作方面，双方高度评价2010年1月在苏丹首都喀土穆举行的第二届中国—阿拉伯能源合作大会取得的成果及会上签署的《中国国家能源局和阿拉伯国家联盟关于中阿能源合作机制的谅解备忘录》等文件，决心积极落实文件的宗旨和要求，并欢迎于2012年在中国召开第三届中阿能源合作大会，双方同意：(1) 继续加强能源领域的合作，特别是在互利基础上开展石油、天然气、电力、新能源、可再生能源和替代能源领域的合作。双方支持在上述领域的相互投资，愿为上述领域的共同项目提供便利，并进行在能源及能源相关项目的环保等领域的经验交流和技术转让。(2) 开展包括核能发电和核能海水淡化在内的和平利用核能领域的合作。(3) 根据2010年1月在喀土穆举办的第二届中国—阿拉伯能源合作大会签署的谅解备忘录，双方成立最高委员会，负责提早进行下届会议的筹备工作。(4) 在风能、太阳能利用方面开展交流合作，为双方企业合作创造有利的环境，共同推动可再生能源开发利用。(5) 双方共同努力跟踪第二届中国—阿拉伯能源合作大会后续行动落实情况。②

2012年5月31日，中阿合作论坛第五届部长级会议在突尼斯哈马迈特举行。中国外交部、工业和信息化部、商务部、文化部、

① http：//www.cascf.org/chn/dsjbzjhy/t694631.htm.

② "中国—阿拉伯国家合作论坛2010—2012年行动执行计划"，2010年5月13—14日，http：//www.cascf.org/chn/wjk/bzjhywj/dsijbzjhy/t866532.htm。

卫生部、国家质量监督检验检疫总局、国家能源局、中国人民对外友好协会、中国国际贸易促进委员会等单位代表参加。会议期间，中阿双方以“深化战略合作，促进共同发展”为主题，就中阿关系及共同关心的重大问题深入交换看法。会后，中阿双方签署了《中国—阿拉伯国家合作论坛第五届部长级会议公报》、《中国—阿拉伯国家合作论坛2012年至2014年行动执行计划》、《中华人民共和国国家质量监督检验检疫总局与阿拉伯工矿发展组织谅解备忘录》、《中华人民共和国工业和信息化部与阿拉伯工矿发展组织谅解备忘录》、《中华人民共和国卫生部与阿拉伯国家联盟卫生合作机制谅解备忘录》等相关文件。①

在能源合作方面，双方对近年来能源领域合作取得的进展表示满意，期待着继续发挥中阿能源大会机制在能源领域的作用，欢迎在该领域加强合作。双方同意：（1）2012年在中国召开第三届中阿能源大会，进一步发挥双方根据2010年1月喀土穆第二届中阿能源大会上签署的谅解备忘录成立的最高委员会的作用。（2）应在互利基础上，继续加强能源领域，特别是石油、天然气、电力、新能源、可再生能源和替代能源领域的合作。双方支持在该领域相互投资，表示愿为双方在上述领域的共同项目提供便利，在能源领域开展经验交流和技术转让，在开展能源项目时保护环境。（3）在和平利用核能，特别是发电和海水淡化领域开展合作。（4）加强双方在可再生能源开发利用方面的交流与合作。（5）就可再生能源项目的投资、经验交流和技术转让举办研讨会和讨论会，欢迎突尼斯于2013年承办该领域的讨论会。（6）鼓励双方在矿业、地质矿业研究领域开展合作，包括组建联合专家工作组以

① http://www.fmprc.gov.cn/ce/cgfrankfurt/chn/zgyw/t937098.htm.

探讨在该领域的合作。[①]

2014年6月5日，中阿合作论坛第六届部长级会议在北京举行，习近平主席集体会见与会阿拉伯各国代表团团长，出席会议开幕式并发表重要讲话。习近平表示，通过古老的丝绸之路，中阿人民的祖先走在了古代世界各民族友好交往的前列。当前，中阿都面临实现民族振兴的共同使命和挑战。希望双方弘扬丝绸之路精神，以共建丝绸之路经济带和21世纪海上丝绸之路为新机遇新起点，不断深化全面合作、共同发展的中阿战略合作关系。阿盟首脑理事会轮值主席国科威特首相贾比尔、摩洛哥外交与合作大臣梅祖阿尔，阿拉伯国家联盟秘书长阿拉比分别致词。他们盛赞阿中传统友谊，高度评价阿中合作论坛10年取得的成就，表示阿方赞同习近平主席提出的加强论坛建设、发展阿中战略合作关系的主张，支持中方提出的共建“一带一路”倡议，愿意同中方加强沟通和协调，推动阿拉伯有关问题的政治解决，共同致力于促进地区和平、稳定、发展。会议总结了论坛成立十年来中阿关系发展的成功经验，规划了中阿关系未来十年的发展方向，并制定了下一阶段论坛建设的具体目标和任务。会议签署了《中国—阿拉伯国家合作论坛第六届部长级会议北京宣言》、《中国—阿拉伯国家合作论坛2014年至2016年行动执行计划》、《中国—阿拉伯国家合作论坛2014年至2024年发展规划》、《2014年至2015年中阿卫生合作执行计划》、《中阿荒漠化检测和防治合作备忘录》等文件。[②]

---

① “中国—阿拉伯国家合作论坛2012年至2014年行动执行计划”，http：//www. cascf. org/chn/wjk/bzjhywj/diwujiebuzhangjihuiyi/t937766. htm。

② 杜尚泽、焦翔：“习近平出席中阿合作论坛第六届部长级会议开幕式并发表重要讲话”，《人民日报》，2014年6月6日，第1版。

在能源合作方面，双方对近年来能源领域合作取得的进展表示满意，赞赏2012年9月在中国宁夏银川召开的第三届中阿能源合作大会取得的成果，期待着继续发挥中阿能源合作大会机制在能源领域的作用，欢迎在该领域加强合作。双方同意：（1）2014年11月18—20日在沙特阿拉伯王国利雅得召开第四届中阿能源合作大会。（2）中阿在石油天然气领域的合作：根据各国相应的法律法规，利用现代科技和先进技术推动和支持石油天然气领域，特别是石油的勘探、开采、运输和炼化领域的相关投资项目。加强石化领域合作。加强石油及衍生品领域的贸易和销售往来。在石油、能源事务相关的国际组织和国际场合协调双方立场。（3）可再生能源领域合作：加强双方在可再生能源技术开发利用方面的交流与合作。欢迎摩洛哥王国邀请中国参加拟于2015年举办的可再生能源论坛。组织培训班，举办投资方面的研讨会和研修班，开展经验交流，在可再生能源相关项目中进行技术转让。加强在研究、规划方面的合作，以落实可再生能源领域的重大项目（风能、太阳能）。（4）电力领域合作：加强电力能源技术经济合作，特别是开发电力市场，支持共同投资电力能源项目。（5）能效领域合作：增加投资机会，支持各地在能效方面的倡议，以加强能源安全，减少能源消费对环境的影响。支持双方合同能源管理和共用环保设施等领域的企业开展交流与合作。（6）核能领域合作：加强在和平利用核能方面的合作，特别是利用核能进行发电和海水淡化领域的合作。加强核燃料供应及核安全领域的合作。探讨在核电站设计和建造、铀矿勘探方面开展合作。利用中国核工业企业的培训设施为阿拉伯国家培训管理和技术人员，特别是在核材料衡算与控制、核保障、核安全、核应急、核电站操作、核安保系统设计和维护等方面。[①]

二、中阿能源合作大会

基于中阿合作论坛（以下简称“论坛”）成立宣言所确立的框架，中国与阿拉伯国家认识到世界越来越重视包括和平利用核能在内的各种能源安全问题；能源生产国和消费国应共同承担责任，以保证能源供应安全和能源需求安全，为发展和促进涉及能源的各领域合作，包括提高能源效率、开发新能源及可再生能源、和平利用核能、经验交流、引进技术和环境保护，在涉及能源事务的有关国际场合协调立场，鼓励私营部门参与能源项目投资，双方建立中阿能源合作机制。[②] 根据2006年6月1日在北京召开的中国—阿拉伯国家合作论坛第二届部长级会议签署的《中阿合作论坛2006至2008年行动执行计划》，中阿能源合作大会每两年举办一次。

中阿能源合作大会的主要机制：（1）大会的组织与协调，在中阿合作论坛框架下举办大会，作为探讨中阿能源合作前景、促进双方各有关部门共同开展能源合作的平台。中国国家能源局负责中方的组织工作，阿方主办国经与阿盟秘书处和阿拉伯石油输出国组织（OAPEC）协调，负责阿方的组织工作。（2）下届大会召开的时间与地点，大会根据双方提出的建议确定下届大会召开的时间和地点。大会每两年举办一次，由阿拉伯国家和中华人民共和国轮流举办。（3）主席，双方同级别的官员作为大会的共同主席。中国国家能源局负责确定中方主席。阿方主办国担任阿方

---

① “中国—阿拉伯国家合作论坛2014年至2016年行动执行计划”，2014年6月10日，http://www.cascf.org/chn/wjk/bzjhywj/diliujiebuzhangjihuiyi/t1163770.htm。

② “中国国家能源局和阿拉伯国家联盟关于中阿能源合作机制的谅解备忘录”，2010年1月26—28日，http://www.cascf.org/chn/jzjs/nyhzdhs/t866548.htm。

主席。如果大会在中国召开，则由阿拉伯使节委员会经与阿盟秘书处协调后确定阿方主席。（4）后续和审议机制，双方根据本谅解备忘录每两年对合作成果进行审议。如有必要，双方可探讨改进合作的途径和方式，并就此向大会提交合适的建议和意见。双方成立一个最高委员会，负责落实大会涉及能源合作的成果，举办一系列专业人士的研讨会，加强双方在能源信息、数据领域的合作及在相关领域的技术合作。此委员会还对双方在能源领域进行贸易和投资的现状和前景开展研究。[①]

第一届中国—阿拉伯能源合作大会于2008年1月9—11日在中国三亚市召开。中方参会人员包括国家发展和改革委员会、外交部、商务部和有关能源企业代表。阿方参会人员包括阿拉伯国家能源主管部门、阿拉伯国家联盟秘书处、阿拉伯石油输出国组织（OAPEC）、阿拉伯原子能机构代表团及有关能源企业代表。与会者探讨了中阿能源合作的前景和加强能源合作的途径，并对该领域合作取得的成果表示满意。双方就可再生能源合作，加强石油、天然气和电力行业合作广泛交换了意见。双方在石油和天然气领域、可再生能源和替代能源领域、电力、经验交流和技术转让领域的合作达成共识。双方强调，中阿能源合作大会是加强双方能源领域合作、提升建立在平等互利基础上的新型伙伴关系水平的重要平台，将更好地为中阿人民的共同利益服务，并将加强中阿合作论坛的建设。[②]

双方达成以下几点共识：（1）石油和天然气领域的合作：双

---

① “中国国家能源局和阿拉伯国家联盟关于中阿能源合作机制的谅解备忘录”，2010年1月26—28日，喀土穆，http：//www.cascf.org/chn/jzjs/nyhzdhs/t866548.htm。

② “第一届中国—阿拉伯能源合作大会联合声明”，中阿合作论坛网站，http：//wcm.fmprc.gov.cn/pub/zalt/chn/wjk/nyhzdhss/dyjnyhzdh/。

方强调愿继续支持现有的合作项目，努力完成这些项目的建设。双方同时强调，在不违背本国法律法规的前提下，将支持在互利基础上开展石油、天然气产业的相互投资项目，加强并扩大现有合作，特别是石油和天然气的勘探、开采、运输和炼化方面的合作。双方强调，应为上述领域的联合项目提供一切必要便利，并加速相关程序的办理。（2）可再生能源和替代能源领域的合作：双方强调应根据各国的形势和资源情况推广可再生能源和替代能源应用新技术，发展可再生能源和替代能源利用项目。（3）电力合作：双方重视在发展电力行业和利用多种资源发电方面的合作，双方强调应学习中方在该领域的经验。（4）经验交流和技术转让领域的合作：双方同意，通过互访、举办联合研讨会和进修班、参加对方组织的有关活动，进行在能源及能源相关项目的环保等领域的经验交流和技术转让。①

2010 年 1 月 26—28 日，第二届中阿能源合作大会在苏丹首都喀土穆召开，与会代表就中国和阿拉伯国家面临的传统化石能源及核能、可再生能源发展问题进行了交流，强调必须充分开发和利用各种能源，以满足发展需要。与会代表就中国与阿盟开展能源合作的重要意义达成共识，认为应加强双方在石油、天然气、电力、可再生能源及和平利用核能等领域的密切合作，共同维护全球能源安全。双方签署了《中国国家能源局和阿拉伯国家联盟关于中阿能源合作机制的谅解备忘录》及《第二届中阿能源合作大会闭幕公报》。② 双方强调能源部门对实现可持续发展、特别是实现千年发展目标发挥着主要推动作用，必须加强中华人民共和

① "第一届中国—阿拉伯能源合作大会联合声明"，2008 年 1 月 9—11 日，三亚，http：//www.cascf.org/chn/wjk/nyhzdhss/dyjnyhzdh/。

② 邵杰："第二届中阿能源合作大会闭幕"，新华网，2010 年 1 月 28 日，http：//news.xinhuanet.com/world/2010－01/28/content_12893783.htm。

国同阿拉伯国家在能源各领域（石油、天然气、电力、可再生能源、提高能效和和平利用核能）的合作，以及经验交流和技术引进，实现双方所期待的目标。呼吁双方私营企业和金融机构支持中华人民共和国同阿拉伯国家联盟在能源领域的合作机制，努力推进该领域的合作项目。呼吁双方为落实本公报应积极调动各种资源，并提供必要的支持。[①]

2012年9月16—17日，第三届中阿能源合作大会在宁夏银川召开。与会代表探讨了中阿能源合作的前景和加强能源合作的途径。双方强调必须充分开发与利用各种能源，共同保障全球能源安全，促进各自经济社会可持续发展。双方还就可再生能源合作，加强石油、天然气和电力行业合作广泛交换了意见。双方通过了《联合声明》，一致同意继续发挥中阿能源合作大会机制的作用，积极落实中国国家能源局和阿盟关于中阿能源合作机制的谅解备忘录；在互利基础上，继续加强能源领域，特别是石油、天然气、电力、可再生能源领域的合作。[②] 具体内容包括：在石油、天然气领域加强并扩大现有合作；双方就可再生能源项目的投资、经验交流和技术转让举办论坛和研讨会，并加强在科研和规划领域的合作；加强在和平利用核能领域的合作与能力建设；双方重视电力领域的合作潜力，愿意继续加强该领域更广泛的交流与合作。[③]

2014年11月18日至20日，第四届中阿能源合作大会在沙特

---

① "第二届中阿能源合作大会闭幕公报"，2010年1月26—28日，喀土穆，http：//www. cascf. org/chn/wjk/nyhzdhss/derjhznydh/t866546. htm。

② 夏晨："第三届中阿能源合作大会在宁夏银川开幕"，新华网，2012年9月16日，http：//news. xinhuanet. com/politics/2012－09/16/c_113095576. htm。

③ "第三届中阿能源合作大会闭幕并通过《联合声明》"，2012年9月19日，http：//www. cascf. org/chn/jzjs/nyhzdhs/t970966. htm。

阿拉伯首都利雅得召开。来自中国和22个阿拉伯国家联盟成员国的政府官员、国际和地区能源机构代表以及双方企业界人士出席大会。在三天会期里，中国电力、核电、可再生能源、油气领域的17家主要企业负责人以及来自阿盟各成员国的能源企业代表将就能源领域的未来发展趋势和合作前景展开研讨。①

三、中国—海合会战略对话

海湾国家在中国与中东能源合作中处于重心地位，由六个海湾阿拉伯国家（沙特、科威特、阿联酋、卡塔尔、阿曼和巴林）组成的海湾阿拉伯国家合作委员会（海合会）在中国与中东能源合作中发挥重要作用。海合会成立后不久，中国就与其建立了联系。从1990年开始，中国外长每年都利用出席联合国大会的机会，与海合会六国外交大臣及海合会秘书长举行会晤。1996年，中国与海合会建立了经济、政治磋商机制。2004年7月，海合会秘书长和六国财长联合访华，中国与海合会签订了"经济、贸易、投资和技术合作框架协议"，并宣布启动建立自由贸易区的谈判。2004—2006年间中国与海合会共进行了四轮谈判，随后因种种原因一度中断。2009年6月，双方在沙特重启自由贸易区谈判，迄今为止，已在货物贸易谈判等大多数领域达成了共识，并启动了服务贸易谈判。

2010年6月4日，中国—海合会战略对话首届部长级会议在北京举行，双方强调愿意继续加强在各领域的合作，双方签署了《中华人民共和国和海湾阿拉伯国家合作委员会成员国关于战略对

① 王波："第4届中阿能源合作大会在沙特召开"，新华网，2014年11月19日，http://news.xinhuanet.com/2014-11/19/c_1113311086.htm。

话的谅解备忘录》。[①]

2011 年 5 月 2 日，中国与海合会国家第二届中国与海合会战略对话在阿布扎比举行。双方认为应尽快召开专家会议，为落实上述框架协议和谅解备忘录在贸易、投资、能源、文化、教育、科研、环境、卫生等领域的有关内容制订行动计划，确定具体时间表。双方同意继续加强磋商，尽早完成自由贸易区谈判。[②]

中国和海合会对双方关系的不断发展以及在各领域取得的成果感到满意。双方一致认为，战略对话机制的启动增进了双方的互信与合作，加强了双方的磋商与协调。双方强调，地区国家间关系应建立在睦邻友好、充分尊重国家主权、独立和领土完整、不干涉内政的基础之上，并根据《联合国宪章》有关原则和联合国安理会有关决议，以和平方式解决彼此争端。双方支持海合会国家为维护其安全和稳定而采取的举措。双方强调中东成为无大规模杀伤性武器区的重要性，承认所有不扩散核武器缔约国在遵守国际原子能机构有关措施和条件并接受其监督的基础上，享有和平利用核能的权利。[③]

2014 年 1 月 17 日，中国与海湾合作委员会在北京举行第三轮战略对话，中国外交部长王毅和海合会轮值主席国科威特第一副首相兼外交大臣萨巴赫共同主持。海合会秘书长扎耶尼、下任轮值主席国卡塔尔外交大臣助理鲁梅黑以及其他海合会成员国外交

① 王慧慧：“中国与海合会举行首轮战略对话”，《人民日报》，2010 年 6 月 5 日，第 3 版。

② 安江：“中国与海合会举行第二轮战略对话”，新华网，2011 年 5 月 3 日，http：//news. xin huanet. com/2011－05/03/c _ 121370255. htm。

③ 安江：“中国与海合会举行第二轮战略对话”，新华网，2011 年 5 月 3 日，http：//news. xin huanet. com/2011－05/03/c _ 121370255. htm。

部负责人或外长代表参加。[①] 王毅表示，中国和海合会国家之间有着牢固的政治互信基础、巨大的经济互补需求和深厚的民间友谊。双方互为重要合作伙伴，开展互利合作潜力巨大，符合彼此的根本利益。中方愿同海方以建立战略伙伴为目标，提升中海政治关系水平。以建立自贸区为抓手，深化各领域务实合作。共同推进丝绸之路经济带和21世纪海上丝绸之路建设，全面提升中国海合会关系水平。打造中海友好合作的"升级版"，实现互利共赢。海方表示，海合会高度重视发展同中国的友好关系，愿同中方增进政治互信，深化互利合作，加强友好交流，推动海中关系不断取得新进展。海方认为海中建立自贸区符合双方的共同利益，愿同中方一道，加快自贸区谈判进程并尽早达成一致。战略对话结束后，双方签署了《中华人民共和国和海湾阿拉伯国家合作委员会成员国战略对话2014年至2017年行动计划》，并发表了《中华人民共和国和海湾阿拉伯国家合作委员会第三轮战略对话新闻公报》。[②] 国家主席习近平在会见参与第三轮战略对话的海合会代表时表示，中国希望双方快马加鞭，早日签署协定。古老的丝绸之路曾把海湾国家同中国联系在一起。现代海合会各成员国也积极参与"丝绸之路经济带"和"21世纪海上丝绸之路"建设。

四、中阿博览会（中阿经贸论坛）

中国—阿拉伯国家博览会是经国务院批准，由商务部、中国贸

---

① 王慧慧："中国—海湾合作委员会第三轮战略对话在北京举行"，新华网，2014年1月17日，http：//news. xinhuanet. com/world/2014－01/17/c _ 126023598. htm。

② 王慧慧："中国—海湾合作委员会第三轮战略对话在北京举行"，新华网，2014年1月17日，http：//news. xinhuanet. com/world/2014－01/17/c _ 126023598. htm。

促会、宁夏回族自治区人民政府共同主办的国家级、国际性综合博览会。自2010年以来，中阿博览会（原中阿经贸论坛）已在宁夏成功举办四届，得到了包括阿拉伯国家及其他穆斯林地区在内的“丝绸之路经济带”沿线国家的广泛欢迎，正在成为国家推进和落实中阿务实合作的重要平台。四年来，中阿博览会秉持“传承友谊、深化合作、共同发展”的宗旨，取得显著成绩，先后邀请了24位中外政要，253位中外部长级官员，104位外国驻华使节，70多个国家、地区和国际机构，46家大型商协会，6200多家大中型企业和金融机构的代表以及3.7万多名参展商、采购商出席大会，先后签订各类项目协议636个，合同投资累计达到3558亿元，有效提高了宁夏回族自治区对外经贸合作的水平和质量。博览会按照“共商、共建、共享”的原则，坚持“中阿共办，部区联办，民间协办”的办会机制，从政府、企业、民间三个经度，政治对话、经贸洽谈、技术合作、人文交流四个纬度，搭建商品贸易、服务贸易、技术合作、投资金融、文教旅游五大平台，把博览会融入到国家向西开放和“一带一路”重大战略部署中去。[①]经过数年的发展，中阿博览会已经形成了“论坛＋展会＋洽谈”等相对成熟固定的模式，办会实效显著提升，“中阿共办、部区联办、民间协办”机制逐步完善，特别是“主宾国”机制的吸引力明显增强。而“弘扬丝路精神，深化中阿合作”这一新主题更使得中阿博览会成为构建丝绸之路经济带战略支点的重要平台。[②]

2010年9月26日至9月30日，首届中阿经贸论坛在宁夏银川成功举办，主题为“传承友谊、深化合作、共同发展”。论坛上

① “中国—阿拉伯国家博览会概况”，2015年3月31日，http：//www. casetf. org/jieshao/120676. jhtml。

② “2015中阿博览会9月绽放　中阿友好年助推一带一路建设”，环球网，2015年5月13日，http：//finance. huanqiu. com/zl/2015—05/6426263. html。

共签订合作项目 190 个，其中框架合作协议 8 个，投资合作项目 182 个，总投资 2035.63 亿元。除传统的能源化工项目外，新能源、物流服务、特色农业、装备制造业项目明显增多。[①]

2011 年 9 月 21 日至 9 月 23 日，第二届中阿经贸论坛在宁夏银川举办。有 76 个国家、地区和国际机构的 1200 多位国外嘉宾参展参会，国内外参展商、采购商、投资商共计超过 4000 人。[②] 中阿经贸论坛高峰会议主题为“携手发展，合作共赢”。中阿经贸论坛贸易经济合作分会主题为“新形势下的中阿合作商机与前景”。中阿经贸论坛能源合作分会主题为“打造中阿能源全产业链合作新模式”。中阿经贸论坛金融合作分会主题为“构建中阿能源金融战略合作体系”。中阿经贸论坛青年领袖分会主题为“丝绸之路上的新里程”。大会成功签订国内外合作项目 164 个，总投资 2078.52 亿元。从签约项目的产业布局来看，主要集中在能源化工、新能源、物流等领域。其中，能源化工类项目 44 个，总投资 771.33 亿元；新能源项目 30 个，总投资 585.34 亿元；物流商贸类合作项目 38 个，总投资 335.97 亿元；装备制造类项目 13 个，总投资 256.14 亿元。[③]

2012 年 9 月 12 日至 9 月 16 日，第三届中阿经贸论坛在宁夏银川成功举办。时任国务院副总理的李克强在大会开幕式上发表了题为《携手壮大新兴市场　促进全球共同发展》的主旨演讲。

---

① “首届中阿经贸论坛签订合作项目 190 个　总投资超 2000 亿元”，新华网，2010 年 9 月 28 日，http：//news. xinhuanet. com/local/2010－09/28/c _ 12615929. htm。

② 赵倩、曹轶：“1200 多位国外嘉宾参加第二届中阿经贸论坛”，新华网，2011 年 9 月 20 日，http：//news. xinhuanet. com/fortune/2011－09/20/c _ 122062983. htm。

③ 杨静、马俊：“第二届中阿经贸论坛项目签约额突破 2000 亿元”，新华网，2011 年 9 月 22 日，http：//news. xinhuanet. com/politics/2011－09/22/c _ 122071979. htm。

大会吸引了来自71个国家、地区和国际机构，25个中央部委，27个省（市、自治区）以及港澳台代表团，1283家国内外企业，共7478位嘉宾参会参展。参会政要及客商规格、规模和层次较前两届均有进一步提高。共签约项目124个，总投资2187.34亿元，涉及高新技术、能源化工、现代农业、基础设施、物流商贸、文化旅游等领域。中阿经贸论坛安排有高峰会议、主题论坛、商品展览、文化交流等30多项活动，展览总面积超过4万平方米，包括清真食品穆斯林用品展、国际主题展暨主宾国国家展、能源化工产品展、文化交流展以及特色商品展五大板块。论坛启动“主宾国”机制，作为此次主宾国的阿拉伯联合酋长国组织了113人的高规格代表团。大会期间，阿联酋举办了阿联酋商务投资论坛、阿联酋国家馆展示、阿联酋时装秀等活动。在中阿经贸论坛期间，发布了《中阿金融发展战略框架协议》，并签署了《2012—2014年中阿民间行动计划》。未来两年，双方将互派多个访问代表团，加强双边交往，缔结友好城市。①

2013年，中阿经贸论坛更名为中阿博览会。2013年9月15日至19日，第四届中阿经贸论坛暨首届中阿博览会在宁夏银川成功举办。大会围绕商品贸易、服务贸易、技术合作、投资金融、文教旅游五个方面，着力打造农业、金融、能源化工及新技术和文教旅游领域合作的高端论坛、专业展览和对接洽谈活动，推进中阿务实合作，携手搭建面向全球的开放平台。中阿博览会共签约158个项目，签约总金额达2599.01亿元。签约项目涉及能源化工、新材料、装备制造、清真食品、基础设施、物流商贸、文化旅游、金融合作等许多领域，很多合作项目取得了历史

① 赵国华：“第三届中阿经贸论坛签约项目总投资达2187亿元”，新华网，2012年9月18日，http：//news.xinhuanet.com/2012—09/18/c_123727214.htm。

性的突破。[①] 9月17日，中阿能源合作联盟宣布成立，为双方能源合作形成有效对接，不仅利于推动中国与阿拉伯国家在现有能源合作领域纵深发展，更被寄予拓展双方在其他能源领域合作的厚望。[②]

图 2 中阿博览会运行机制图

资料来源：宁夏回族自治区博览会局，《中阿博览会宣传册》，第35页，http://www.casetf.org/u/cms/www/201504/01112904ig21.pdf。

---

① 庄电一：“中阿合作的盛会 世界交流的平台—首届中阿博览会成果丰硕”，《光明日报》，2013年9月20日，第1版。

② 钟银燕、仝晓：“新能源成中阿能源合作新热点”，《中国能源报》，2013年9月23日。

第五章 “一带一路”战略背景下中海能源合作分析

第一节 中国与海合会经贸关系的现状

海湾阿拉伯国家合作委员会是海湾地区最主要的政治经济组织，简称海湾合作委员会或海合会。海合会成立于1981年5月，总部设在沙特阿拉伯首都利雅得，成员国包括阿联酋、阿曼、巴林、卡塔尔、科威特和沙特阿拉伯六国。海合会国家目前已探明的石油储量约占世界石油储量的29.4%。[①]（具体数据见表1）目前，在世界十大石油生产国中海合会国家占了3个，除巴林外，海合会的其他5个国家已探明的石油储量均排在世界的前30位。根据美国《石油情报周刊》的报道，沙特的阿美公司已成为世界上最大的石油公司。

① 根据BP数据计算。

表 1　海合会国家的石油储量①　（单位：亿吨）

国家	2013 年	占世界百分比	2014 年	占世界百分比
沙特	365	15.8%	367	15.7%
阿联酋	130	5.8%	130	5.8%
阿曼	7	0.3%	7	0.3%
科威特	140	6.0%	140	6.0%
巴林	0.2	/	/	/
卡塔尔	26	1.5%	27	1.5%
合计	668.2	29.4%	671	29.3%

中国与海湾地区处于亚洲的东西两端，但古丝绸之路早就把双方连在一起，友好交往源远流长。进入 21 世纪，建立在相互尊重、合作共赢基础上的中阿关系得到跨越式发展，经历了国际风云变幻、金融危机以及地区部分国家政局严重动荡的考验，成为战略合作伙伴。

海合会国家传统的石油出口主要市场是西方国家，目前，西方国家特别是美国正在大力推进石油来源多元化和开发替代能源，大规模开采页岩气，对海合会石油的需求相对降低。海合会国家需要加大力度开拓新的市场，迫切需要深化与中国的能源合作。中国与沙特、阿曼、也门、卡塔尔、阿联酋等国签订了长期进口原油合同，中国与海合会自由贸易区的建立将有利于海合会找到稳定的石油出口市场，确保海合会的石油安全。

中海双方经济互补性强，经贸往来历史悠久，务实合作成效显著。海合会国家向中国出口的主要为石油及天然气产品。中国

① BP，BP Statistical Review of World Energy，June 2014，bp. com/statisticalreview. BP，BP Statistical Review of World Energy，June 2015，bp. com/statisticalreview.

主要向海合会国家出口机电产品、纺织产品等。沙特阿拉伯是我国在西亚非洲地区的第一大贸易伙伴，也是我国第一大原油供应国。

海湾国家主要产品为石油工业和石化工业，其他轻重工业均不发达，经济建设所需要的农用机械、工业设备、建筑材料等都需要进口。随着高速的经济增长，中国的制造业发展迅速，已成为"世界工厂"，对外部市场和资源的需求更加迫切。中国已成为世界第一能源消费大国、第二石油进口国，为海合会国家的石油及石化等产品提供了巨大的出口市场。目前，在世界十大石油生产国中海合会国家占了三个（表 2）

表 2 世界十大石油生产国

排名	国家	产量（百万吨）	占世界百分比%	排名	国家	产量（百万吨）	占世界百分比%
1	沙特	544	13.1	6	加拿大	182	4.4
2	俄罗斯	520	12.9	7	阿联酋	163	3.9
3	美国	387	9.3	8	委内瑞拉	162	3.9
4	中国	206	5.0	9	科威特	152	3.7
5	伊朗	186	4.5	10	伊拉克	148	3.6

资料来源：国务院新闻办公室：《中国的能源政策（2012）》白皮书，2012 年 10 月。

近年来中国经济发展十分迅速，中国的石油消费量不断增加，能源的对外依存度不断攀升，目前已上升至 57%。中国十大原油进口来源国中有四个为海合会国家，其中沙特为我国最大的原油来源国。2009 年中国从沙特进口原油 4186 万吨，占中国原油进口总量的 20.55%，2012 年中国从沙特进口原油增长至 5391.6 万吨，同比增加 7.24%。[①] 海合会对中国石油的进口具有十分重要的战略意义。中国与海合会国家的贸易结构表现出明显的互补性。中国与海湾合作委员会自由贸易区的建立将为中国与海合会国家的能源外交建立一个新的平台，有利于中国获得稳定的能源供应，确保石油安全。

海合会国家的经济均为单一的石油经济，生产和生活用品大都依赖进口。近年来中东北非局势动荡对我国和海合会的经贸关系并没有产生很大的影响，主要原因有以下几方面：首先，海合会国家经济实力相对雄厚，政治上相互支持，政局相对稳定。其次，我国出口到海合会的产品多为基本生活用品，价格需求弹性较小，需求相对稳定；再次，海合会积累了大量的石油美元，政府有能力实施宏观调控，对交通、通讯、工业和其他市政等基础设施进行改造和建设。

近年来，中国与海合会成员国的经贸关系发展迅速，贸易进出口额在双方对外贸易总额中的比重不断上升。1999—2004 年，中国与海合会成员国双边贸易额年均增长率超过 40%，2004 年双边贸易额达 247.36 亿美元。[②] 2004—2008 年，海合会连续五年成为中国的第八大贸易伙伴。2011 年中国与海合会六国贸易额为 1338 亿美元，占中阿双边贸易总额的 68.3%。[③] 2012 年，中国与海合会六国贸易额为 1550 亿美元，占中国与整个阿拉伯国家贸易额的

---

① "2012 年中国原油进口分析"，http://www.askci.com/news/201301/30/301011058454.shtml。

② 中国驻沙特使馆："中国与海湾合作委员会进行首轮自贸区谈判"，2005 年 4 月 25 日，http://wcm.fmprc.gov.cn/pub/chn/pds/wjdt/zwbd/t438846.htm。

③ 诚诚："张燕生：中国发展与海合会合作'三步走'"，载《中国产经新闻报》2012 年 8 月 2 日第 03 版。

近70%。①

表3 中国向海合会国家出口 （单位：万美元）

国家	2007	2008	2009	2010	2011	2012
沙特	780728	1082347	897745	1036644	1484971	1845685
阿联酋	1720362	2364369	1863180	2123534	2681285	2957561
阿曼	54765	79452	74750	94450	99818	181168
巴林	38470	65508	47527	79950	88001	120290
科威特	133863	175130	154285	184859	212841	209025
卡塔尔	62088	107416	87211	85544	119876	120512

资料来源：根据国家统计局、海关信息网数据整理。

表4 中国从海合会国家进口 （单位：万美元）

国家	2007	2008	2009	2010	2011	2012
沙特	2536697	4184617	3254839	4319549	6431724	5491662
阿联酋	2003565	2825694	2122688	2568689	3511922	1081664
阿曼	727029	1242136	615873	1072372	1587466	1695245
巴林	48715	78639	68650	105142	120585	34837
科威特	362926	679021	504354	855695	1130362	1045291
卡塔尔	120888	238579	225387	331128	589307	725486

资料来源：根据国家统计局、海关信息网数据整理。

① 白纯、左江、唐亚蒙："中国—海合会国家经贸合作论坛召开"，新华网，http：//www. nx. xinhuanet. com/2013－09/17/c _ 117405856. htm。

中国与海合会国家的资本合作主要包括互相投资、工程承包、劳务合作和设计咨询等。近年来，双边的资本合作更加密切，并表现出继续发展的良好势头，海合会对中国的直接投资逐年增加。2008 年海合会对中国的直接投资额为 37173 万美元，2010 年海合会对中国的直接投资额为 59608 万美元，受中东变局的影响，2011 年海合会对中国的直接投资额减为 9632 万美元。（表 6）

表 5　海合会国家对中国直接投资　（单位：万美元）

国家	2007	2008	2009	2010	2011
沙特	12，265	27，524	11，365	48，397	2，394
阿联酋	10，080	9，381	10，273	11，003	7，140
阿曼	52	—	—	5	—
巴林	190	205	360	105	—
科威特	29	63	54	47	25
卡塔尔	—	—	7	51	73

资料来源：根据国家统计局数据整理。

中国对海合会的直接投资也不断增长。在 2003 至 2010 年间，中国对海合会的直接投资由 1066 万美元发展到 16.75 亿美元，短短 7 年时间增加了约 156 倍。中国对海合会直接投资的存量增长十分迅速，增长速度都在 50％以上。2011 年中国对海合会的直接投资额为 22.275 亿美元。（表 7）

表 6　中国对海合会国家的直接投资　（单位：万美元）

国家	2007	2008	2009	2010	2011
沙特	40403	62068	71089	76056	88314
阿联酋	23431	37599	44029	76429	117450
阿曼	3717	1422	797	2111	2938
巴林	75	87	87	87	102
科威特	51	296	588	5087	928
卡塔尔	3979	4979	3628	7705	13018

资料来源：商务部、国家统计局、外汇管理局：《2011 年度中国对外投资统计公报》，2012 年 8 月。

海合会国家多年来积累了巨额的石油美元，近年来，加大了对外直接投资的力度，同时积极开展对外招商引资工作。为了能够快速实现经济多样化，减少对国际石油市场的过分依赖，海合会国家实施经济多元化战略以增加非石油产业的比重，海合会国家欢迎中国企业对其进行投资，并为中国的资本进入提供了便利条件。中国也制定了一系列吸引外资的优惠政策，在投资领域进行了更加优化的结构性调整，启动了大规模的石油开采项目，为海合会扩大在中国的投资创造了条件。① 中国与海合会在投资领域的发展潜力极大，中国与海合会之间一旦建立自由贸易区，将极大提升双方贸易与投资的规模与水平。

中国与海合会国家的工程承包和劳务合作也得到迅速发展。近年来，为促进经济结构多元化，海合会国家一大批交通、通讯、基础设施建设、经济特区等发展项目纷纷上马；而中国正在大力实施“走出去”战略，具有强大的承包能力和先进经验，使得双

① 孟芸：《中国—海湾合作委员会自由贸易区的经济效应分析》，中国海洋大学硕士学位论文，2010 年版，第 29 页。

边的工程投资不断攀升。劳务合作是双方经贸合作的又一大亮点，海合会国家普遍缺乏技术、管理人才和熟练的劳动力，而中国人力资源丰富，使双方在劳务合作领域存在着巨大的发展潜力。2011年中国对海合会国家承包工程完成营业额为86.8926亿美元。到目前为止，中国企业已经累计签订承包工程合同713亿美元，涵盖了房建、路桥、港口、电站和电信等多个领域。[①]

表7　中国对海合会国家承包工程完成营业额　（单位：万美元）

国家／年份	2007	2008	2009	2010	2011
沙特	127614	245371	359158	322705	435846
阿联酋	140293	210954	354167	297160	193825
阿曼	10722	16367	27113	45627	58892
巴林	1983	3478	6853	8873	1519
科威特	8720	11307	21018	40754	65926
卡塔尔	45784	41980	42364	104330	112918

资料来源：根据国家统计局数据整理。

第二节　中国与海合会的自由贸易区谈判

海合会成立后不久，中国就与其建立了联系。从1990年开始，中国外长每年都利用出席联合国大会的机会，与海合会六国外交大臣及海合会秘书长举行会晤。

1996年，中国与海合会建立了经济、政治磋商机制。2004年

① 张亮、杨静：“中国和海合会国家推进务实合作谋求双赢”，新华网，2013年9月16日，http://news.xinhuanet.com/fortune/2013－09/16/c_117387538.htm。

7月，海合会秘书长和六国财长联合访华，中国与海合会签订了“经济、贸易、投资和技术合作框架协议”，并宣布启动建立自由贸易区的谈判。2004—2006年间中国与海合会共进行了四轮谈判，随后因种种原因一度中断。2009年6月，双方在沙特重启自由贸易区谈判，迄今为止，已在货物贸易谈判大多数领域达成了共识，并启动了服务贸易谈判。双方经贸合作取得了很大的进展，2013年，中海双方贸易额达到1770亿美元，中国企业在海合会国家新签承包劳务合同额达100亿美元，对海合会国家直接投资流量达8.5亿美元，实际利用海合会国家对华投资1.2亿美元。2013年，中国向海合会直接投资总额达到40亿美元，海合会方面对华实际投资累计达27亿美元。海合会已成为中国最大的原油进口来源地，中国也成为海合会国家最大的贸易伙伴之一。双方在金融、航空、新能源、旅游等领域的合作同样呈现快速发展的势头，显示了巨大的潜力。

表8 中国与海合会自由贸易区谈判进程（2005—2009年）

时间	谈判进程	谈判内容
2005年4月23—24日	首轮谈判	双方确定了自贸区谈判工作机制和大纲，并就货物贸易的关税减让等问题进行了磋商。中国—海合会自贸区谈判涵盖货物贸易、服务贸易和经济技术合作等领域。①
2005年6月20—21日	第二轮谈判	签订了“经济贸易协定”、“投资保护协定”，并成立了双边经贸混委会；还与除沙特以外的五国签订了“避免双重征税协定”。

① 中国驻沙特使馆：“中国与海湾合作委员会进行首轮自贸区谈判”，2005年4月25日，http：//wcm.fmprc.gov.cn/pub/chn/pds/wjdt/zwbd/t438846.htm。

续表

时间	谈判进程	谈判内容
2006年1月17—18日	第三轮谈判	谈判主要集中在市场准入和原产地规则等方面，并就海关核查程序、贸易技术壁垒（TBT）、卫生和植物卫生措施（SPS）、贸易救济、与货物贸易有关的法律问题、自贸协定文本等问题交换了意见，取得了积极进展。[①]
2009年6月22—24日	第四轮谈判	双方就货物贸易主要关切和服务贸易初步出价进行了深入磋商，并就原产地规则、技术性贸易壁垒、卫生和植物卫生措施、经济技术合作等议题广泛交换了意见，谈判取得了积极进展。[②]

2010年6月4日，中国—海合会战略对话首届部长级会议在北京举行，双方强调愿意继续加强在各领域的合作，双方签署了《中华人民共和国和海湾阿拉伯国家合作委员会成员国关于战略对话的谅解备忘录》。[③] 2011年5月2日，第二届中国与海合会战略对话在阿布扎比举行。双方认为应尽快召开专家会议，为落实上述框架协议和谅解备忘录，就贸易、投资、能源、文化、教育、科研、环境、卫生等领域的有关内容制订行动计划，确定具体时间表。双方同意继续加强磋商，尽早完成自由贸易区谈判。[④]

---

① 商务部新闻办公室："中国—海合会自贸区第三轮谈判结束"，中国商务部网站，2006年1月19日，http：//www.mofcom.gov.cn/aarticle/ae/ai/200601/20060101395515.html。

② 李震："中国与海合会重启自贸区谈判"，新华网，2009年6月24日，http：//news.xinhuanet.com/world/2009－06/24/content_11595246.htm。

③ 王慧慧："中国与海合会举行首轮战略对话"，《人民日报》，2010年6月5日，第3版。

④ 安江："中国与海合会举行第二轮战略对话"，新华网，2011年5月3日，http：//news.xinhuanet.com/2011－05/03/c_121370255.htm。

2014年1月17日，中国—海湾合作委员会（海合会）第三轮战略对话在北京举行，中国外交部部长王毅和海合会现任轮值主席国科威特第一副首相兼外交大臣萨巴赫共同主持。海合会秘书长扎耶尼、下任轮值主席国卡塔尔外交大臣助理鲁梅黑以及其他海合会成员国外交部负责人或外长代表参加。[①] 双方就中国和海合会的关系以及如何在各领域深化和发展这一关系进行了探讨，双方还讨论了共同关心的国际和地区问题。双方对中国和海合会第二轮战略对话以来双方关系取得的进展表示满意；回顾了双方各领域合作取得的丰硕成果。双方一致同意致力于建立中国和海合会战略伙伴关系；认为加强双方对话与互信，提升双边合作水平，符合双方的共同利益；愿意在对话的机制框架下继续努力深化双方友好合作关系。双方一致通过并签署了《中华人民共和国和海湾阿拉伯国家合作委员会成员国战略对话2014年至2017年行动计划》，确定了双方在政治、经贸、能源、环境保护和气候变化、文化、教育、卫生、体育等领域的合作目标。双方强调加快中国和海合会自由贸易区谈判进程，认为中国和海合会国家经济互补性强，建立自由贸易区符合双方的共同利益。双方一致认为，中东海湾地区战略地位重要，维护该地区的和平稳定符合地区国家和国际社会的共同利益。双方商定于2015年在卡塔尔召开中国和海合会第四轮战略对话。[②]

---

① “中国—海湾合作委员会第三轮战略对话在北京举行”，中国外交部网站，http：//www.fmprc.gov.cn/mfa_chn/zyxw_602251/t1120026.shtml。

② “中国和海合会第三轮战略对话新闻公报（全文）”，中国新闻网，http：//www.chinanews.com/gn/2014/01－17/5751728.shtml。

第三节 "一带一路"战略背景下的中海能源合作

2013年，中国国家主席习近平提出建立"丝绸之路经济带"和"21世纪海上丝绸之路"的战略构想，为全面提升中海合作关系发展提供了新前景，创造了互利共赢的新机遇，堪称新时期提升双方合作的新引擎。"一带一路"战略也得到海湾国家的广泛关注和积极响应。

2014年1月习近平主席会见海湾合作委员会代表团时表示，中国和海合会建立关系以来，双方关系持续健康发展。双方是政治互信高、经贸合作实、人文交流密的好兄弟、好朋友、好伙伴。中方将一如既往同海合会发展长期友好关系。双方要加强规划和设计，突出合作重点，丰富合作内涵。中方愿同海方共同努力，推动丝绸之路经济带和21世纪海上丝绸之路建设。[①] 在此后接待沙特王储萨莱曼亲王和科威特首相访华时，共建"一带一路"都是双方探讨的重要话题，对方都做出了积极回应。在2014年6月初在北京举办的中阿合作论坛第六届部长级会议上，习近平主席提出中阿双方本着"共商、共建、共享"的原则，合作共建"一带一路"的重要倡议，并提出了"1＋2＋3"的中阿合作格局。"1"是以能源合作为主轴，深化油气领域全产业链合作，维护能源运输通道安全，构建互惠互利、安全可靠、长期友好的中阿能源战略合作关系。"2"是以基础设施建设、贸易和投资便利化为

① 李伟红："习近平会见海合会代表团"，《人民日报》，2014年1月18日，第1版。

两翼，加强中阿在重大发展项目、标志性民生项目上的合作，为促进双边贸易和投资建立相关制度性安排。“3”是以核能、航天卫星、新能源三大高新领域为突破口，努力提升中阿务实合作层次。在高新领域合作方面，习主席提出了“三个中心”的合作设想，即探讨设立中阿技术转移中心，共建阿拉伯和平利用核能培训中心，研究中国北斗卫星导航系统落地阿拉伯项目。①

显然，在习近平主席提出的各项合作中，海湾都处在重要的地位，双方有很大的合作潜力。合作共建“一带一路”，成为新形势下中国与海湾国家合作的主线，将带动双方经贸、能源、基础设施建设、高新科技等领域合作迈上新台阶。中方愿意将中国与海湾国家的未来发展对接起来，把中国的优势产能与阿拉伯国家的比较优势对接起来，在完善中国对外开放布局的同时，也给海湾国家带来更稳定的能源收益、更完善的基础设施条件、更先进的科学技术水平，实现共同发展、共同繁荣。中海共建“一带一路”将引领双方战略合作关系未来的发展，为双方关系不断提升增活力，添动力。②

中国和海合会国家尽管面临着不同的困境，但双方存在巨大的合作空间。海合会国家是全球最大的资本输出地，在全球有两万亿美元的资本输出，海湾六国是世界石油储量最丰富的地区，石油开采与加工仍然在海湾国家的经济活动中占绝对统治地位，超过半数的就业人口仍在石油生产部门。海湾六国是中东地区重要的工程承包市场，也是全球重要的劳务市场。中国加入 WTO 之后，努力适应国际经济交往中的游戏规则，争取“双赢”、“共

① 杜尚泽、焦翔：“习近平出席中阿合作论坛第六届部长级会议开幕式并发表重要讲话”，《人民日报》，2014 年 6 月 6 日，01 版。

② 吴思科：“‘一带一路’框架下的中国与海合会战略合作”，《阿拉伯世界研究》，2015 年第 2 期。

赢”、“多赢”已成为中国人参加对外经济活动的准绳，成为中国与海合会国家合作的坚实基础。

中海自贸区是我国正在谈判中的一个重要的自贸区，这一自贸区的谈判和建设对于我国今后的经济社会等发展有着重要意义：

第一，维护国家能源安全。随着经济的发展，中国对能源的需求量越来越大，中东地区已成为中国重要的能源来源地，与海合会经济合作的全面提升可有效保障中国在中东地区的政治经济利益，加重中国在该地区的话语权。中海自贸区的建立可与上海合作组织相配合，成为中国西进战略的地缘经济支轴。海合会国家不仅是中东地区最为活跃的政治经济力量，沙特、科威特和卡塔尔也是OPEC（石油输出国组织）的核心成员，与海合会政治经济关系的紧密将有助于提升中国在国际能源体系中的影响力，有利于维护中国的能源安全。

第二，建立经贸合作大平台。中国与海合会经济互补性强，发展贸易符合各方的利益，建设中海自贸区有利于促进投资便利化，推动双向投资增长、带动中国企业“走出去”。海合会国家石油美元雄厚，中国也拥有巨额的外汇储备，在双向投资领域，双方均具有较大潜力。海合会地区是全球最大的工程承包和劳务市场之一，也是中国的传统市场。中国—海合会自贸区将为中国企业在海合会开展工程承包和劳务合作创造更多的机会。[①]

第三，有利于中国占据主动。签署中海自贸区协议，可有效规避贸易转移产生的负面效应，以防在区域化竞争中被边缘化。自贸区的制度性安排有助于中国企业提高参与海合会市场竞争的能力，推动政治对话和人员交流，使中国在中东地区发挥积极影响，

① 佘莉、杨立强：“中国—海合会FTA对双边贸易影响的GTAP模拟分析”，《亚太经济》，2012年第6期。

为未来双边关系的进一步发展作好铺垫。自贸区的制度性安排不仅有利于中国扩大对海合会国家出口，还可以进一步将其作为开拓大中东市场的前沿基地。

中国和海湾合作委员会互为重要的政治、经贸、能源合作伙伴。双方应该建立紧密、全方位的友好合作关系，这符合彼此的共同利益。[①] 近年来，中国—海合会关系不断发展，并取得丰富成果。双方要积极行动，进一步密切双方的对话机制，尽早重启中海自由贸易区谈判，尽快达成双赢协定。具体来讲，中国要做好以下几方面：

1. 在经贸领域深化相互依存。中国和海合会国家之间的经贸有很大的互补性，双方的经贸联系也越来越紧密。中国现已成为世界第二大经济体，拥有广阔的国内市场，拥有巨额的外汇储备。海合会及其成员国不仅拥有丰富的油气资源，而且还持有大量石油美元，基础设施建设方兴未艾，建筑等工程技术和劳工的需求旺盛，中国—海合会之间的合作空间极大。中国和海合会应着力构建一种相互依赖的经济关系，积极拓展海合会市场，大力发展对海合会的服务贸易，鼓励中国的企业到海合会国家去投资，加大在生活用品、建材、制造、餐饮等领域的投资；同时出台政策吸引海合会国家投资中国的石化产业，形成相互依存的格局。

2. 谈判需重点突破。中国与海合会就建立自贸区的谈判，进展缓慢，可以考虑与几个关键的核心国家（沙特、阿联酋）单独谈，争取早日“破局”，取得实质性进展。

3. 处理好与美国的关系。中美在能源问题上既有竞争，又有合作，面对美国能源战略的调整，中国应该保持冷静的态度和清

① 吴乐珺：“习近平同巴林国王哈马德会谈 愿共同推动重启中海自贸区谈判 李克强会见哈马德”，《人民日报海外版》，2013 年 9 月 17 日，第 1 版。

醒的头脑，把握机会，应对挑战。中国要采取高超的政治智慧来处理中美能源关系，扩大共同利益、管控分歧、实现良性互动，构建中美在中东的新型大国关系。

4. 加强在中东的风险防范能力。随着中国企业“走出去”战略的不断推进，中国在中东的利益增加，恐怖分子有可能把石油工业和海上运输通道及石油设施作为攻击对象。索马里海盗等的盛行已对中国的海上石油运输线形成威胁，中国要加强对中东的风险防范能力，建立护航舰队和舰船补给基地。在联合国等国际组织框架内，派遣维和部队，维护中东地区的稳定，保护中国在中东的合法利益，借此也进一步提高中国在中东的行动力和影响力。

5. 扩大人文交流。中华文明和阿拉伯文明都是人类文明的瑰宝，中阿文化同属东方文化，在深层文化理念上具有共性。中国应采取主动，积极推动人文交流，大力开展公共外交，有针对性地做工作，加强在人文领域的沟通交流。中国应开发、利用文化间的共性，实现中阿之间的文化交往，通过在海合会国家开设孔子学院，互办“文化周”等形式，加强民间特别是青年交往。使阿拉伯国家更加了解中国，更加认可中国的发展模式，实现两大文明间的交往和共赢。

6. 密切多边合作。中国和海合会可在中阿合作论坛等多边合作框架下加强合作，共同推动中国—阿拉伯国家关系发展。双方应就重大全球性问题和地区热点问题保持沟通协调，共同维护地区和平稳定和发展中国家利益。①

① 吴乐珺：“习近平同巴林国王哈马德会谈 愿共同推动重启中海自贸区谈判 李克强会见哈马德”，《人民日报海外版》，2013 年 9 月 17 日，第 1 版。

第六章　美国中东能源战略与中美能源关系

中东地区蕴藏的石油资源品质最好，储量丰富、埋藏浅、开采成本低，加上中东地区在地缘政治上重要的地位，这便使中东石油问题成了涉及经济安全和国际政治的重大国际问题。中东的局势一有风吹草动，就会对国际石油市场产生巨大的影响，例如：产油国的武装冲突、出口量变动、世界其他能源进口大国中东石油政策的变更等，为降低石油市场变化可能对美国及其盟国的经济造成的不利影响，最直接有效的方法就是掌控中东石油市场的定价权。中东石油由此被美国政府纳入议事日程，其战略意义日益凸显，美国的历届政府非常重视对中东地区的政策，通过实施一系列战略，逐步影响和控制中东的石油。①

① ［美］爱·麦·伯恩斯著，曾炳钧译：《当代世界政治理论》，商务印书馆，1983年版，第475—479页。

第一节 美国对中东地区能源战略的演变

一、美国对中东能源战略的演变

20世纪初以来，美国的霸权经历了崛起到衰落，再到重新走强的过程。美国的中东能源战略也经历了一个一波三折的发展过程，具体来讲，随着美国在国际体系中位置的变化，美国对中东地区的能源战略也呈现出不同的特点。

20世纪初到50年代，美国在国际体系中由次强国上升为霸权国，其国际能源战略经历着重大的发展，美国通过"门户开放"政策支持其国际石油公司向中东扩张，一步步确立了对中东的主导地位。

在美国政府的支持下，美国石油公司不断向中东渗透。1928年7月31日，美、英、法、荷四国政府和石油公司签署了《红线协定》(The Red Line Agreement)，美国石油公司在开发奥斯曼帝国石油资源上取得了与英法荷三国同等的权利。1928年8月，美国埃克森石油公司、英国石油公司和壳牌石油公司（英国和荷兰合资）签署了《阿奇纳卡里"按现状"协定》（*The 'As-Is' Agreement of Achnacarry*），该协定的宗旨是结束石油市场的无序竞争、划分各石油公司的市场范围。[①] 为了更好地执行《红线协定》，美国石油公司又与国际石油公司签署了三个执行的附属协定：1930年1月20日签订的《欧洲市场备忘录》（*Memorandum for European Markets*）、1932年12月15日签订的《协定总部机构地设置》(*The Heads of Agreement of Distribution*）和1934年1月1

① 王波：《国石油政策研究》，世界知识出版社，2008年版，第30页。

日达成的《原则备忘录草案》(*The Draft Memorandum of Principle*)。《欧洲市场备忘录》划定了各石油公司在欧洲市场的份额。[①]《协定总部机构地设置》规定了执行《按现状协定》的两个机构:负责市场供应的总部设在纽约,负责市场销售的总部设在伦敦。[②]《原则备忘录草案》确定了市场额度的分配规则。[③] 上述一系列协定规定了国际石油公司的开采领地、市场份额、石油价格以及对进入中东未开发油田准入等。

美国石油公司通过《红线协定》和《阿奇纳卡里"按现状"协定》进入了英国石油公司的势力范围,染指中东的石油资源,通过三个执行的附属协定将触角进一步向海湾地区扩展。

第二次世界大战使国际能源地缘政治格局发生了巨大的变化,美国在二战中大发战争财,成为世界霸主。战后美国主导着世界政治、经济、文化和军事秩序,通过建立了一系列国际机制,形成了美国治下的世界。随着美国实力的增强,美国政府支持的石油公司就开始突破原有市场份额、进入中东未开发油田,并于1948废除英国所主导的《红线协定》。1953年美国中央情报局参与推翻伊朗摩萨德政权,成立了以美国石油公司为主体的伊朗国际石油财团,1954年,伊朗国际石油财团重新划分了伊朗石油开采市场份额。就这样,美国石油公司确立了在中东的主导地位。[④]

20世纪60年代到80年代,当时的国际体系处于两极格局,在这一时期,苏联发起咄咄逼人的攻势,美国深陷越南战争,世

---

① Edward W. Chester, *United States Oil Policy and Diplomacy: A Twentieth Century Overview*, Westport, Conn: Greenwood Press, 1983, p. 15.

② Daniel Yergin, *The Prize: The Epic Quest for Oil, Money, and Power*, New York: Simon and Schuster, 1991, p. 256.

③ Svante Karlsson, *Oil and World Order: American Foreign Oil Policy*, Warwick: Berg Publishers, 1986, p. 35.

④ 王波:《美国石油政策研究》,世界知识出版社,2008年版,第33、34页。

界霸权有所削弱，石油输出国组织 OPEC 通过提价、禁运、参股、国有化……一步步夺回石油市场的主导权，运用石油武器在国际舞台上大显身手。美国石油公司对石油体系的控制逐渐减弱，美国主导的国际石油体系出现危机。1973 年 10 月第四次中东战争爆发，以美国为首的西方国家支持以色列，石油输出国组织运用石油武器，成功地夺取了世界石油市场中的主导权，并引发 1973—1974 年的第一次石油危机。石油价格从 1973 年 4 月的 3 美元/桶升至 1974 年的 12 美元/桶，飚升了 3 倍，对美国和西方国家的经济造成严重的冲击。几年后，由于伊朗伊斯兰革命的爆发和两伊战争的影响，又发生了 1979—1980 年的第二次石油危机，1979 年 4 月，石油价格达到 14.5 美元/桶，随后两伊战争爆发，油价高达 32 美元/桶，甚至一度突破 40 美元/桶。[①] 对美国和西方国家的经济再次造成巨大的冲击，美国等西方国家经济出现"滞胀"局面。

美国开始高度重视石油安全问题，着手营造比较系统的国际能源战略。这一时期，美国在中东实行"双柱"政策，建立石油—美元机制、打击 OPEC、推行"卡特主义"等战略举措，实现了对美国国际能源地缘战略的重构，为进一步发展打下了基础。这一时期，美国对中东的能源战略主要有：

1. "双柱"政策。尼克松在 1973 年针对波斯湾地区指出："波斯湾最大国家中的两个，伊朗和沙特阿拉伯，已经承担了更大的责任，以协助加强这一地区的稳定，并确保波斯湾的命运将由波斯湾国家自己决定，不受外来的干预。"[②] 负责近东和南亚事务的美国助理国务卿约瑟夫·西斯科从 1974 年到 1975 年详细阐述了美

---

① 朱小莉：《国际战略视野中的中东》，世界知识出版社，2010 年版，第 72 页。

② [美] 理查德·尼克松：《尼克松 1973 年对外政策报告》，上海人民出版社，1973 年版，第 244—245 页。

国推行“双柱”政策想要达到的目标，具体有四项：（1）支持本地区区域性的集体安全努力，为不受外来干涉提供稳定的条件和促进按部就班的发展；（2）和平解决本地区内国家间的领土和其他争端；（3）继续以合理的价格和足够的供应量，满足美国在欧洲和亚洲的朋友和盟国对海湾石油日益增长的需要；（4）促进美国的商业和金融利益。实际上，美国想达到的目标主要有两个方面：一方面，扶植伊朗和沙特充当保护美国及其西方盟友在波斯湾利益的代理人，特别是保证石油源源不断地供应；另一方面，使美国不直接卷入就能将苏联干涉的危险降低到最小程度。①

美国向伊朗和沙特提供巨大数量的武器，并希望它们提供地区安全保障。伊朗将成为军事支柱，起警察作用；沙特主要成为经济支柱，通过运用其庞大的经济诱导力量，起到稳定器作用。② 从1972—1976年间，美国对伊朗的武器销售总额达104亿美元。③ 1973—1980年间，美国向沙特出售武器的金额共计340亿美元（包括一部分预付款）。

美国政府通过扶植伊朗和沙特阿拉伯，维护了海湾现存政治格局；保证了美国对海湾地区的间接控制权和源源不断的石油供应；遏制了苏联的南下战略。“双柱”政策与美国支持以色列的政策结合在一起，遏制了伊拉克和利比亚等亲苏势力策划在海湾产油国中推翻君主政体的政治行动，从而保证了美国在波斯湾的主要石

---

① Hossein Amirsadeghi, ed, The Security of the Persian Gulf, New York: St Martin's Press, 1981, p. 74.

② Robert G. Darius, John W. Amos, Ralph H. Magnus, Gulf Security into the 1980s: Perceptual and Strategic Dimensions, Hoover Institution Press, Stanford University, 1984, p. 99.

③ ［美］拉马扎尼著，赵祥龄、段稚荃译：《波斯湾和霍尔木兹海峡：国际战略通道》，世界知识出版社，1982年版，第30页。

油来源的稳定。[①]

2. 石油—美元机制。1971 年尼克松总统宣布停止美元兑换黄金，时任美国财长和尼克松总统特使的威廉·西蒙（William E. Simon）数次飞往阿拉伯地区，于 1974 年与沙特货币当局达成了一个秘密协议。该协议规定沙特中央银行可购买在竞拍机制之外的美国政府债券（美国保证这些资金的安全），但沙特必须确保以美元作为石油的计价货币。[②] 沙特同意将美元作为石油出口的唯一计价货币。该协议在西蒙的继任者迈克尔·布鲁门撒尔（W. Michael Blumenthal）任职期间，又把该协议扩展到 OPEC 其他成员国，任何想进行石油交易的国家就得拥有一定量的美元储备。[③]

这些协议使得美元在国际石油交易计价货币中处于垄断地位，沙特等国的石油收入又以资本的方式重新回流到了美国，为美国巨额的贸易逆差融资。布雷顿森林体系崩溃以后，美国正是通过美元垄断石油等大宗商品的交易媒介地位来维系和巩固美元的霸权地位。[④]

石油美元的环流在美国通过大量经常项目逆差的方式维持美元输出的同时，保证了美国的资本项目顺差，从而也就弥补了贸易和财政上的赤字。这对支撑美国经济增长起到了至关重要的作用。[⑤] 这样，石油美元使美国在依赖中东石油的同时，中东产油国

---

① 张新利、翟晓敏："20 世纪 70 年代美国对波斯湾的"双柱"政策"，《世界历史》，2001 年第 4 期。

② David E. Spiro，The Hidden Hand of American Hegemony：Petrodollar Recycling and International Markets，Ithaca：Cornell University Press，1999. p. Ⅹ.

③ Krassimir Petrov，The Proposal Iranian Oil Bourse，http：//www. energybulletin. net/12125. html.

④ 管清友、张明："国际石油交易的计价货币为什么是美元"，《国际经济评论》，2006 年 7—8 月刊。

⑤ 张宇燕、李增刚：《国际经济政治学》，上海人民出版社，2008 年版，第 360、361 页。

也在不断加深对美国经济发展的依赖，美国通过石油美元机制，把石油美元引向美国，双方紧紧联系在一起。中东国家考虑到大量投入美国的石油美元，对石油武器的动用必须慎之又慎。

3. 打击欧佩克。首先，分化 OPEC。OPEC 自成立以来，在国际石油舞台上发挥着越来越重要的作用。OPEC 以集体的力量与跨国石油公司展开一系列的斗争，逐步夺取了国际石油市场的主导权，对美国的国际石油体系发出了挑战。从第一次石油危机开始，OPEC 国家通过不断地提高石油的价格、运用石油武器来实现其政治目标，对美国的国际石油体系造成了严重的冲击。美国一直以来对欧佩克执行对抗政策：（1）分化 OPEC。美国对 OPEC 成员国采用“胡萝卜和大棒”政策，对于沙特阿拉伯等友好国家采取软的一手，对伊拉克等强硬的国家采取硬的一手来分化瓦解 OPEC，使 OPEC 的政策有利于美国的石油安全利益。（2）通过组建国际能源机构、西方七国首脑会议等形式，利用集体的力量来削弱 OPEC 国家对国际石油市场的控制力。[①] 其次，加大对非 OPEC 国家的投资。为减少对 OPEC 国家的依赖，美国实行石油供应多元化政策，加大对非 OPEC 国家的投资。北美和拉丁美洲是美国的后院，是其传统势力范围。美国积极发展与加拿大、墨西哥和委内瑞拉等产油国的石油合作，以巩固其石油供应安全的基础。随着西非、中亚、俄罗斯等地区石油的进一步开发，美国也促使美国国际石油公司对这些地区加大投资的力度，来确保美国的石油供应安全。随着国际石油公司的投资增加，非 OPEC 国家的石油生产（如墨西哥和北海）的产量及输出量急剧上升，市场份额不断扩大，几乎与 OPEC 平分秋色。

4. 推行“卡特主义”。1980 年 1 月，美国政府提出了著名的

---

① 王波：《美国石油政策研究》，世界知识出版社，2008 年版，第 136—137 页。

"卡特主义"，卡特总统表示"外国力量想控制波斯湾地区的任何企图，将被视为对美国重大利益的攻击，对于这种攻击，（美国）将采取任何必要手段予以击退，其中包括使用军事力量。"[①] 此后，卡特主义成为美国谋求中东石油利益的重要外交政策工具。

在1977年8月的卡特总统"第18号指示"中提出了美国的战略框架，该框架的核心是成立"快速反应部队"（Rapid Deployment Force，RDF），使美国有能力在短时间内在中东和朝鲜半岛进行军事打击。[②] 1980年1月，卡特总统提出了"卡特主义"后，开始采取行动扩充军队。1980年3月正式成立"快速部署联合任务部队"（Rapid Deployment Joint Task Force），到1983年1月1日，美国设立了中央司令部来专门负责海湾地区的安全事务。该部队扩充到29万人，并不断地扩大规模，到20世纪80年代中期，已成为仅次于美国部署在欧洲的军队。

5．"卡特主义推论"。里根总统上台9个月后，就对"卡特主义"的任务进行了扩展，不仅包括应对外在力量对美国获得石油的威胁，还包括来自区域内的威胁，被称为"卡特主义推论"。他明确了威胁的性质和美国的承诺："如果（沙特）被任何人控制，美国得不到石油，我们决不会袖手旁观。"[③] 里根政府面对苏联咄咄逼人的扩张，实行推回去政策，在对于石油地缘政治极为重要的地区实行"苏联在哪里干涉，就在哪里同他对抗"的政策。[④]

---

① Edward W. ehester，*United Stated Oil Policy and Diplomacy：A Twentith-Century Overview*，（M）London：Greenwood Press，1983，p. 29.

② Hans Jacob Bull-Berg，*American International Oil Policy：Causal Factors and Effect*，London：France Pinter，p. 112.

③ Keith Crane，Andreas Goldthau，*Imported Oil and U. S. National Security*，Rand，2009，p. 61.

④ 资中筠：《战后美国外交史》，世界知识出版社，1994年版，第853页。

二、冷战结束后美国的中东能源战略

苏联解体，冷战结束后，中东石油在美国的国际能源战略中的重要性并没有减弱。1989 年 10 月 2 日，布什总统发布《国家安全指示 NSD－26》（*National Security Directive NSD－26*）指出："获得海湾的石油和中东主要友好产油国的安全对美国的国家安全利益攸关。美国保证捍卫在这一区域的重大利益，如果有必要美国将使用武力来反对苏联和区域内其他不友好国家。"[①]

1990 年 8 月 2 日，伊拉克入侵科威特，威胁到沙特阿拉伯时，布什总统命令五角大楼制订计划来保护沙特的油田，3 天以后，授权副总统切尼开始派遣部队到海湾地区。1990 年 8 月 8 日，布什总统在演讲中说："美国所消费石油的几乎一半是依靠进口的，如果沙特阿拉伯在敌对国的控制之下，那么对美国经济的独立性来说是一种威胁。"[②] 1991 年 1 月 17 日，美国在集体安全的口号下，发动了"沙漠风暴"行动。通过海湾战争，美国把军事力量推进海湾，获得该地区的主导权。出于当时的地缘政治格局考虑，布什政府不愿看到伊朗在海湾地区坐大，而过分削弱伊拉克；留下好斗的萨达姆，这样阿拉伯产油国才会在安全问题上有求于美国，使美国的军事力量合理地驻扎在海湾地区，从而控制石油资源。从这个意义上说萨达姆实际上是美国打入中东的楔子。[③]

克林顿上台后的能源战略更具进攻性，控制石油成为其全球战略的主要目标之一。当时美国 40%以上的基本能源要求依靠石油，

---

① Keith Crane, Andreas Goldthau, Imported Oil and U. S. National Security, Rand, 2009, p. 61.

② Keith Crane, Andreas Goldthau, Imported Oil and U. S. National Security, Rand, 2009, p. 61.

③ 王逸舟：《当代国际政治析论》，上海人民出版社，1995 年版，第 213 页。

美国的石油需求大约45%需要进口，其中大部分来自波斯湾地区。克林顿认为获得石油是美国的关键性利益，尤其是来自中东的石油，他说："我们在中东最重要的利益，就是维持中东的石油以稳定的价格流向国际石油市场"。[①] 在1994年7月美国政府发表的国家安全报告《国家参与和扩展安全战略》中所说的"美国仍然对无限制地获得这种重要资源有较大的兴趣。"[②] 美国在中东有持久的利益，确保以色列和阿拉伯友好国家的安全，特别是保持那里的石油以合理的价格输出。1995年《美国中东安全战略》（United States Security for the Middle East）中写道，"美国尤其关注霍尔木兹海峡的畅通与否，因为这直接关系到能否从国际石油市场获得石油"。[③]

海湾战争以后，美国一方面在波斯湾地区继续保持强大的军事存在，对伊朗和伊拉克实行遏制，减少出现另一个地区性政权威胁现有体系的机会。另一方面积极推动中东和平进程，从政治上消除石油危机的根源。为解决阿以争端，美国参与了新一轮中东和谈，克林顿促成了巴勒斯坦和以色列和平协议的签署。

进入21世纪，世界格局形成一超多强的态势，这一时期的国际能源体系在供给板块方面，美国通过"胡萝卜加大棒"政策来分化瓦解OPEC阵营，极力拉拢沙特阿拉伯，打压伊拉克和伊朗。美国通过伊拉克战争推翻了萨达姆政权，驻军海湾，扶植亲美政府。美国通过阿富汗战争，逐鹿中亚。

"9·11"事件以后，小布什政府在此背景下对原有的中东政策进行了大幅度调整，试图重新构筑美国主导下的中东新秩序。

---

① Keith Crane, Andreas Goldthau, *Imported Oil and U. S. National Security*, Rand, 2009, p. 61.

② 梅孜：《美国国家安全战略报告汇编》，时事出版社，1996年版，第274页。

③ Department of Defense, United States Security for the Middle East, 1995, p. 6.

2004年2月，小布什政府正式公布“大中东民主计划”，其核心是以武力在中东推行美国式民主，强迫中东国家（尤其是阿拉伯国家）按照美国价值观来重塑其政治体制，借此根除恐怖主义，确保美国的安全。通过“大中东计划”，小布什政府试图在中东营造出对美国友好的氛围。他认为，只有改造中东，把中东变为民主的地区，“才能从根源上铲除恐怖主义，使美国变得更安全”。[①]

实际上，给中东送去民主，根除恐怖主义只是美国政策的表层目标。从更深层面上看，美国此举是为了削弱甚至控制中东产油国。自从20世纪70年代石油危机以来，美国一直想削弱OPEC。美国认为OPEC“定期将石油价格……变化无常，增加消费者的负担，违背更加稳定的市场价格中给生产者和消费者应带来的利益”[②] 威胁到了本国和西方国家经济的发展。通过实施“大中东计划”，美国试图在中东扶植亲美国家，以控制中东石油流向。

三、美国中东能源战略的特点

20世纪70年代石油危机以来，美国对其石油政策进行了调整，总得来讲是相当成功的，美国对中东的石油政策以相互依赖理论为指导，变美国对中东单方面依赖为中东与美国相互依赖，中东产油国对石油武器的运用不得不变得慎之又慎，达到了美国预期的目的。此后美国借伊拉克入侵科威特，出兵海湾，通过加强对中东石油的控制来为其经济外交服务。美国实施对中东的石油战略，意在完全控制中东石油，除了满足本国石油需求外，更

---

① “布什大中东计划意在通过推行美价值观操纵中东”，人民网，http://www.sxere.eom/sxere/infopub/eontent/942.htm。

② 闫文虎：“美国中东“民主化”改造战略初探”，《西北第二民族学院学报》，2004年第3期。

多的是作为美国谋取世界霸权的工具，为美国整体的外交服务。[①]纵观一个多世纪来美国的中东能源战略的演变，我们可以发现美国中东能源战略有以下几个鲜明的特点。

1. 美国的中东能源战略与地缘战略密切结合。美国是世界最大的石油消费国，石油利益一直是美国地缘政治战略的核心，在当代世界石油资源争夺中，美国一直扮演着首要的角色。石油是战略物资，石油战略要地和运输线通常是大国角逐的区域，作为超级大国，美国通过在这些区域扩张势力，获得对石油的控制权，就可以遏制潜在的对手，在国际事务中争取主动。

中东地区的地缘位置和保证欧亚大陆的战略桥头堡的安全，防止有潜在能力威胁美国安全的欧亚主导大国的出现，一直是二战后美国的重大关切。布热津斯基指出，“对美国来说，最高的地缘政治大奖是欧亚大陆……美国的全球首要位置直接取决于美国在欧亚大陆占据优势地位的时间和有效性。”[②] 中东地区是美国石油战略的核心地区，是美国石油利益和地缘利益结合的最为紧密的地区。冷战时期，中东地区是美苏争夺的战略要地。为控制中东石油，美国先是实行同盟战略，在20世纪50年代成立了巴格达条约组织，打造一道由土耳其、伊朗、伊拉克和巴基斯坦组成的遏制苏联的屏障。然后在海湾推行“双柱政策”，扶植伊朗和沙特阿拉伯。80年代又推出“卡特主义”，准备采用武力手段保卫中东。冷战结束后，美国在海湾奉行高压政策，通过伊拉克战争，改变伊拉克政权，扶植亲美政府，对伊朗实施制裁和遏制。

---

① 董延陵：《美国在中东的石油战略评析》，青岛大学硕士学位论文，2007年，第26页。

② Zbigniew Brzezinsky, The Grand Chessboard: American Primacy and Its Geo-strategic Imperatives, New York: Basic Books, 1997, p. 30.

2. 美国的中东能源战略与谋求霸权密切结合。美国的中东能源战略的另一个特点是控制石油谋取霸权和以霸权谋取石油相互促进。美国通过控制石油不但确保自身需求得到满足，而且更有维护其世界霸权地位的意图。美国是世界头号政治、经济、军事强国，具有超强的实力，往往通过强权政治和军事手段来达到其能源战略目标。为了谋取世界霸权，美国的国际能源战略中带有很强的遏制对手、控制盟国的内容。[①]

美国控制中东石油谋取霸权主要表现在两个方面：（1）遏制对手。控制中东是美国霸权战略的重要组成部分，控制了世界主要石油的产地，就掌握了潜在竞争对手的经济“命脉”，可以阻止其向美国发起挑战。冷战时期，里根政府利用美国对中东产油国的影响力，操纵沙特阿拉伯增加石油产量，使国际石油价格不断走低，苏联出口石油的收入萎缩，经济实力被严重削弱，加速了苏联解体。（2）约束和控制盟国。冷战结束，苏联解体，美国传统的盟友不再需要美国的军事保护伞，离心倾向增加。美国认识到，西方盟国对海外石油的依赖，是其经济安全的一个薄弱环节。美国建立由其主导的石油秩序，控制中东石油，可以迫使盟国跟着自己走。

美国以霸权谋取石油的表现。（1）以实力为后盾和西方国家争夺势力范围。20 世纪初期，美国凭借自己的实力，实行“门户开放”政策，把自己的势力向英国等国的势力范围渗透。20 世纪 50 年代初，美国策划推翻摩萨台政权，从英国手中夺取了对伊朗石油的部分控制权。（2）通过发动战争、干涉内政、实施经济制裁等方式控制产油国和战略通道。美国发动海湾战争、阿富汗战争、伊拉克战争来实现自己的石油利益。

---

① 王春生：《美国石油安全战略研究》，博士学位论文，2004 年，第 4 页。

3. 美国的中东能源战略与军事行动密切结合。美国实施国际石油战略手段日趋综合化、多样化。在实施过程中美国奉行实力政策，为实现其石油利益，美国不惜运用军事手段。

冷战时期，美国不仅在中东及其周边地区建立军事基地，而且还建立遍布全球的军事基地网，增强了美国对世界咽喉石油运输通道的控制能力。冷战结束后，美国不仅在已有军事存在的石油战略要地扩大驻军规模，而且向新的石油战略要地渗透军事力量。特别是"9·11"事件后，美国不断扩大反恐战争的范围，利用军事手段推翻了伊拉克、利比亚等OPEC强硬派国家的政权，扶持亲美政权，以达到控制中东能源的目的。

美国在中东地区拥有数十个军事基地，重点是控制波斯湾地区。这些军事基地和军事存在的主要任务之一，是保障美国从这些地区的石油进口。军事基地主要由设在土耳其、沙特阿拉伯、巴林、阿曼、埃及和肯尼亚的基地和设施组成，控制着黑海、东地中海、红海和波斯湾的通道，既可支援东地中海和印度洋的海上作战，又可支援中东和非洲的陆上作战，战略地位十分重要，是欧洲的重要侧翼。

美国在中东的石油战略是其全球石油战略的一部分，最终目的是为了实现美国对中东石油的完全控制，从而为谋求世界石油霸权服务。在当今一超多强的多极化世界格局下，"世界石油经济全球化和贸易自由化趋势日益明显，世界石油市场已连为一体，市场机制和各种政治、外交力量交互作用，石油安全的概念不再是某个（些）大国或强国狭隘国家利益的绝对安全，而是包括主要产油国和消费国在内的集体安全。因此，即使某国控制了一个地区的石油资源，也无法将其与整个世界石油生产和贸易渠道纳入自己的操纵之下。即使通过战争达到暂时的控制，也无法实现根本和长期的控制。”[①] 针对在实施中东能源政策过程中遇到的各种不利因素，美国政府会继续调整其石油安全战略，以适应局势的发展，例如考虑到现实的威胁和力量的限度，近年来美国通过能源独立计划，大力发展新能源和可再生能源，提高能源的利用效率。美国在加强控制中东石油的同时，力图开辟更多的油源，实现能源来源多元化，加强了与拉美、北非和中亚产油国的联系。美国对其展开政治经济攻势，并在军事上全面渗透，抢夺石油开采和运输的制高点，这为美国开辟了新的石油进口来源，在一定程度上有利于美国石油安全。

第二节　美国在伊拉克的困局

一、战后伊拉克的政治生态

伊拉克的国土面积为 43.5052 万平方公里，人口约 3333.1 万，[②] 其中阿拉伯人约占全国总人口的 78%，库尔德人约占 15%—20%，其余为土耳其人、亚美尼亚人、亚述人、犹太人和伊朗人等。伊斯兰教为国教，全国 95%的人信奉伊斯兰教，其中什叶派穆斯林占全国总人数的 60%、逊尼派穆斯林占 33%。[③]

逊尼派和什叶派是伊斯兰教的两大派别，双方主要分歧由来已

---

① 舒先林：“美国独霸中东石油的制约因素”，《阿拉伯世界研究》，2006 年第 1 期。

② League of Arab State, *Arab Countries, Figures and Indicators, Fourth Edition*, 2013, p. 73.

③ CIA publications, Coalition Provisional Authority, Council on Foreign Relations, Stanley Foundation, BBC, and other news organizations. http: //www. pbs. org/wgbh/pages/frontline/shows/beyond/etc/map. html. （登录时间：2014 年 9 月 5 日）

久，主要集中在关于哈里发的合法性和对《古兰经》的解释上。伊拉克的什叶派过去长期遭排斥打击，在政治上处于无权地位。战后美国在伊强力推行"美式民主"，扶植伊什叶派借机上台执政，什叶派在伊政坛中占据了主导地位后，向逊尼派清算过去老帐，两派的新仇旧恨一并爆发。美军违反伊斯兰教规的行为，特别是虐囚和无辜屠杀伊无辜百姓事件频频曝光，又进一步激化了伊拉克局势持续动荡，教派冲突有增无减。民族、教派矛盾激化，各种血腥爆炸事件，特别是针对平民百姓和清真寺的爆炸事件频发，暴力活动恶性循环。教派冲突造成的直接后果是，社会动荡，家庭分裂，邻居反目为仇。宗教清洗、暴力杀人事件频发。[①]

从宗教地理分布来说，伊拉克南部是什叶派，主张泛伊斯兰主义；中部是逊尼派，坚持阿拉伯民族主义；北部是库尔德人，有强烈的独立倾向。萨达姆被推翻后，伊拉克基本呈什叶派、逊尼派和库尔德人三足鼎立之势。美国"大中东民主化"战略使伊拉克长期压抑的教派矛盾得以释放，教派矛盾成为伊拉克国家整合的结构性难题。[②]

总的来看，伊拉克地缘宗教格局呈现出以下特点：第一，什叶派迅速崛起，成为伊政坛中最主要的执政力量。由于萨达姆政权残酷镇压、迫害什叶派领导人，在萨达姆时期，什叶派领导人被迫流亡在国外。战后什叶派回国参政，成为伊议会和政府中的主导力量。什叶派希望加强中央政府的集权，强化伊斯兰教在国家政治和社会生活中的地位和作用，希望在伊南部地区实行区域自

① 杨洪林："浅析伊拉克战后的教派之争"，《阿拉伯世界研究》，2006 年第 5 期，第 29 页。

② 韩志斌："伊拉克教派冲突与美国的战略困境"，《亚非纵横》，2006 年第 3 期，第 32 页。

治，掌控国家的各种资源。[①] 但什叶派内部派系众多，相互牵制，且多年被排斥在权力中心之外，缺乏治国理政的经验和人才。第二，逊尼派丧失执政地位，但不甘心其政治作用被弱化。萨达姆被推翻后，逊尼派成了被打压的主要对象。为维护权益，多数逊尼派组织表示愿意参与伊政治进程，不甘心被边缘化。但逊尼派组织众多，派系林立，群龙无首，没有什叶派那样能号令全国的宗教权威机构，也缺乏像什叶派西斯塔尼那样有权威的宗教精神领袖，因此难以形成统一的立场。逊尼派中的激进势力坚持武装对抗，逊尼派聚居较集中的安巴尔和摩苏尔等省则成为恐怖暴力活动的高发区。[②] 第三，库尔德人政治影响不断扩大，崛起为伊政坛中第二大政治力量，库尔德自治区享有高度的自治权。[③] 库尔德人口约为360万—480万，占伊拉克总人口的15%—20%，[④] 大部分属逊尼派，与阿拉伯逊尼派和什叶派都有着良好关系，能在三派中发挥重要的平衡作用。库尔德人在对付恐怖暴力活动、恢复国家安全稳定方面与什叶派有共同利益，但不希望什叶派力量过于强大。库尔德人以北部自治区为依托，拥兵自重。他们近期的政治目标是支持在伊建立联邦制，巩固已享有的高度区域自治，进而扩大在全国政治、经济事务中的发言权，为谋求独立创造有利条件。[⑤]

萨达姆统治的瓦解，催化了伊拉克什叶派和逊尼派之间几个世

---

① 刘月琴："移交主权后的伊拉克"，《西亚非洲》，2004年第5期，第31页。

② 杨洪林："浅析伊拉克战后的教派之争"，《阿拉伯世界研究》，2006年第5期，第30页。

③ Wang Bo，The Political Perspective of the Iraqi Kurds after US Military Retreat，Journal of Middle Eastern and Islamic Studies（In Asia），2010，(2)，p. 1.

④ Iraqi Kurds，http：//www. pbs. org/wgbh/pages/frontline/shows/beyond/etc/pop_kurd. html.

⑤ 杨洪林："浅析伊拉克战后的教派之争"，《阿拉伯世界研究》，2006年第5期，第30页。

纪的矛盾，并使之进一步恶化，这一矛盾蔓延到中东地区。例如，真主党不单单让以色列感到头疼，同样对中东地区的逊尼派阿拉伯政权构成了巨大挑战。伊朗和真主党的结盟将结束几千年来逊尼派统治中东地区的局面。[①] 伊拉克什叶派上台后，国内发生的什叶派与逊尼派之间的恶斗、报复和仇杀弥漫于整个社会，加剧了社会的恐怖和混乱气氛，教派之争演变为中东问题的新焦点。而且，由于什叶派身份的认同感，美国等国家将伊拉克什叶派政治与伊朗力量的崛起必然地联系在了一起，教派之争的外溢效应波及整个中东地区。[②]

伊拉克国内两派的冲突实际上还是伊拉克教派矛盾导致政治认同缺失的客观反应。正由于伊拉克政治认同不统一，使得国家整合文化力量涣散，难以建立一个达成共识、代表全民的民主政府，其主要特点是常常在互相有主要利益和价值冲突的教派间结成软弱的联合政府，其客观后果是在民主的政治生态中，很难找到一个众望所归的民主精英。这种异质宗教文化和观念的历史资源导致美国在伊拉克政治重建步履维艰。[③]

以萨达姆为首的伊拉克复兴党政权被推翻后，中央集权体制终结，伊拉克建立起联邦制。2004 年 3 月，伊拉克临时管理委员会通过了《过渡时期国家行政法》，也就是战后伊拉克的临时宪法，该法规定伊拉克为联邦制，实行中央政府和地方政府分权制。[④]

---

① Vali Nasr, Old Blood Feud Drives the Mideast's New Power Play, *Los Angeles Times*, Aug 27, 2006.

② 刘月琴："伊拉克战后的政治及社会变化"，《亚非纵横》，2008 年第 5 期，第 48 页。

③ 韩志斌："伊拉克教派冲突与美国的战略困境"，《亚非纵横》，2006 年第 3 期。

④ 王龙琴："背景资料：伊拉克临时宪法"，新华网，2004 年 6 月 28 日，http://news.xinhuanet.com/world/2004－06/28/content_1551702.htm。（登录时间：2014 年 9 月 5 日）

2005年10月，伊拉克永久宪法获得全民公决通过，宪法规定，伊拉克是拥有完全主权的、独立的联邦制国家，政治制度是议会代表制；总统由国民议会选举产生，任期四年；总理是负责国家总体政策的执行，兼任武装力量总司令。地方政府拥有广泛的自治权力，宪法承认库尔德地区的现有权力。①

2005年12月，伊拉克举行了正式国民议会选举。为了保障各省在新议会中的最低席位，此次选举采用了省级比例代表制度。受到这一政策鼓励，包括逊尼派在内的伊拉克各派势力广泛参与了此次选举，据统计约700万选民参加了投票。最终选举结果是什叶派的伊拉克团结联盟获得了128个席位，库尔德政党联盟获得53个席位，逊尼派的伊斯兰共识阵线获得44个席位，逊尼派的全国对话阵线获得11个席位，什叶派的伊拉克民族团结阵线获得了25个席位。大选结束后，库尔德人塔拉巴尼继任总统，逊尼派马哈茂德·马什哈达尼任议长，什叶派人士马利基为政府总理。②

2010年3月，伊拉克举行了新一届国民议会选举。此次大选采用“开放名单”制度，选民可以投票支持“开放名单”中的任何一个候选人，这项制度参加了选举的代表性和透明度，民众参与大选的积极性被充分调动起来了，共有1900万选民参加此次大选，投票率为62.4%。③ 根据公布的大选结果，阿拉维领导“伊拉克名单”获得了91个席位，马利基领导的“法制国家联盟”得到89个席位，什叶派领袖哈基姆领导的“伊拉克国家联盟”获得70

① 中石油伊拉克公司编译：《伊拉克宪法》，中国驻伊拉克大使馆经济商务参赞处网站，http://iq.mofcom.gov.cn/article/ddfg/tzzhch/201301/20130100003665.shtml。（登录时间：2014年9月5日）

② Kenneth Katzman，Iraq：Elections，Government，and Constitution，CRS Report for Congress，Order Code RS21968，June 15，2006，pp.5—6.

③ “伊拉克公布大选投票率为62%”，2010年3月9日，http://news.xinhuanet.com/world/2010—03/09/content_13128584.htm。（登录时间：2014年9月5日）

个席位，塔拉巴尼领导的"库尔德斯坦联盟"获得43个席位，剩余32个席位被其他小党派瓜分。[①] 大选结束后，为了争夺组阁权力，各党派展开了激烈的斗争。"伊拉克名单"以91票的优势获得了优先组阁权，但是根据宪法要求新内阁即"伊拉克名单"必须与其他政党合作使其拥有的票数达到163张才能实现组阁。为了夺回组阁权，"法治国家联盟"和"伊拉克国家联盟"宣布联合，以共同拥有的159个席位向"伊拉克名单"发起挑战。"伊拉克名单"则联合一些较小的什叶派政党展开反击。由于参与竞争的各方对总理职位的人选分歧严重，导致新一届政府迟迟难以组建。直到2010年12月21日，伊拉克国民议会表决通过了马利基提交的新一届内阁名单，并批准马利基继续担任政府总理，结束了伊拉克长达9个月"无人看管"的局面。[②] 库尔德领袖塔拉巴尼继续任总统，什叶派领袖阿拉维掌控国家战略政策委员会，逊尼派领袖奴贾伊菲担任国民议会议长，政府29位部长职位被什叶派、逊尼派和库尔德人士分别瓜分。[③]

从中央集权制到联邦制，伊拉克政治权力分解为三元结构，联邦制包括什叶派、逊尼派、库尔德人三大部分组成，国家最高权力分化的三大派按照人口比例分享，这种结构性变化明显削弱了国家综合实力。由于各地方政府享有实权，减弱了中央政府的权威和整体操控、运作能力。如伊拉克宪法规定，地方政府拥有行使立法、行政和司法的权力；地区政府可以按照需要的方式实行

---

① 马学清："伊拉克战争后伊拉克政党政治的重建及发展"，《当代世界》，2014年第3期，第73页。

② "伊拉克结束九个月'无人看管'"，人民网，2010年12月23日，http://news.xinhuanet.com/world/2010－12/23/c_12908901.htm。（登录时间：2014年9月5日）

③ 马学清："伊拉克战争后伊拉克政党政治的重建及发展"，《当代世界》，2014年第3期，第74页。

管理，并有权建立地区“安全组织”，如警察部队、治安部队和卫队等。地区政府在不违反国家宪法的前提下，可以制定地区法律，确立行政权力机构以及行使这些权力的机制；宪法承认库尔德地区作为一个联邦地区现有的权力，享有地方立法权、行政权和司法权的各地方政府，可以抛开中央政府独立决定地区事务。库尔德地方政府事实上早已独立行事，什叶派在南方9省区域内积极谋取自治权。由此可见，联邦制从法律上削弱了中央政府的权限。①

联邦制没有给伊拉克带来稳定，一段时间下来，伊拉克国内局势混乱不堪。一方面，教派和民族之间原有的矛盾加剧，社会成员间的分裂也有所扩大；另一方面地方政府的权力得到加强。库尔德人在高度自治的前提下，更加独立于中央政府，从而削弱了中央政府的权威和实权。伊拉克战争后，联邦制的实施给予了民族分裂活动以合法性，助长了库尔德人的民族独立意识。在伊拉克实施联邦制，导致地方势力坐大，库尔德民族区域自治逐步演变为独立的政治实体。民族矛盾变得更加尖锐和复杂，实现民族和解之路越发艰难，联邦制下国家的凝聚力和聚合力更趋松散。②

逊尼派和什叶派以及库尔德人之间为重新分配权力而展开了新一轮的斗争，但是，从整体看，伊拉克政府掌握着实力逐渐增强的安全部队，基本掌控着国内的安全局势。围绕2014年4月大选，各方势力进行着明争暗斗。2013年4月，伊拉克举行了省级议会选举，共有12个省参加了此次选举，约8000多名候选人竞争12

---

① 刘月琴：“伊拉克战后的政治及社会变化”，《亚非纵横》，2008年第5期，第48页。

② 刘月琴：“伊拉克战后的政治及社会变化”，《亚非纵横》，2008年第5期，第47页。

个省级议会的378个席位。根据伊拉克独立高等选举委员会发布的结果，总理马利基领导的“法治国家联盟”获得12个省级议会共378个席位中的97个席位，排名第一，巩固了什叶派政党的地位，[①] 有助于该联盟在2014年大选中取得优势地位。战后形成的以民族和教派为基础的政党制度以及权力分配格局，造成了伊拉克社会的严重分裂。[②]

2014年4月的国民议会选举中马利基领导“法治国家联盟”赢得最多席位。伊拉克宪法规定，议会最大党团有权提名下届总理。然而，由包括“法治国家联盟”在内的多个什叶派党团组建而成的拥有超过半数议会席位的大党团“全国联盟”却提名阿巴迪出任新总理。新一届国民议会在7月15日和24日分别选举逊尼派议员朱布里和库尔德族议员马苏姆担任议长和总统。8月11日，马苏姆总统指任阿巴迪为总理。这一举动引发马利基的强烈不满和抗议，拒绝承认新总理人选阿巴迪，[③] 并将特种部队部署到包括绿区在内的巴格达各敏感区域。

美国总统奥巴马对新总理阿巴迪表示支持，并呼吁伊拉克领导人实现和平交接。[④] 沙特、伊朗等多个国家也表示支持阿巴迪为总理。这让马利基的处境更加孤立。经过激烈的斗争，马利基决定放弃寻求连任，并转而支持总统马苏姆日前指派的候任总理阿巴

---

① 梁有昶、张淑惠：“伊拉克安巴尔和尼尼微两省举行省级议会选举”，中国日报网，http：//www.chinadaily.com.cn/micro-reading/dzh/2013－06－20/content_9371326.html。（登录时间：2014年9月5日）

② 马学清：“伊拉克战争后伊拉克政党政治的重建及发展”，《当代世界》，2014年第3期，第74页。

③ 于杰飞：“总理将总统告上法庭”，《光明日报》，2014年8月13日，第8版。

④ President Obama’s Statement on Iraq，Stars and Stripes，August 11，2014. http：//www.stripes.com/news/president-obama-s-statement-on-iraq-august－11－2014－1.297802.（登录时间：2014年8月27日）

迪。2014 年 9 月 8 日，伊拉克国民议会会议任命候任总理阿巴迪正式出任总理，并通过了他提交的新一届内阁大部分名单，伊拉克新政府终于产生。[①]

伊拉克国内政治面临民族、教派自我意识不断增强，库尔德人要求民族独立、自治的声音增强，民族分离倾向增强的严峻局面，主要原因是国家政治体制改变成以民族、教派区域自治为基础的联邦制。[②]

二、IS 对伊拉克局势的影响及走向

随着什叶派在伊拉克乃至整个伊斯兰世界地位的上升，中东逊尼派激进势力开始抬头。教派冲突的影响已溢出伊拉克国境，它们以不同的面貌活跃在中东各地，其中包括“基地组织”、在伊拉克的逊尼派抵抗运动、阿富汗的塔利班残余势力，乃至巴勒斯坦的某些抵抗组织，等等。他们的势力也在加强。

2003 年伊拉克战争催生了 IS 的前身（“基地”组织伊拉克分支，AQI），多年来该组织制造上万起恐怖事件。2006 年 10 月，该组织宣布成立“伊拉克伊斯兰国”（IS）。2011 年年底美军撤出伊拉克后，伊安全局势开始不断恶化。2011 年“阿拉伯之春”爆发后，伊拉克西邻的叙利亚很快陷入危机，并从 2012 年始爆发内战，且愈演愈烈。进入 2013 年以来，伊拉克又爆发了一系列暴力恐怖事件，2013 年 4 月，“伊拉克伊斯兰国”与叙利亚反对派武装“胜利阵线”合并，成立“伊拉克和黎凡特伊斯兰国”（ISIS 或

---

① “伊拉克阿巴迪政府面临诸多压力”，新华网，2014 年 9 月 13 日，http://news.xinhuanet.com/world/2014－09/13/c_126981822.htm。

② 刘月琴：“伊拉克战后的政治及社会变化”，《亚非纵横》，2008 年第 5 期，第 48 页。

ISIL)，后改为“伊斯兰国”（IS)。[①] 该组织成立后积极介入叙内战，借以扩张势力，并得到了西方及海湾国家、土耳其等国的支持。外部资金和武器的援助、实战的锻炼、大量外部“圣战者”的加入，使得该武装日益成为叙反政府势力中实力最强的一支武装。[②]

2014 年 6 月以来，伊拉克安全局势持续恶化，伊斯兰极端组织 IS 连续攻占摩苏尔、提克里特、泰勒阿费尔市和加伊姆等多个逊尼派地区的重镇，并日益逼近首都巴格达。伊拉克已陷入自伊拉克战争结束以来最严峻的危局之中。[③]

随着 IS 的发展壮大，地区局势进一步恶化，恐怖主义更加扩散，把叙利亚与伊拉克战场连为一体。8 月 2 日至 3 日，IS 武装从库尔德武装手中夺取北部尼尼微省的辛贾尔镇、扎马尔镇、艾因扎莱油田。8 月 7 日，IS 武装占领伊拉克全国最大的基督徒聚居区尼尼微省的卡拉克什镇，致使当地数以万计的居民逃至库尔德自治区。[④]

2014 年 8 月 7 日，美国总统奥巴马宣布授权在伊拉克进行有针对性的空袭，以保护在伊美国人。[⑤⑥] 17 日，库尔德武装地面部

---

① MEMRI, IS Confirms That al-Nusra Is Its Extension in Syria, on April 8, 2013, http: //www. memrijttm. org/content/en/report. htm? report＝7119.（登录时间：2014 年 9 月 5 日）

② Donald Holbrook, Al-Qaeda’s Response to the Arab Spring, in Perspectives on Terrorism, Vol. 6, Issue 6, 2012, p. 6.

③ 唐志超：“伊拉克危局难觅出路”，《中国国防报》，2014 年 6 月 24 日，第 10 版。

④ 石中玉：“伊拉克局势时间轴”，新华网，http: //news. xinhuanet. com/world/2014－08/09/c _ 126850150. htm。（登录时间：2014 年 8 月 27 日）

⑤ Reid Wilson, READ IN: Friday, August 8, 2014: New Strikes in Iraq, Alexander wins by 9, Des Jarlais up by just 35 votes, Walsh quits, ‘Star Trek’ councilman running for Senate in N. C. *the Washington Post*, August 8.

⑥ “伊拉克阿巴迪政府面临诸多压力”，新华网，2014 年 9 月 13 日，http: //news. xinhuanet. com/world/2014－09/13/c _ 126981822. htm。

队在美国空袭支援下，夺回被IS占领的摩苏尔水坝，IS头目巴格达迪离开摩苏尔市逃到了叙利亚境内。伊拉克局势暂时得到缓解。9月10日晚，美国总统奥巴马在白宫宣布了打击“伊斯兰国”极端武装的战略，称将对伊拉克提供更多援助。9月14日，美国白宫正式宣布，美国与极端组织“伊斯兰国”处于“战争状态”。不过白宫再次强调，美国与“伊斯兰国”的战斗，同过去伊拉克战争的策略不同，美国不会派遣地面部队参战①。

美国总统奥巴马积极组建打击“伊斯兰国”的国际联盟，已有54个国家加入，它们有的直接参与空袭，有的提供武器装备，有的负责后勤。在该联盟的压力下，“伊斯兰国”的策略也在发生变化。9月19日，联合国安理会就伊拉克问题举行了会议，美国国务卿克里主持。克里在会上表示，消灭“伊斯兰国”不仅仅是消灭其军事力量，而是“要拿掉一整个恐怖组织网络”，所以需要“历史性的全球行动”来应对。克里强调称，“世界上每一个国家都可以发挥作用，包括伊朗”。② 9月22日，美国与多个伙伴国家当天对叙利亚境内的“伊斯兰国”极端组织目标发动空袭。③ 23日，美国和沙特阿拉伯、巴林等几个阿拉伯国家在叙利亚空袭了叙境内的极端组织“伊斯兰国”目标。④ 24日，奥巴马主持安理会高级会议，继续讨论如何打击“伊斯兰国”。据外媒报道，此次会

---

① “美国宣布与‘伊斯兰国’处于‘战争状态’”，中国新闻网，2014年9月14日，http：//www.chinanews.com/gj/2014/09－14/6588608.shtml。

② 毕振山：“54国联盟打击‘伊斯兰国’”，《工人日报》，2014年9月22日，第7版。

③ 刁海洋：“美国等多国首次对叙境内‘伊斯兰国’目标发动空袭”，中国新闻网，2014年9月23日，http：//www.chinanews.com/gj/2014/09－23/6619995.shtml。

④ “美国沙特等国空袭IS沙特王子亲自驾机上阵”，人民网，2014年9月24日，http：//world.people.com.cn/n/2014/0924/c1002－25728624.html。

议将表决美国拟定的一份决议草案。该草案要求把加入"伊斯兰国"从事恐怖活动、为恐怖组织提供资金、协助他人参与恐怖组织等行为列为犯罪行为，各国因此将有权严惩其参与恐怖组织的国民。[①]

11月8日，美国总统奥巴马授权美军向伊拉克增派不超过1500人的部队，作为打击"伊斯兰国"激进分子行动的一部分。奥巴马总统还请求国会拨款50多亿美元，为这一行动提供资金。[②] 12月14日，美国参议院批准了这一50亿美元的国防预算，其中包括专门用来打击"伊斯兰国"武装的34亿美元专项用款，以及训练伊拉克库尔德武装的16亿美元费用。[③]

2015年5月15日，极端组织武装攻占伊拉克西部安巴尔省会拉马迪市大部分市区，随后占领拉马迪市内政府大楼。18日继续向东部的首都巴格达挺进。伊拉克军队火速增兵，加强防线，试图阻止IS的进攻。拉马迪位于巴格达西部，相距仅有110公里。该市的陷落，成为志在击败IS的伊拉克与美国两军的重大挫败。[④]

在伊拉克失去具有重要战略意义的伊拉克西部安巴尔省首府拉马迪后，奥巴马政府长久以来拒绝出兵海外作战、只重视训练当地安全部队的政策受到国内共和党人的极大质疑。奥巴马政府近期追加派遣了450名美军人员前往伊拉克训练当地安全部队，使得在伊拉克的美军人数上升至3550人。但是，美国政府强调，所有

---

① 毕振山："54国联盟打击'伊斯兰国'"，《工人日报》，2014年9月22日，第7版。

② "奥巴马授权美军向伊拉克增派1500人拨款50多亿美元"，人民网，2014年11月8日，http：//world. people. com. cn/n/2014/1108/c1002－25994414. html。

③ "美参院批准50亿预算 以打击IS及训练伊拉克武装"，中国新闻网，2014年12月14日，http：//www. chinanews. com/gj/2014/12－14/6874553. shtml。

④ "IS占拉马迪逼近巴格达 美军及伊军全力阻击"，中国新闻网，2015年5月19日，http：//www. chinanews. com/gj/2015/05－19/7286178. shtml。

美军人员只参与训练和指导，并不参与地面战役。[①]

三、战后美国对伊拉克的政策

从2003年3月美国发动伊拉克战争推翻萨达姆政权到现在，经历了小布什和奥巴马两届政府。在此期间，美国的有关战略也发生了变化与调整。

小布什政府对伊拉克政策可以概括为重建主体上的垄断性、重建理念上的意识形态化和重建手段上的单一性。[②] 小布什政府绕开联合国安理会，组建“志愿者联盟”，单方面发动伊拉克战争，使美国在伊拉克战后重建问题上处于垄断的地位。美国在伊拉克战后重建主体中的垄断地位虽然便于它更好地贯彻其战略意志，维护相关利益，但同时也导致了它在此问题上陷入了孤立的处境。美国在伊拉克战后重建主体上居于垄断地位的深层次原因在于小布什政府深受新保守主义思想影响的外交理念。在“9·11”事件以后，利用“反恐”确立新的道义平台，变相推进美国的民主与价值观是新保守主义固有的外交政策主张之一，其最终目的是在于维护美国的全球霸主地位。[③]

美国安全委员会于2005年出台《伊拉克制胜战略》，明确指出伊拉克是全球“反恐”战争的中心前线，在伊的失败将导致中东地区的改革者们再也无法信任美国对民主与人权的承诺与保障，

---

① “奥巴马称没有派兵参与直接打击IS的计划”，人民网，2015年7月7日，http：//world.people.com.cn/n/2015/0707/c1002－27264431.html。

② 韩凝：《美国的伊拉克战后国家重建战略与政策研究》，中央党校国际政治专业博士学位论文，2013年，第26页。

③ 傅梦孜：《保守主义思潮涌动下的美国霸权外交》，载沈丁立、任晓主编：《保守主义理念与美国的外交政策》，上海三联书店，2003年版，第211页。

将错失一次历史性的机遇。[①] 小布什政府将伊拉克战后建立民主化的政治体制摆在了优先位置，试图以此为中东其他国家树立一个民主样板工程。小布什政府的伊拉克政策在手段上单一，缺乏综合性的规划与考虑，过于依赖军事力量。美国在战前进行战略谋划时，仅认为以军事打击和有限的改革就能够推翻萨达姆政权和完成伊拉克战后的国家重建。美国政府把伊拉克的战后国家重建事务也交给了国防部来负责和处理。2006 年以来伊拉克国内的安全形势急剧恶化以后，小布什总统采取的伊拉克政策仍是强调军事力量为主的硬权力，决定向伊境内增派两万美军。小布什政府期间这种强调军事力量作用的政策在打击伊拉克境内的恐怖主义、平定武装叛乱和维护其国内的和平与稳定方面还是发挥了积极的作用，伊拉克国内的安全形势也日趋好转。[②] 随着伊拉克国内局势的日趋稳定，小布什也开始着手实施在伊拉克的“退出”战略，于 2008 年年底通过谈判与伊拉克政府签署了《战略框架协议》和《安全协议》，为奥巴马政府的伊拉克战略调整奠定了基础。奥巴马当选美国总统以后，在这两个协议的基础之上开始了美国伊拉克战略的新一轮调整。

奥巴马就任新一届美国总统后，将战略重心调整至亚太。他将“反恐战争”改为“反恐行动”，有意降低其在美国外交战略中的重要性，同时坚定地执行从伊拉克撤出美军的计划。2009 年 2 月，奥巴马发表了《负责任地结束伊拉克战争》的讲话，他将美国伊拉克政策的目标定义为致力于帮助建设一个主权、稳定和自立的伊拉克国家。他将此政策的实施分为三个阶段：第一，负责任地

① National Security Council, National Strategy for Victory in Iraq, Washington D. C: November 2005, p. 1.

② 韩凝：《美国的伊拉克战后国家重建战略与政策研究》，中央党校国际政治专业博士学位论文，2013 年，第 26 页。

从伊拉克撤出战斗部队，在2010年8月结束美军在伊的作战任务，在2011年12月底前从伊完全撤军；第二，持续外交努力，帮助建设一个更加和平与繁荣的伊拉克；第三，保持在伊拉克的军事计划和外交行动长期存在。[①] 表明美国在中东地区开始了实质性的战略收缩。2010年5月发布的美国《国家安全战略》强调了美国必须从国内建设起步，重新发展经济，才能塑造它的海外影响力和保持全球领导地位。[②] 从而美国加快了从伊拉克撤军的步伐。

奥巴马政府从伊拉克撤军后，美国对伊拉克保持了一种战略干预态势。首先，美国通过私人安保力量、使馆安全和情报人员、军事训练和顾问以及特种部队在伊境内依然拥有相当的“柔性”军事存在。[③] 其次，美国还在科威特保留了4000人规模的地面部队，作为应对伊拉克突发情况的首批快速反应部队。2012年1月美国国防部发表的《维护美国全球领导地位：21世纪的国防重点》的报告指出美军仍将在中东保持军事存在和能力。[④] 第三，美国还进一步强化了与海湾国家的军事合作，并且在这些地区仍驻有相当规模的军队，形成了潜在的战略干预能力。美军的逐步撤离使得原本受到抑制的伊拉克国内民族、教派矛盾浮现出来，各派势力加紧了对权力与资源的争夺，都希望能够在后美军时代的国内政治角力中占据有利地位。

奥巴马的伊拉克政策体现了“巧实力”（Smart Power）的外交

---

① Barack Obama，“Responsibly Ending the War in Iraq”，February 27th，2009，http：//www. White house. gov/the _ press _ office/Remarks-of-President-Barack-Obama-Responsibly-Ending-the-War-in-Iraq/.（登录时间：2014年9月5日）

② The White House，The National Security Strategy，Washington，May 2010.

③ 孙德刚：“美国在伊拉克军事存在的调整：从刚性基地到柔性存在”，《现代国际关系》，2012年第2期，第55—66页。

④ U. S. Department of Defense，Sustaining US Global Leadership：Priorities for 21st Century Defense，Washington，January 21，2012.

理念。既强调运用军事力量的必要性，又重视投资于各个层次的同盟、伙伴关系和有关机制，注重运用独特的方法来促进全球的发展，通过公共外交来使国际社会了解美国，通过经济融合使国际贸易的好处为全世界受益，通过技术发展和创新来应对能源和气候变化等问题，来扩大美国的影响力和为其行动寻求合法性。[①]奥巴马淡化了对伊拉克政策中的意识形态色彩，转向逐步、可控地退出，将维护伊拉克的统一与稳定置于民主化的目标之前，更加注重与伊拉克周边的国家进行合作来推动伊拉克的战后重建进程与发展。保留美国对伊拉克的选择性介入的态势，随时有选择地介入一些对美国利益攸关的事务。[②]

在重建手段上，奥巴马政府更加注重通过政治、外交和经济等非军事力量来帮助伊拉克实现战后的稳定和政治转型。2008 年 11 月美伊签署的《战略框架协议》规定双方将在政治和外交、防务与安全、文化、经济和能源、健康和环境、信息技术和通讯等七个领域展开合作，建立友好合作的伙伴关系，并就此成立一个高级协调委员会。[③] 奥巴马政府进一步加快推动了这一协议的落实。2011 年 11 月，美国副总统拜登访问巴格达并主持美伊高级协调委员会的会议。随后，美国与伊拉克政府在政治外交、安全防务、文化教育和经济能源等一系列领域建立了双边协调委员会。这些委员会为美国保持和施加对伊拉克的影响力提供了途径和渠道，同时通过双边

---

① Richard L. Armitage，Joseph S. Nye，Jr.，CSIS Commission on Smart Power：A Smarter，More Secure America，CSIS Center for Strategic & International Studies，Washington DC，The CSIS Press，2007.

② 牛新春："选择性介入，美国中东政策调整"，《外交评论》，2012 年第 2 期，第 45—53 页。

③ Strategic Framework Agreement for a Relationship of Friendship and Cooperation between the United States of America and The Republic of Iraq，Baghdad，November 17，2008.

的合作项目，美国能够继续帮助伊拉克进行战后的国家建设。

四、美国在伊拉克的困局

美国在伊拉克推行美式民主，积极支持伊拉克的民主转型，[①]但伊拉克缺乏一种民主得以正常运行的合法程序和政治文化，而这种传统文化不能够用高压和干涉的方式来置换和消除。[②] 在伊拉克的政治转型中，伊斯兰势力成为主要得益者，美国在伊拉克的实际影响力和控制力在下降。[③] 美国的伊拉克政策陷入一种困境，在伊拉克国家重建中屡遭挫折。

第一，由于历史、文化原因，伊拉克内部种族、教派矛盾重重，长期处于分裂局面，伊拉克民众更倾向于对本民族和教派的信任，同时不信任甚至仇视其他民族与派别。从表面上看，伊拉克具备领土、主权、政府、人口等一个国家应具备的基本条件。然而，在民族和社会整合不成熟的情况下，相对国家认同而言，伊拉克国民更忠诚于自身所属的种族与教派。战后伊拉克大选与其说是民主选举，其实是一场基于种族、派别人口数量的较量。伊拉克采用按民族和教派人口比例分权的方式组建了政府和议会，这种权力分配模式与建立在社会充分整合基础上的民主有本质区别，它强化了种族、教派意识，也为教派冲突埋下种子。[④]

---

① James Petras, Washington Faces the Arab Revolts: Sacrificing Dictations to Save the State, Journal of Contemporary Asia, Vol. 41, No. 3, 2011, pp. 483—490.

② 韩志斌："伊拉克教派冲突与美国的战略困境"，《亚非纵横》，2006 年第 3 期。

③ John R. Bradley, After the Arab Spring: How Islamists Hijacked the Middle East Revolts, London: Palgrave Macmillan, pp. 199—218.

④ 丁隆、郭雅娟："伊拉克战后政治发展的三个纬度"，《阿拉伯世界研究》，2008 年第 5 期，第 24 页。

第二，伊拉克集权专制的传统文化也不利于培育民主机制。中东政治是部族政治、极权主义和民族主义三种不同政治传统的结合。它使统治者权威至高无上、绝对顺从成为伊拉克政治结构的常态，美国推行的西方经济模式和社会理念在传统观念浓厚的伊拉克效果很难预料。[①]

第三，要建立民主国家的关键是要形成市场经济，民主体系需要市场经济中所采用的机制、技巧和价值。自由市场所孕育的独立于政府的机构和群体，如企业、商会、专业协会、俱乐部，这些机构形成了公民社会。通过参与市场经济，民主政府形成两种重要特征：信任和妥协。中东石油生产国通过开采和出口石油积累大量财富，通过少数人就可以实现，并不需要社会机制和技术来实现民主。由于政府拥有油田、掌握石油出口的财政收入，倾向于建立一个庞大而强有力的政府，私营企业小而弱。中东的非民主国家油气资源丰富、人口稀少，凭借其雄厚的财富来抵御民主国家的压力。[②]

第四，伊拉克依赖石油收入的经济模式、复杂的社会结构和易于诱发威权的传统政治文化，均不利于制度化民主在伊拉克扎根，也决定了伊民主化进程的长期性和艰巨性。由于美国无视伊拉克的经济、社会发展水平、政治文化特质和民族构建阶段，企图用美式民主包治这些国家的所有顽疾，导致美国主导的战后伊拉克国家构建屡遭挫折。[③]

---

① 韩志斌："伊拉克教派冲突与美国的战略困境"，《亚非纵横》，2006年第3期。

② Michael Mandelbaum，Democracy without America，*Foreign Affairs*，September/October 2007.

③ 丁隆、郭雅娟："伊拉克战后政治发展的三个纬度"，《阿拉伯世界研究》，2008年第5期，第25页。

第五，伊拉克政治结构脆弱，教派矛盾突出，伊拉克反美武装愈挫愈勇。伊拉克经济重建虽有进展，但前景变幻莫测，民众生活水准下滑。在教派矛盾难以遏制的情势下，伊拉克国家的文化整合更加艰难，中东的地区政治生态会悄然生变。这充分说明美国在伊拉克的战略、战术运作时间和空间的局限，美国伊拉克政策的深层结构性难题正在逐渐显露。①

第三节　中美在中东的能源关系分析

奥巴马总统上台以来，把能源问题放在政策的优先位置上，通过能源独立计划，推动能源产业转型，大力发展新能源和可再生能源，大规模开发页岩气。2012 年 1 月，奥巴马总统在国情咨文中指出，美国拥有满足 100 年需要的天然气（主要是页岩气），美国政府将采取一切可能的措施，安全地开发页岩气，为汽车和工厂提供更清洁、更便宜的能源，这一产业将在未来 10 年内为美国带来 60 多万个就业岗位。并提出能源总体战略（The All-of -the-Above Energy Strategy），支持经济的发展、创造就业岗位、提升能源安全、发展低碳技术，为未来清洁能源发展打下基础。② 2014 年 1 月，奥巴马总统发表国情咨文，正式提出了以继续增加天然气供应为主，来发展低碳经济的战略。③

---

① 韩志斌："伊拉克教派冲突与美国的战略困境"，《亚非纵横》，2006 年第 3 期。

② The White House，Office of the Press Secretary，Remarks by the President in State of the Union Address United States Capitol，January 24，2012. http：//www.whitehouse. gov/the-press-office/2012/01/24/remarks-president-state-union-address.

③ The White House，Office of the Press Secretary，President Barack Obama's State of the Union Address，January 28，2014.

随着美国水平井与分段压裂综合技术等一系列的技术创新与成熟完善，为页岩气等非常规天然气的商业化开采奠定了基础。利用这一技术，原先被视为不可能被开发的页岩层油气资源得以大量开采。美国本土油气产量自 2008 年开始迅猛增长。2008—2011 年，美国国内天然气产量年均增长率达 4.49%，仅以 2011 年计，同比增长达 7.81%。天然气产量的 44%来源于非常规天然气。[①] 2011 年美国超过俄罗斯成为世界第一大天然气生产国。根据美国能源信息署预测，美国的页岩气产量将由 2012 年的 9.7 万亿立方英尺增加到 2040 年的 19.8 万亿立方英尺，页岩气在美国天然气的比重从 2012 年的 40%上升到 2040 年的 53%。[②] 美国的石油产量也得到了提高，从 2009 年起，美国扭转了石油产量下滑的势头，2012 年美国原油产量达到了 650 万桶/天，同比增幅 13.8%，石油总产量达 23.8 亿桶。同年美国石油净进口量和进口依存度开始出现下行趋势。[③]

美国的"页岩气革命"取得了巨大的成功，有助于美国摆脱当前的经济困境，缓解了美国的就业问题，为其经济的复苏注入活力。2012 年，页岩气和页岩油的生产在美国已经创造了 80 万个就业机会，在 5 年之内，仅页岩气和页岩油业收益就可使 GDP 年增长率提高超过一个百分点并新创造 300 万个工作岗位。同时，天然气价格的下降又可使美国人均开支每年减少近 1000 美元。[④] "页岩气革命"正在推动美国工业复兴，美国天然气发电量占总发电量

---

① 张抗："美国能源独立和页岩气革命的深刻影响"，《中外能源》，2012 年第 12 期，第 1—16 页。

② EIA，Annual Energy Outlook 2014，April 2014，p. 23.

③ EIA，Annual Energy Outlook 2012，April 2013，p. 2.

④ Roger Altman，"The US Economy May Surprise Us All"，September 3，2012，http：//www. ft. com/cms/s/0/f7ec 3e66 - f5ac - 11e1 - bf76 - 00144feabdc0. html # axzz2DDwVPqSh，访问日期：2014 年 10 月 31 日。

的比例从2001年的17.1%跃至2011年的24.7%，得益于低廉的天然气价格，美国的一些高能耗企业正在回归本国，美国各企业计划向造纸、化工、废料、钢铁、铝、轮胎和塑料等行业新增高达720亿美元的投入，这些投资在美国国内创造118万个工作岗位。[①] 美国页岩气和页岩油的产量增加还有助于削减其财政赤字和政府债务。随着美国国内油气资源的开发，特别是页岩油和页岩气等非常规油气资源的大量开采，美国将逐渐降低进口能源依赖度，并有可能逐步实现其"能源独立"的目标。这就意味着美国将因此节省大量的资金，其不断恶化的财政赤字和政府债务也将有所缓解。[②]

美国的"能源独立"不仅有利于其经济的复苏，还将对全球能源地缘政治格局产生巨大的影响。随着美国页岩气和页岩油的大规模开发，世界油气版图发生了新变化，新的能源线北起加拿大的艾伯塔，向南穿过北达科他州和得克萨斯州南部地区，再经过法属圭亚那沿海的一处新发现的大油田，最后到达巴西附近发现的海上超大油田，世界石油版图的中心从中东中亚转向西半球。[③] 全球将形成以中东中亚为核心的东半球常规油气能源中心板块和以美洲为核心的西半球非常规油气资源中心板块的"东西两极能

---

① American Chemistry Council, "Shale Gas, Competitiveness and New U. S. Investment: A Cast Study of Eight Manufacturing Industries", May 2012, http://www.american-chemistry.com/policy/energy/shale-gas-com-petiiveness-and-new-US-Investment.pdf，访问日期：2014年11月1日。

② 孔祥永："美国'页岩气革命'及影响——兼论对中国页岩气开发的启示"，《国际论坛》，2014年，第1期。

③ Daniel Yergin, "Oil's New World Order", The Washington Post, October 28, 2011, http//www.washingtonpost.com/opinions/daniel-yergin-for-the-future-of-oil-look-to-the-americans-not-the-middle-east/2011/10/18/gIQA xDw7L _ story.html，访问日期：2014年11月1日。

源供应格局”。[①]

首先，页岩气革命使美国能源产量大增，对国际能源价格的影响增加。OPEC对石油生产和定价权减弱。在短期内，在国际能源体系中，形成以中东、中亚、俄罗斯、北美为主体的四大能源供应板块，以欧洲、东亚、南亚三大区域为主体的能源需求板块的国际能源供求大格局。美国、俄罗斯和中东国家在国际能源市场的竞争加剧，国际石油、天然气价格将会下降。从长期来看，由于石油、页岩气是不可再生能源，随着大规模开采和使用，石油、页岩气总会有枯竭的一天。在新能源没有取得突破性进展之前，美国、欧洲、日本、印度，包括中国对石油、天然气的需求不会减少。因此，调整能源结构、大力发展新能源和可再生能源，发展低碳经济成为世界各国的必然选择。

其次，页岩气的大规模开发使可再生能源的发展受到影响。美国大力开发页岩气，导致页岩气的价格下降，对可再生能源形成一种替代效应，从而对可再生能源产生巨大的冲击，美国大的新能源企业面临破产风险，美国的可再生能源的开发步伐变得相对缓慢，2012年美国绿色能源投资为356亿美元，比之前一年下跌37%。[②] 为保护本国的新能源产业，美国推行贸易保护主义政策，对中国光伏产品和风能产品实施双反调查，征以惩罚性关税，中国的太阳能和风能产业面临巨大的压力。在美国的带动下，加拿大、墨西哥、阿根廷、澳大利亚、中国、印度、印度尼西亚等国都对页岩气进行了勘探或开发。由此可以预测未来10年能源结构中天然气将超过煤炭，成为第二大能源，甚至可能与

---

① 李扬：“非常规油气资源开发现状与全球能源新格局”，《当代世界》，2012年7月，第50页。

② 美国有线电视新闻国际公司网站：“中国在绿色能源投资方面打败美国”，2013年4月17日。

石油并驾齐驱。由此也将减缓非化石能源即可再生能源的开发力度。①

再次，随着页岩气的大开发，美国能源自给程度不断提高，美国对外战略的重心已从保证能源供给安全转到保护国土安全和经济安全，中东在美国的国际能源战略中地位正在下降，从而使美国在处理中东事务时具有更大的灵活性。随着亚太经济的进一步崛起，美国的全球战略重心逐渐向亚太转移。

最后，由于天然气远距离输气的成本较高，加之贸易方式和政治因素的影响，目前尚无全球性天然气市场，只有北美、亚洲和欧洲三大区域市场，这三大市场的价格几乎没有任何关联。页岩气的大规模开发将大幅提高液化天然气的供应量，液化天然气贸易的灵活性将有可能改变长期合同的贸易方式和三个区域市场价格各自相对独立的格局，从而使天然气价格和油价脱钩并加速全球天然气市场的一体化进程。②

中国自 1993 年成为石油净进口国之后，1996 年成为原油净进口国，原油对外依存度不断攀升。2014 年中国原油进口达到 3.1 亿吨，原油对外依存度达到 59.6%。从中东进口石油对于中国能源安全具有重大意义。目前，中美两国在中东能源关系呈如下特点：

在石油市场方面，美国近 40 多年来从中东进口石油呈下降趋势，中国在最近几年大幅度增加进口中东的石油，中美都致力于降低原油对外依存度和推动进口多元化。中美两国在中东石油市场的竞争性下降，合作成分增加。2014 年下半年以来，石油价格

① 林珏："美国的'页岩气革命'及对世界能源经济的影响"，《广东外语外贸大学学报》，2014 年第 2 期。

② 孔祥永："美国'页岩气革命'及影响——兼论对中国页岩气开发的启示"，《国际论坛》，2014 年，第 1 期。

大幅度下降，主要原因有两个：一是中国对石油需求减少，二是美国页岩油气革命产生的强劲供应。

在能源战略通道方面，从中东经过东南亚到西太平洋，美军在能源战略通道的存在对中东至中国的海洋运输通道具有双重意义。中美在维护海上能源通道安全方面具有合作潜力。中美在反海盗等敏感度低的非传统安全领域利益一致，有很大的合作空间值得挖掘。中国海军自 2008 年 12 月起在亚丁湾索马里海域执行常态化的护航任务。中国海军与包括美国在内的国家进行信息共享，并于 2012 年 9 月、2013 年 8 月、2014 年 12 月与美国海军在亚丁湾进行了联合反海盗演习。中美在应对威胁海运安全的自然灾害、技术事故以及政治混乱等问题方面也有较大合作空间。中美合作不仅从维护海上能源通道安全中获得直接收益，也促进两国海上安全互信，还可能成为共同提供国际公共物品以减少单方面安全成本的新尝试。

在能源技术方面，技术进步对于深海、极地的油气资源的勘探和开发起到了重大作用。非常规油气开发技术的重大突破使得天然气伴生油、油砂、重油、致密/页岩油气等非常规油气进入规模化生产阶段。中美两国在洁净煤方面的技术都取得不少进展。由于新能源技术领域的非零和性，所以两国在这方面合作有较大的空间。

在国际能源机制方面，国际能源署（IEA）是由一些发达国家在第一次石油危机后建立的国际能源组织，旨在协调各成员国应对石油危机的政策。

美国在国际能源署中居于重要地位，而中国作为当前第一大能源消费国，IEA 长期把中国排除在外，不利于其在国际能源体系中发挥更大的作用。近年来，中国与 IEA 在能源技术合作方面取得了突破性进展，中方已经成功加入了 FPCC 管理的九项执行协议中的四项。2014 年 12 月 15 日，IEA 聚变能协调委员会（以下简称“FPCC”）致信科技部，正式邀请中方以正式观察员（Regular Observer）身份加入 FPCC，出席各层级的国际会议，参与国际聚变能研发宏图的议事。12 月 29 日，国际合作司陈霖豪副司长代表中方接受邀请，随后 IEA 予以确认。这标志着中方成为 FPCC 正式观察员。①

在页岩气革命这个大形势下，美国对中东石油的需求相应减少，对中东能源的关注度将会降低。美国对中国与中东国家数额巨大的石油贸易的负面态度减少，因为在国际能源市场上，中国石油需求的增加弥补了美国石油需求减少的缺口，维持国际石油价格的稳定，从而使美国能源企业从中获益。这对中国来说，意味着与中东国家有更多的能源合作机会。从短期来看，中东国家更加欢迎中国石油企业对中东的投资，并加大中东能源企业对中国市场的开拓。中国可以加大与中东、中亚、俄罗斯，甚至北美四大能源供应板块的合作。从长期来看，中国与中东国家的能源合作仍面临着激烈的竞争和严峻的挑战。中国应加大对中东地区的关注和引导力度，从顶层设计到具体的战略、各层次人员交流入手，展现中国积极的国家形象，增加与中东产油国的合作。另一方面，中国应大力发展新能源和可再生能源，发展低碳经济，提高能源的使用效率。充分利用好国际国内的能源资源，保障中国的能源安全。

在美国能源霸权体系下，如何确保从中东稳定地获取石油成为中国面临的重大课题。中美在中东能源问题上既有竞争，又有合作，中美双方要采取高超的政治智慧来处理在中东的关系，加

---

① 中国科技部：“中国成为国际能源署聚变能协调委员会正式观察员”，中国科技部网站，2015 年 1 月 16 日，http：//www.most.gov.cn/kjbgz/201501/t20150116_117759.htm。

强协调沟通、避免恶性对抗、加强沟通机制建设、扩大共同利益、管控分歧、实现良性互动，构建中美在中东的新型大国关系。

第七章　中东热点问题与大国博弈：以叙利亚为例

第一节　叙利亚的宗教及政治生态分析

叙利亚位于亚、非、欧三大洲交汇联通的节点，处于中东地区的中心地带，战略地位重要，被称为中东的“心脏”。叙利亚北与土耳其接壤，东同伊拉克交界，南与约旦毗连，西南与黎巴嫩和巴勒斯坦、以色列为邻，西与塞浦路斯隔地中海相望，是连接地区多个重要国家的桥梁，也是“什叶派新月地带”和“逊尼派地缘政治之弧”的叠加区域，成为中东宗教地缘政治的中心地带。叙利亚危机发生以来，教派之争愈演愈烈，将主要大国都卷入其中，对中东地缘政治格局产生重大影响。

一、叙利亚的地缘政治版图

叙利亚国土面积为185180平方公里，人口为2253万，其中1532

万为逊尼派穆斯林，360 万为什叶派穆斯林，314 万为基督徒。[①] 叙利亚国内宗教和教派众多，除伊斯兰教逊尼派和什叶派之外，基督徒也为数不少。什叶派内部还有不同的派别，如相对少数的阿拉维派、德鲁兹派。叙西北部还是库尔德人的聚居地。其中，伊斯兰教信徒约占总人口的 85%，基督教人口占 10%左右。在穆斯林人群中，逊尼派穆斯林占总人口的约 74%，什叶派的各支派接近 13%，德鲁兹人占 3%。[②] 什叶派中又分为阿拉维派、十二伊玛目派和伊斯玛仪派等，其中，人口占绝对优势的是阿拉维派，阿拉维派为 260 万，约占叙利亚总人口的 12%。

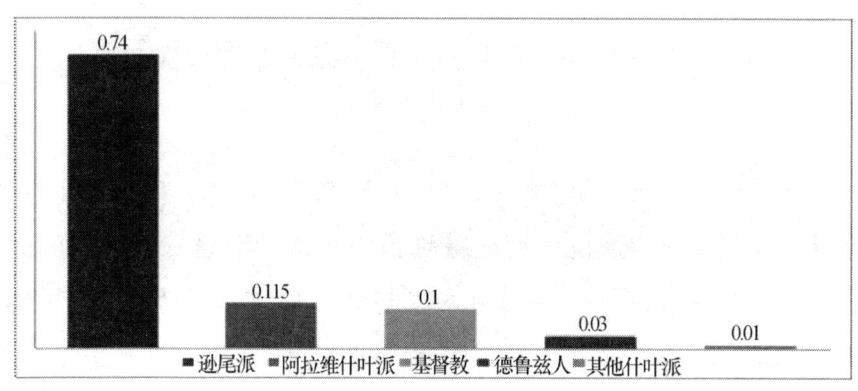

图 1　叙利亚的宗教派别分布图

叙利亚执政的阿萨德家族属于阿拉维派，阿拉维派是伊斯兰教什叶派中的少数派，阿萨德家族自 20 世纪 70 年代执政至今已持续 40 多年，阿萨德家族一直主张阿拉维派在宗教上应该融入逊尼派，不特立独行。由于阿萨德家族需要依靠这个群体统治国

① 刘中民、朱威烈：《中东地区发展报告：转型与动荡的二元变奏》，时事出版社，2014 年版，第 267 页。

② United States Department of State, Bureau of Democracy, Human Rights and Labor, “International Religious Freedom Report for 2013,” July 28, 2014, p. 2.

家，所以阿拉维派占据了叙利亚统治阶层的几乎所有核心位置，如军队的指挥阶层、情报部门等。阿萨德的统治基础主要由三部分组成：（1）其自身所属的阿拉维派；（2）基督徒，大约占人口的10%，其中多数为比较富足的商人，这些商人多有黎巴嫩背景；（3）穆斯林逊尼派中的商人，占人口的8%—10%左右。后两者属于既得经济利益集团，其维护统治阶层的动机可以理解。这三个部分合在一起大约占据了叙利亚人口的30%。这个利益集团的组合掌握着叙利亚国家的核心政治、经济和军事资源。基督教徒和逊尼派商人多数处于摇摆状态。当欧盟和美国对叙利亚实施制裁，内战局势朝着越来越不利于阿萨德政权的方向发展时，这些人开始倒向反对派。而当阿萨德政权表现出能够存活，甚至有可能反败为胜时，这批骑墙派也会比较容易地站回到阿萨德政府这边。[①]

在逊尼派穆斯林当中，大多数是年轻人，失业率高，他们受到教育后没有找到能够自立的工作，又受到来自叙利亚外部的逊尼派穆斯林激进思潮和势力的影响。原本以经济因素为主的社会矛盾，很容易转化成宗教矛盾。[②]

叙利亚的反对派长期遭受打压，力量较弱，主要反对派长期流亡海外，国内根基较浅。2011年以来，叙利亚先后出现的反政府团体多达数十个，这些团体主要有：（1）境外的“反对派和革命力量全国联盟”，简称“全国联盟”，成立于2012年，得到美国、英国、法国、土耳其和阿拉伯国家的支持，是穆兄会控制的主要

---

① 陈贻绎：“叙利亚内战的宗教族群派别冲突状况分析”，《阿拉伯世界研究》，2013年第6期。

② 陈贻绎：“叙利亚内战的宗教族群派别冲突状况分析”，《阿拉伯世界研究》，2013年第6期。

团体。[1]（2）境内的“全国民主变革力量民族协调机构”，成立于2011年6月，由15个叙利亚政党组成，主张通过和平方式进行民主变革。[2]（3）境内的“叙利亚自由军”，成立于2011年7月，其核心是部分变节的政府军。[3] 主要包括位于中部霍姆斯省的“哈立德·本·瓦利德旅”（Khalid bin Walid Brigade）、东北部扎维亚山区（Jebel al-Zawiya）的“哈默斯营”（Harmoush Battalion）以及南部地区德拉省的“欧玛里营”（Omari Battalion），主力集中在叙利亚中部地区。[4] 反对派内部四分五裂，“碎化”现象凸显。在与政府军作战的同时，部分反政府武装也涉嫌制造恐怖袭击、谋杀和绑架事件。在这一类的血腥事件被媒体报道之后，叙利亚国内民众对巴沙尔表示支持的人增多。[5]

叙利亚危机中反对派最具有战斗力的大都是逊尼派穆斯林的武装力量，从松散的叙利亚自由军中分裂出来。这些力量主要有：（1）叙利亚（伊斯兰）解放阵线（SLF）。该阵线成立于2012年9月，有20支左右的伊斯兰武装力量，拥有约2万人的武装人员，在宗教倾向上，许多解放阵线的成员支队被认为是伊斯兰温和派。他们既不是激进的圣战主义者，也不是萨拉菲派。他们是将来叙

---

① Aron Lund，Holy Warriors：A Field Guide to Syria's Jihadi Groups，October 15，2012，http：//www.foreignpolicy.com/articles/2012/10/15/holy_warriors.（登录时间：2014年8月14日）。

② Aaron Y. Zelin，The Syrian Islamic Front：A New Extremist Force，http：//www.washingtonins titute.org/policy-analysis/view/the-syrian-islamic-front-a-new-extremist-force.（登录时间：2014年8月14日）。

③ 刘中民、朱威烈：《中东地区发展报告：转型与动荡的二元变奏》，时事出版社，2014年版，第269页。

④ Syria' s Armed Opposition，Institute for the Study of War，2012，pp. 10－30.

⑤ “巴沙尔结束内战的‘底气’从何而来?”，2013年8月9日，http：//news.xinhuanet.com/2013－08/09/c_125142204.htm。（登录时间：2014年8月15日）。

利亚重建的一支中间派力量，或许会起到一些调和激进伊斯兰势力和完全世俗派之间矛盾的作用。（2）叙利亚伊斯兰阵线（SIF）。伊斯兰阵线由11个旅组成，活跃在整个叙利亚境内。伊斯兰阵线2012年12月还发表声明，欢迎其他伊斯兰圣战组织加入。2013年1月17日，伊斯兰阵线发布了组织宪章，希望伊斯兰教人士在推翻阿萨德政权后的过渡时期，能够积极参与到社会的各个领域中去，并发挥领导作用。尽管宪章呼吁叙利亚保持团结，防止民族和教派分裂，但却要求确认逊尼派伊斯兰教的国教地位，并把伊斯兰教法作为后阿萨德时代叙利亚立法的唯一来源。[①]（3）胜利阵线（JN）。胜利阵线成立于2012年年初，该组织是叙利亚反政府武装力量中最有战斗力和成功战役最多的力量。其目标是推翻阿萨德政府，建立一个基于伊斯兰律法的泛伊斯兰国家，禁绝烟酒和不良娱乐行为。[②]

此外，叙利亚的反对派中还有土耳其人后裔、巴勒斯坦难民民兵“风暴旅”和库尔德人。（1）土耳其人后裔。在叙利亚的土耳其人后裔多属于逊尼派，共约20万人，占叙利亚总人口的1%左右。在反对派成立的叙利亚民族委员会中，有3位成员是土耳其人后裔。在叙利亚北部地区和土耳其交界的边境地区，有3000土耳其人后裔加入了叙利亚自由军的行列。这些土耳其人后裔虽然参与协助萨拉菲派民兵的战斗，但也明确表示，他们在意识形态上和叙利亚自由军站在一起，主张推翻阿萨德统治后建立一个民主

---

① Aaron Y. Zelin，The Syrian Islamic Front：A New Extremist Force，http：//www. washingtonins titute. org/policy-analysis/view/the-syrian-islamic-front-a-new-extremist-force.（登录时间：2014年8月14日）。

② Aaron Y. Zelin，The Rise of Al Qaeda in Syria，http：//www. foreignpolicy. com/articles/2012/12/06/the _ rise _ of _ al _ qaeda _ in _ syria.（登录时间：2014年8月14日）。

自由的叙利亚。[①]（2）巴勒斯坦难民民兵“风暴旅”。叙利亚有约50万巴勒斯坦难民，大部分是在1948年阿拉伯国家和以色列的战斗中失败后流落进叙利亚的。这些难民中本来就有意识形态上的分歧，一部分难民效忠于阿萨德政府，如“巴勒斯坦解放总指挥”。叙利亚自由军利用巴勒斯坦内部的意识形态分歧，为支持逊尼派的巴勒斯坦难民提供武器，组织他们对抗忠于“巴勒斯坦解放总指挥”的势力，从而牵制这股效忠于阿萨德政府军的势力。和叙利亚自由军合作的巴勒斯坦武装力量成立了只有巴勒斯坦战斗人员的“风暴旅”，管理亚尔穆克巴勒斯坦难民营，制衡阿萨德政府在该难民营中的势力。[②]（3）库尔德人。库尔德人的宗教信仰多样，几乎囊括了中东地区的所有宗教，但大部分库尔德人属于逊尼派穆斯林，叙利亚内战最新的发展趋势是库尔德人越来越站在了反叙利亚政府的一边，开始了和自由军的合作。[③]

叙利亚局势动荡以来，巴沙尔仍推行了一些改革举措。2012年2月，巴沙尔颁布新宪法修订案，改一党制为多党制；2013年6月，大幅上调军人和政府工作人员退休金；7月，改组叙利亚阿拉伯复兴社会党，更换大批领导层人选，同意联合国化武小组进入境内调查。巴沙尔还表示愿意亲自出席在日内瓦举行的叙利亚问题国际会议。

---

① Turkmen in Joint Battle ‘for Syria democracy’, Saudi Gazette, February 1, 2013. http://www.saudigazette.com.sa/index.cfm?method=home.regcon&contentid=20130201151480。（登录时间：2014年8月14日）。

② Mariam Karouny, “Syrian Rebels Arm Palestinians against Assad,” Reuters, October 31, 2012, http://www.reuters.com/article/2012/10/31/us-syria-crisis-palestinians-idUSBRE89U1I320121031.（登录时间：2014年10月21日）。

③ Matthieu Aikins, “The Kurdish Factor,” April 1, 2013, http://latitude.blogs.nytimes.com/2013/04/01/could-syrias-kurds-change-the-course-of-the-civil-war/.（登录时间：2013年3月13日）。

2012年6月30日，举行叙利亚问题第一次日内瓦国际会议，与会各方就呼吁在叙利亚成立“过渡管理机构”、成立叙利亚问题“行动小组”以协调国际社会后续行动等问题达成一致。[①] 2014年1月22—31日，叙利亚问题第二次日内瓦国际会议在瑞士蒙特勒举行，此次会议分为两个阶段，第一阶段由联合国秘书长潘基文主持，美、俄、中、英、法、德等30多个国家的外长，以及叙政府与反对派代表出席了为期一天的会议。第二阶段会谈由普拉希米主持，为期7天（1月25—31日），在叙政府与“全国联盟”之间进行。在第一阶段的会谈中，仍是各方博弈的舞台，与会各方观点交锋激烈，立场相距甚远。但与会各方达成一些原则性共识，包括要坚持政治解决的方向，要尽快启动叙利亚冲突双方的和谈进程，共同努力缓解目前的人道主义状况，帮助叙利亚难民减轻苦难。在第二阶段谈判，叙政府与境外主要反对派“叙利亚反对派和革命力量全国联盟”（简称全国联盟）代表着重讨论了停火、打击恐怖主义、人道主义救援、释放在押人员、落实日内瓦公报、建立具有完全行政权力的过渡管理机构等具体问题，由于分歧依然巨大，和谈最终以失败告终。[②] 2014年2月10—15日，在联合国—阿盟叙利亚危机联合特别代表普拉希米的极力斡旋下，叙利亚政府与反对派在日内瓦举行第二轮会谈，双方讨论了停止暴力、组建过渡组织和过渡机构的议题，在关于叙总统巴沙尔的去留问题上，反对派坚持巴沙尔下台是终止冲突的唯一条件，而叙政府则坚称，巴沙尔继续担任总统是不可触碰的红线。在关于建立过

---

① 刘洋、王昭：“叙利亚将设过渡管理机构”，《南方日报》，2012年7月2日，第6版。

② 刘月琴：“评叙利亚问题第二次日内瓦会谈未取得突破的原因”，《人民网》，2014年2月7日，http：//world. people. com. cn/n/2014/0207/c1002－24291690. html。

渡管理机构问题上，“全国联盟”代表坚持先讨论组建过渡管理机构是解决叙利亚问题的前提条件，并向普拉希米提交了一份组建过渡政权的文件。叙政府坚持先讨论停止暴力和反恐问题，依照会议议程依次进行，在叙政府占据战场优势的情况下，巴沙尔不会放弃在未来建立过渡管理机构中的地位，谈判陷入僵局。[①]

叙利亚境内普通民众饱受国内武装冲突之苦，很多人寄希望于当局平定局势。[②] 因此，叙利亚当局还有一定的民意基础。2014 年 6 月 3 日，叙利亚总统大选投票工作正式启动，现总统巴沙尔、前政府部长诺里和议员哈贾尔三人角逐总统宝座。此次大选中叙境内共有近 1600 万合法选民，全国共设 9601 个投票点。[③] 巴沙尔获得约 1032 万张有效选票，得票率为 88.7%，另外两位候选人哈贾尔和诺里分别获得 3.2%和 4.3%的选票。16 日，叙利亚总统阿萨德宣誓就职，开始他的第三个为期 7 年的总统任期。[④]

二、“伊斯兰国”的发展及影响

2003 年伊拉克战争催生了 IS 的前身（“基地”组织伊拉克分支（AQI）），多年来该组织制造了上万起恐怖事件。2006 年 10 月，该组织宣布成立“伊拉克伊斯兰国”（ISI）。2013 年 4 月，“伊拉克伊斯兰国”与叙利亚反对派武装“胜利阵线”合并，成立

① 刘月琴：“评叙利亚第二轮日内瓦和会：没有走出僵局”，《人民网》，2014 年 2 月 18 日，http://world.people.com.cn/n/2014/0218/c1002－24390367.html。

② 肖凌：“叙利亚危机的特点、背景及其走向分析”，《阿拉伯世界研究》，2013 年第 6 期，第 69—70 页。

③ 宦翔、柳玉鹏：“美国为首西方拒绝承认叙利亚大选 叙前景仍迷茫”，《人民网》，2014 年 6 月 4 日，http://world.people.com.cn/n/2014/0604/c1002－25100133.html。

④ “阿萨德将宣誓就任叙利亚总统 再执政 7 年”，《环球时报》，2014 年 7 月 16 日。

“伊拉克和黎凡特伊斯兰国”（ISIS 或 ISIL），后改为伊斯兰国（IS）。“黎凡特”是一个地理称谓，大致包括了叙利亚、黎巴嫩、以色列、巴勒斯坦和约旦五国。IS 图谋借助此名打造一个以伊拉克为基地、联通伊拉克和叙利亚的暴恐通道，并将活动扩展至以色列和黎巴嫩等地，在此基础上建立包含这些地区的“大伊斯兰国”。

在叙利亚混乱的内战环境下，IS 吸收了大批叙利亚本土和境外极端分子，通过大规模武装活动控制了叙利亚东北部的许多重要城镇，资金渠道和武器来源也不断扩大。首先，IS 在控制区向民众征收钱财，掌握了当地的油田开采和出口，从而获得了一定的资金和资源；其次，叙利亚反对派得到了西方及海湾国家、土耳其等国的支持，其中一部分资助落到了 IS 手中；第三，IS 从叙利亚政府的军火库、其他反对派手中获取了大量的武器和其他物资。IS 通过积极介入叙利亚内战，借以扩张势力，大量外部“圣战者”的加入、外部资金和武器的援助、实战的锻炼，使得该武装日益成为叙反政府势力中实力最强的一支武装。①

随着 IS 的发展壮大，中东局势进一步恶化，恐怖主义更加扩散，将叙利亚与伊拉克战场连为一体。2014 年 6 月以来，伊拉克安全局势持续恶化，IS 连续攻占摩苏尔、提克里特、泰勒阿费尔市和加伊姆等多个逊尼派地区的重镇，并日益逼近首都巴格达。伊拉克已陷入自伊拉克战争结束以来最严峻的危局之中。8 月 2 日至 3 日，IS 武装从库尔德武装手中夺取北部尼尼微省的辛贾尔镇、扎马尔镇、艾因扎莱油田。8 月 7 日，IS 武装占领伊拉克全国最大的基督徒聚居区尼尼微省卡拉克什镇，致使当地数以万计的居民逃至库尔德自治区。

---

① 李伟：“‘基地’组织重返中东?”，《世界知识》，2014 年第 4 期。

2014年8月7日，美国总统奥巴马宣布授权在伊拉克进行有针对性的空袭，以保护在伊美国人。17日，库尔德武装地面部队在美国空袭支援下，夺回被IS占领的摩苏尔水坝，IS头目巴格达迪离开摩苏尔市逃到了叙利亚境内。伊拉克局势暂时得到缓解。9月10日，奥巴马发表全国讲话，介绍打击极端组织“伊斯兰国”的长期战略，授权美军对叙利亚境内“伊斯兰国”武装发动空袭。①

叙利亚政府在政府军控制区的防卫能力较强，十分警惕反对派的活动，IS退到叙利亚后，难有很大的作为。IS主要是巩固已有成果，等待叙利亚和伊拉克局势发生重大变化，从中寻求时机。IS已经控制住叙利亚一些重要城镇，具有了重要的活动据点和供给条件，掌握了叙利亚与土耳其、伊拉克、黎巴嫩的边境通道。再加上IS拥有大规模武装进攻和攻城战的经验，从伊拉克劫掠的巨额资金和物资也为其提供了强有力的资金保障。② 一旦有了新的时机，IS可能会再次发起攻势。

9月24日，美国总统奥巴马在联大发言时倡导的反IS阵线获得了空前支持，联大反恐峰会一致通过打击IS的反恐决议。24日，美国及其盟友对叙利亚境内的IS进行了连续第三晚的空袭，并轰炸了IS的重要资金来源——12处移动炼油厂。25日，法国在人质被杀后向伊拉克境内的IS发动了新一轮空袭。③ 英国下议院26日通过空袭“伊斯兰国”的决议，英国空军也开始执行对IS的

---

① “奥巴马授权对叙利亚境内‘伊斯兰国’发动空袭”，《观察者网站》，2014年9月11日，http：//www. guancha. cn/america/2014 _ 09 _ 11 _ 265947. shtml。

② 张金平：“从三年到三个月：IS开启‘恐怖主义新纪元’”，《世界知识》，2014年第17期。

③ “奥巴马称俄罗斯、埃博拉和IS为世界3大威胁 俄驳斥”，《环球网》，2014年9月26日，http：//m. people. cn/n/0/2014/0926/c45－869358 _ 3. html。

战斗任务。[①]

从IS头目的哈里发封号、组织的名称、建国的愿景、结合社交媒体运作的手段等方面来看，IS与“基地”等传统恐怖组织已经有很大区别。比如，IS拥有极其娴熟的互联网传播技巧，许多西欧国家的年轻穆斯林正是在网络上受到IS的“感召”，组织支持IS的聚会，壮大IS的声势。[②] 美国国防部长哈格尔认为，IS已经不仅仅是一个恐怖组织。他们结合了意识形态以及老练的军事战略、战术能力。他们的资金极为充裕。这一极端组织比他迄今见到的任何恐怖组织都要强大，已经成为美国近年来所面临的最危险的组织，所构成的威胁已经超过前些年的“基地”组织。[③]

第二节 大国在叙利亚的博弈分析

一、中东地区大国在叙利亚的博弈

叙利亚巴沙尔政权是中东地区少数由什叶派中的少数派阿拉维派掌权的国家，与什叶派占主导的伊朗有较强的联系。这使叙利亚危机的背后具有地区什叶派与逊尼派之间宗教教派矛盾的整体背景。从表面看来，叙利亚的内战体现的是叙利亚内部逊尼派穆斯林反政府力量针对阿萨德政府代表的什叶派的武装斗争，实际上，内战也反映了两派背后所代表的外国政治和宗教力量的博

① “英国空军开始执行伊拉克战斗任务 没有攻击地面目标”，2014年9月28日，http://www.guancha.cn/military-affairs/2014_09_28_271501.shtml。

② 张金平：“从三年到三个月：ISIS开启‘恐怖主义新纪元’”，《世界知识》，2014年第17期。

③ “美国防长：ISIS是我们迄今见过最强大恐怖组织”，人民网，2014年8月23日，http://gx.people.com.cn/n/2014/0823/c229256-22079935.html。

弈——伊斯兰逊尼派势力和什叶派势力在整个中东的博弈。沙特是叙利亚境外逊尼派力量最为显著的代表，其他支持者还包括土耳其、约旦、阿联酋、卡塔尔等其他海湾国家。沙特等君主国都是逊尼派当权，对于什叶派当权的叙利亚有对立情绪，阿盟和海合会在叙利亚问题上一边倒地支持叙利亚反对派。当叙利亚的逊尼派走上街头反对属于什叶派的巴沙尔政权时，阿盟就开始谴责巴沙尔政权。[①] 伊朗和黎巴嫩的真主党是境外什叶派力量的代表，他们支持什叶派。

沙特：2003年美国发动伊拉克战争，由于叙利亚当局反对美国发动伊拉克战争，被美国视为中东地区强硬的反美政权。随着伊朗—伊拉克—叙利亚—黎巴嫩这条地区的"什叶派之弧"渐成规模，[②] 叙利亚与伊朗的关系日益密切。沙特是美国在中东地区的盟友，与伊朗、伊拉克的关系微妙，对叙利亚的地区作用不满，叙、沙双方在地区问题的分歧日益扩大。[③] 沙特作为逊尼派的代表，力挺叙利亚的反对派，沙特不仅积极游说欧美国家支持反对派，还多次公开呼吁武装反对派。沙特和卡塔尔利用海合会和阿盟两大地区性组织为平台，支持反对派，对巴沙尔政权形成巨大的压力。叙利亚危机伊始，阿盟便积极介入，2011年11月，阿盟终止了叙利亚的阿盟成员国资格。2013年3月，第24届阿盟首脑会议通过《多哈宣言》，承认叙利亚反对派"全国联盟"是叙利亚的唯一合法代表，决定授予"全国联盟"叙利亚在阿盟及其各下属机构的

---

① 王栋："透视影响叙利亚时局的宗教与民族矛盾"，《当代世界》，2012年第3期，第8页。

② "阿拉伯世纪巨变启示录"，新华网：2011年4月9日，http://news.xinhuanet.com/herald/2011-04/09/c_13820617.htm。（登录时间：2014年8月15日）。

③ 肖凌："叙利亚危机的特点、背景及其走向分析"，《阿拉伯世界研究》，2013年第6期，第73页。

席位。在海合会和阿盟的大力支持下，巴沙尔政权不能迅速打败反对派。但短期内反对派也无力推翻巴沙尔政权，双方处于“拉锯战”状态。[①]

以色列：叙利亚同以色列之间的矛盾和积怨由来已久，四次中东战争期间，叙利亚始终是阿以交战的前线国家。第三次中东战争后，以色列占领原属于叙利亚的戈兰高地，导致两国长期交恶。叙利亚发生局势动荡，以色列当局心态复杂。一方面叙利亚这个强硬反以的政权不断被削弱，这对以色列而言无疑是有利的。另一方面，叙利亚问题一旦全面失控，会造成叙利亚陷入持续的混乱和分裂，叙国内的伊斯兰激进势力将伺机抬头，这对于毗邻的以色列将形成极大的安全威胁。叙利亚危机发生以来，以色列对叙利亚问题保持低调，怕引火上身。以色列一直关注叙利亚武器的流向，包括来自伊朗输送给真主党的导弹。以色列尤其关注叙利亚的化学武器，唯恐其落入真主党手中，为防范可能发生的危险，以色列屡次空袭叙利亚。继 2013 年 1 月对叙利亚进行空袭之后，5 月 3 日，以色列出动战机对叙利亚境内的军事目标进行袭击。5 月 5 日，以色列再次出动战机进入黎巴嫩领空，从黎巴嫩境内向大马士革附近 8 个军事点进行空袭。[②]

土耳其：叙利亚是土耳其的重要邻国，两国关系密切，历史渊源很深，叙利亚危机事关土耳其的重大利益，土耳其无论是从国家安全、领土主权还是外交影响力而言，都不会放弃对叙危机的积极介入。土耳其对叙利亚起初采取模糊政策，敦促巴沙尔政权进行改革，支持联合国和平努力，其后支持反对派并向叙政府施

① 中国社会科学院西亚非洲研究所：《中东发展报告（2012～2013）》，社会科学文献出版社，2013 年版，第 241—243 页。

② 中国社会科学院西亚非洲研究所：《中东发展报告（2012～2013）》，社会科学文献出版社，2013 年版，第 241—243 页。

压，以武力威胁巴沙尔政权下台。[①] 2012 年 4 月 1 日，第二次"叙利亚之友"国际会议在土耳其伊斯坦布尔召开。[②] 4 月 20 日，"叙利亚之友"主要成员国外长会议在伊斯坦布尔召开，与会国要求巴沙尔政权下台，并增加对反对派的援助。土耳其与叙利亚接壤，叙利亚危机的外溢效应使土耳其受到冲击。2012 年 6 月，叙利亚击落一架进入叙利亚领空的土耳其战机，10 月，土耳其议会通过议案，授权土耳其政府必要时对叙利亚开展跨国军事行动。2013 年年初，土耳其推动美国、荷兰和德国在土叙边境部署六套"爱国者"导弹，对叙利亚形成严重威胁。2013 年 9 月，土耳其战斗机击落一架深入土耳其领空的叙利亚武装直升机；[③] 10 月，土耳其数次出动战机拦截飞至土叙边境的叙利亚战机。2014 年 3 月，土耳其在土叙边境地区上空又击落了一架叙利亚战斗机。[④]

伊朗：伊朗是目前同叙利亚关系最紧密的中东国家，1980—1988 年两伊战争期间，叙利亚是唯一不支持伊拉克同伊朗作战的主要阿拉伯国家。叙利亚不仅是"什叶派之弧"中的重要一环，也是伊朗牵制以色列的重要力量。长期以来，伊朗与黎巴嫩真主党往来密切，叙利亚发挥了"前线国家"和"抵抗运动"连接点的重要作用。叙利亚局势变动会对伊朗在该地区战略部署产生重要影响，因此伊朗力挺叙利亚。伊朗向叙利亚提供大量的技术援

---

① 孔刚："土耳其因应叙利亚危机的基本政策评析"，《世界经济与政治论坛》，2013 年第 1 期。

② 马研："叙利亚之友"会议承认叙利亚反对派"，《解放日报》，2012 年 4 月 2 日，第 4 版。

③ "土耳其击落叙直升机　叙官方称系误入其领空"，《中国新闻网》，2013 年 9 月 17 日，http：//www. chinanews. com/gj/2013/09－17/5293820. shtml。（登录时间：2014 年 8 月 15 日）。

④ 王云松："土耳其击落叙利亚战机"，《人民网》2014 年 3 月 24 日，http：//ln. people. com. cn/n/2014/0324/c339837－20845810. html。（登录时间：2014 年 8 月 15 日）。

助和经济援助，其中包括数十亿美元的资金、医疗设备和武器。此外，还提供限制反对派武装使用通信基础设施的技术指导，如切断互联网、利用木马病毒跟踪并窃听反对派活动分子的计算机等。[①] 2013年6月16日，伊朗做出决定，派遣一支由4000名革命卫队战士组成的队伍前往叙利亚，协助巴沙尔打击主要由逊尼派组成的叛军。[②]

黎巴嫩：黎巴嫩是集中体现叙利亚危机溢出效应的国家，叙利亚境内局势发生动荡后，大批叙利亚难民涌入临近的黎巴嫩。叙利亚和黎巴嫩之间的密切联系，使叙利亚局势走向对黎巴嫩有直接和深远影响。黎巴嫩真主党属于什叶派，与叙利亚当局一向关系紧密。真主党公开宣布向叙利亚派遣武装人员进一步使叙利亚和黎巴嫩局势的相互影响上升。2013年5月，真主党领导人纳斯鲁拉公开承认向叙利亚的古赛尔地区以及大马士革周边派遣武装民兵，他说："真主党的战士正在、并将继续与巴沙尔的军队并肩作战。"[③] 真主党对叙利亚国内冲突的干预，局部地改变了战局。

巴勒斯坦：叙利亚是支持巴勒斯坦民族解放事业最坚定的阿拉伯国家之一，但由于种种原因，叙利亚当局与巴民族权力机构之间也存在不少分歧，与"哈马斯"的关系反而一度更为密切。"哈马斯"政治局领导人马沙阿勒曾长期在叙生活。但哈马斯和叙利亚当局的关系受埃及对叙利亚问题立场的影响，加之叙利亚反对派中有不少穆兄会成员，"哈马斯"对叙利亚处理危机的方式极其不满，多次拒绝对身陷乱局中的叙利亚政权表示支持。双方关系终于

---

① Sina Kashefipour, Iran's Tactical Successes in Syria Come With Political, Strategic Cost, World Politics Review, 3/12/2013.

② "传伊朗将派兵驰援叙利亚"，《参考消息》，2013年6月17日，第2版。

③ "黎真主党发誓与巴沙尔并肩作战"，《参考消息》，2013年5月27日。

破裂，自2012年3月"哈马斯"领导人马沙阿勒宣布将总部迁往卡塔尔，其领导人已离开叙利亚，前往卡塔尔、埃及、加沙等地。[①]

伊拉克：叙利亚与伊拉克边界接壤，在叙利亚危机中，伊拉克仍是叙利亚通往外界的陆路和空中的必经之路之一，对叙利亚局势的影响有重要作用。美伊战争之后，伊拉克国内政局及国内教派政治力量对比发生了深刻的变化，什叶派执掌国家政权。这使得伊拉克与同为什叶派执政的叙利亚之间关系更为紧密。伊拉克什叶派背景的马利基政府暗中支持巴沙尔政权，允许伊朗利用其领空支持叙利亚，默许什叶派武装人员赴叙利亚参战。[②]大批叙利亚难民从边界涌入伊拉克，叙利亚危机对于伊拉克的安全与利益也有着重要影响。[③]

二、美欧俄等大国在叙利亚的博弈

叙利亚危机反映了其背后所代表的外国政治和宗教力量的博弈——伊斯兰逊尼派势力和什叶派势力在整个中东的博弈。从某种意义上讲，美国、欧盟和以色列由于各自战略利益的考虑，站在了逊尼派阵营一边。俄罗斯出于其自身利益考虑，站在了支持什叶派的阵营。

在叙利亚危机初期，由于美欧正在进行对利比亚的军事行动，无暇顾及叙利亚，美欧对叙利亚政府实施经济制裁、政治施压。

① 肖凌："叙利亚危机的特点、背景及其走向分析"，《阿拉伯世界研究》，2013年第6期，第72—73页。

② Suadad al-Salhy, "Iraqi Shiites Flock to Assad' s Side as Sectarian Split Widens," June 19, 2013, http: //in. reuters. com/article/2013/06/09/iraq-syria-militants-idINDEE95I0G920130619.（登录时间：2013年3月13日）。

③ 肖凌："叙利亚危机的特点、背景及其走向分析"，《阿拉伯世界研究》，2013年第6期，第73页。

美国意图以压促变，通过对叙利亚实施经济制裁、武器禁运来削弱巴沙尔政权，让英国和法国扮演先锋的角色，积极支持并扶持叙利亚反对派，帮助反对派取得合法地位。[①]

利比亚政府垮台之后，美欧就加大了对叙利亚干涉的力度，美国利用“叙利亚之友”干涉叙利亚进程，2012 年 2 月 24 日，美、法、德、土以及欧盟、阿盟、联合国等 60 多个国家和国际组织在突尼斯召开“叙利亚之友”国际会议，将叙利亚反对派力量整合起来，承认最大的反对派组织“叙利亚全国委员会”为叙利亚的代表。2012 年 7 月 6 日，“叙利亚之友”会议在巴黎举行，时任美国国务卿希拉里与会，会后发表的声明表示将加大对叙反对派的支持力度，呼吁联合国安理会尽快通过决议，加大对叙利亚政权的制裁。[②] 2013 年 6 月 22 日，“叙利亚之友”会议在多哈举行，大会发表联合声明，向叙利亚反对派提供军事援助，援助的方式由各国自行决定。2013 年 2 月 28 日，克里就任美国国务卿后，访问欧洲和中东 9 个国家，议事的重点就是叙利亚问题。与盟友协商之后，他宣布将向反对派提供“非杀伤性武器”；3 月 11 日，英国也提出将向叙利亚反对派提供“非致命性武器”援助资金，同日，欧盟宣布改变对叙利亚武器禁运政策，允许欧盟国家向叙利亚反对派提供装甲车、非致命性军事设备和技术援助。[③] 2013 年 6 月 13 日，奥巴马总统批准向叙利亚反对派提供美国的武器。[④] 在美欧

---

① 中国社会科学院西亚非洲研究所：《中东发展报告》（2012—2013），社会科学文献出版社，2013 年版，第 230 页。

② 成珞：“‘叙利亚之友’几成‘反对派之友’”，《解放日报》，2012 年 7 月 8 日，第 4 版。

③ 路透社华盛顿 2013 年 3 月 1 日电。

④ “奥巴马批准向叙反对派提供武器”，《新华网》2013 年 6 月 15 日，http：//news. xinhuanet. com/world/2013－06/15/c _ 124858882. htm。（登录时间：2014 年 8 月 15 日）

的大力支持下，叙利亚反对派的力量得到增强，对巴沙尔政府的威胁也逐渐加大。

2014年6月，叙利亚举行总统选举，阿萨德在叙利亚总统选举中获胜连任。6月2日，美国国务院发言人普萨基表示，整个大选进程缺乏公信力，美国拒绝承认大选结果。6月3日，美国国务院发言人玛丽·哈夫表示，叙利亚政权故意否认百万叙利亚人的投票权，选举日当天仍在炮轰耶尔穆克难民营和东古塔地区。声称美国不会承认大选结果，但哈夫强调美国不会军事介入叙利亚局势，推翻阿萨德政权没有军事解决方案，美国将通过各种方式支持叙温和反对派对抗叙政权和恐怖主义威胁。[①] 6月27日，美国总统奥巴马要求国会拨款5亿美元，支援叙利亚反对派中的温和派，培训且在装备上予以援助。美国国务院、财政部7月9日分别表态称，美国政府决定加大对叙利亚企业的制裁力度，冻结一家叙利亚国有企业和两家“挂名”公司的资产。7月30日，美国政府宣布，再次向叙利亚人民提供3.78亿美元的人道主义援助，使得美国对叙利亚的总援助额达到24亿美元。[②]

叙利亚是俄罗斯在阿拉伯世界的盟友，是目前俄罗斯黑海舰队南出博斯普鲁斯海峡之后的唯一补给地，也是其同土耳其战略博弈的重要支撑点，失去了叙利亚，就等于失去了俄罗斯在东地中海的利益。维护叙利亚当局对于俄罗斯具有极其重要的战略意义，叙利亚的政权更迭不符合俄罗斯的军火利益、能源输出利益，会削弱俄罗斯对欧盟的政治和经济影响力，还会加剧瓦哈比派对俄

① 张蔚然：“阿萨德料将三度担任叙利亚总统 美称选举是‘耻辱’”，《人民网》，2014年6月4日，http：//world.people.com.cn/n/2014/0604/c1002-25101811.html。

② “美宣布再向叙利亚提供3.78亿美元人道主义援助”，《中国新闻网》，2014年7月31日，http：//www.chinanews.com/gj/2014/07-31/6444548.shtml。

罗斯高加索民族问题的负面影响，甚至可能影响俄罗斯经济发展的水平，延迟俄罗斯新兴工业化的进程，动摇俄罗斯在国际舞台上的大国地位。[①]

在叙利亚危机伊始，俄罗斯力挺阿萨德政权，三次否决联合国安理会涉叙决议草案，坚持履行俄叙签署的军事合同，向叙利亚出口高精尖武器。其后，随着局势一度向有利于反对派的方向发展，2012 年俄罗斯对阿萨德政权的支持有所退缩，俄罗斯主要的目标是防止瓦哈比派最后控制叙利亚政权。为使利比亚悲剧不会重演，俄罗斯坚持但并非固守于对巴沙尔的支持，希望不失去叙利亚。1 月，俄外交部公开否认和巴沙尔总统的朋友和盟友关系。3 月，俄罗斯对叙利亚两面下注，一方面派特种部队抵达塔尔图斯港展示肌肉以支持阿萨德政权，另一方面又呼吁内战双方达成每日停火两小时的人道主义协议，暗示俄罗斯没有义务向阿萨德政权提供军事援助。12 月，普京总统在访问土耳其时表现出要与阿萨德政权拉开距离的姿态，准备接受和应对叙利亚政府可能失败的局面，希望与反对派“全国联盟”接触。2013 年 1～2 月，俄罗斯继续反对西方军事介入叙利亚，同时与反对派在德国慕尼黑举行首次会谈。从 5 月份开始，叙利亚局势开始向有利于阿萨德政权方向发展，俄罗斯又开始有保留地加强对阿萨德政权的支持，营造一种可进可退、对各方都有交代的外交环境。俄罗斯在叙利亚问题上，战略应对灵活多变，但整体战略意图摇摆不定，根据叙利亚双方力量对比维持其政策的动态平衡。[②]

---

① 崔小西：“俄罗斯应对叙利亚危机的政策分析”，《阿拉伯世界研究》，2014 年第 2 期，第 41 页。

② 刘中民、朱威烈：《中东地区发展报告：转型与动荡的二元变奏》，时事出版社，2014 年版，第 280—282 页。

俄罗斯看来，在叙利亚问题上最重要的是防止叙利亚的瓦哈比派利用沙特阿拉伯、卡塔尔和土耳其的支持而获取最终胜利。若瓦哈比派获取最终胜利，也意味着俄罗斯中东政策的整体失败。俄罗斯对中东的伊斯兰教有所防范，担心其传播至北高加索及乌拉尔地区。[1] 俄罗斯认为最稳妥的方式，是希望巴沙尔政权能争取到反对派阵营中温和的“世俗反对派”与叙利亚恐怖分子相斗争。俄罗斯希望温和的“世俗反对派”坐到谈判桌前。[2]

总的看来，在叙利亚局势持续僵持的情况下，美欧和俄罗斯都缺乏在叙利亚问题上全面对抗和殊死一搏的勇气，不会进行彻底摊牌，希望叙利亚政治保持稳定性，也希望战争尽快结束，不愿意看到叙利亚出现化武等杀伤性武器扩散和大规模教派冲突的局面。

第三节 叙利亚的现状及趋势

一、叙利亚化武危机的和平解决

叙利亚国内动荡的不断加剧使国际社会日益关注其化武储存地的安全、化武的可能使用或转移等问题，比如会否落入与“基地”组织有联系的某些反对派或黎巴嫩真主党游击队手中。针对外界的担忧，2012 年 7 月 23 日，叙利亚外交部发言人发表一份声明，表示叙不会在国内危机中使用生化武器，这类武器在叙利亚军队

---

① Колеров М. А, *Точка взрыва. Россия, Кавказ и Ближний Восток*, Москва: Регнум, 2012, p. 26.

② 崔小西：“俄罗斯应对叙利亚危机的政策分析”，《阿拉伯世界研究》，2014 年第 2 期，第 38 页。

的直接监控下是安全的，只有在叙面临外部入侵时才会使用。[①] 随着叙国内局势日益恶化，反对派力量逐渐扩大，美国等西方国家担心叙政府可能会使用化武或使之扩散。2012 年 8 月 20 日，奥巴马表示，“我们的红线是我们开始看到化武的转移或使用。”[②]

2013 年 3 月 19 日，有报道称阿勒颇省坎阿萨（Khan al-Assal）的一个村庄发生了化武攻击，巴沙尔政权和叙反对派均拒绝对此次攻击负责。时任美国国防部长的哈格尔及其他官员表示，巴沙尔政府很可能在叙多地使用了化学武器，美国政府因此将强化对叙反对派的支持。而俄罗斯常驻联合国代表丘尔金却说，俄罗斯专家的调查结果显示，今年 3 月叙利亚反对派武装向政府军控制的阿勒颇省坎阿萨镇发射了一枚无制导“巴沙伊尔—3”型火箭弹，这是既定事实。[③]

2013 年 7 月，阿萨德政府同意联合国化武核查小组进入该国，对包括坎阿萨在内的三处地点进行首次检查。2013 年 8 月，联合国化学武器调查小组抵达大马士革，在叙利亚国境内进行为期 14 天的实地调查，在包括叙利亚北部阿勒颇省坎阿萨镇等在内的三处曾出现化学武器传闻的热点地区进行取证。[④] 2013 年 8 月 21 日，正当该核查小组在叙利亚进行调查时，大马士革郊外发生了一起大规模化武攻击。美英法等国的情报部门断定，巴沙尔政府对本

① Foreign Ministry，Chemical and Biological Weapons are Secured and Would only be Used in the Case of External Aggression，Jul 23，2012. http：//sana. sy/eng/21/2012/07/23/432909. Htm.

② J. Greenberg，In Context：President Obama，Syria and the “Red Line”，September 5th，2013. http：//www. politifact. com/truth-o-meter/article/2013/sep/05/context-president-obama-syria-red-line/.

③ 王雷、裴蕾：“谁在叙利亚使用化武”，《浙江日报》，2013 年 7 月 11 日，第 8 版。

④ “联合国化武调查小组抵达叙利亚”，《联合国网站》，2013 年 8 月 18 日，http：//www. un. org/chinese/News/story. asp？ NewsID=20345。

次化武攻击负责。2013 年 9 月 6 日，美国等 10 个二十国集团成员国及西班牙发表了联合声明，谴责叙利亚政府使用化学武器，支持美国和其他国家对禁止使用化武所做的努力。但是俄罗斯反对对叙利亚动武，并表示如果巴沙尔政权遭到军事打击，俄将继续向其提供包括武器在内的协助。[①]

2013 年 9 月 10 日，叙利亚在俄罗斯的斡旋下同意把其化学武器库置于国际管控下以最终销毁，并承诺加入《禁止化学武器公约》(Chemical Weapons Convention，CWC)。9 月 14 日，俄罗斯和美国就销毁叙利亚化学武器达成了《销毁叙利亚化学武器的框架协议》(FESC)：根据该协议，叙利亚应在一周时间内公布其境内化学武器的详细情况，包括化学武器制剂的名称、类型和数量以及储藏、制造和研发设施所在地等细节，联合国武器核查人员必须能在 11 月前进入叙境内开展工作，最终目标是在 2014 年年中前全部销毁或转移叙利亚化学武器。美俄双方向禁止化学武器组织提交一份计划，内容包括销毁叙化武的步骤和核查措施。在获得该组织批准后，将会设定销毁叙利亚化武的具体时间表。[②]《销毁叙利亚化学武器的框架协议》(FESC) 形成了美俄共同主导销毁叙化学武器的局面，它打破了冷战时美俄“零和游戏”规则，采取了世界大国协商解决中东问题的模式，从而对中东地区安全产生重大影响。

在 FESC 签署的当天，叙利亚政府正式提交加入《禁止化学武器公约》的申请，并将根据《公约》的要求，立即执行拒绝使用化学武器、摧毁化学武器、转化或摧毁所有化学武器生产设施的

---

① “美国与 10 国签署联合声明谴责叙利亚使用化学武器”，《新华网》，2013 年 9 月 7 日，http://news.xinhuanet.com/2013－09/07/c_117270296.htm。

② 张亮、李博雅等：“美俄就销毁叙化武达成框架协议”，《人民日报》，2013 年 9 月 15 日，第 3 版。

规定。叙利亚政府还依照FESC的要求，于9月21—22日提交了两份化学武器清单，为接下来的核查工作准备了条件。

9月27日，联合国安理会全票通过了关于销毁叙化学武器的2118号决议。决议要求叙利亚与禁止化学武器组织和联合国合作，消除化武计划，同时呼吁尽快召开叙利亚问题国际会议以落实日内瓦公报。[①] 决议强调“叙利亚的任何一方都不得使用、开发、生产、获取、储存、保留或转让化学武器”。决议还规定，叙利亚如果不遵守本决议的情事，包括未经批准转让化学武器，或境内有人使用化学武器时，将采取《联合国宪章》第七章规定的措施。[②] 第2118号决议为叙利亚问题开启了政治解决之门，将叙利亚局势从一触即发的战争边缘拉回到和平轨道，为推动叙利亚问题政治解决提供了新的机遇。

叙利亚化学武器销毁工作主要包括境内销毁和境外销毁两个阶段：

1. 境内销毁阶段：2013年10月1日，禁止化学武器组织和联合国的核查人员开始了对叙利亚各地的化学武器仓库的核查任务，核查任务主要包括三方面内容：（1）建立早期的核查体系和核对叙利亚政府的申报内容；（2）监督化学武器的销毁过程；（3）核查所有与化学武器相关的材料和项目的销毁进程。核查人员对叙利亚政府所提供清单中的21处化学武器存放点进行了快速清查，积极运用填充水泥、粉碎等低技术要求、快速和廉价的方法，对包括导弹弹头、航弹、静态混合和填充装置在内的军用设备进行高效的就地销毁。10月16日，禁化武组织与联合国正式组建禁化武组织——联合国联合代表团，负责消除叙化武相关工作。10月31

① “安理会一致通过涉叙化武问题决议”，《人民日报》，2013年9月29日，第3版。

② 联合国安理会：《第2118（2013）号决议》，2013年9月27日。

日，禁化武组织发布新闻公报称，叙政府已在规定时限内，销毁了所有其宣布的化学武器生产和组装设施，按时完成了全面销毁叙化武的首期目标。并得到了叙利亚政府的保证，即最后两处位于战乱区域的仓库已被废置，储存的化学武器和设备也已被转移。[①]

2. 境外销毁阶段：依据禁止化学武器组织的计划，叙利亚化武境外销毁的方式主要分为两类：第一类是将优先类的化学武器原料运送到美国"开普雷"号上，在公海海域对它们进行水解销毁；第二类则是将剩下的原料进行招标，而后将其运往中标公司所在国，中标公司将通过商业模式将其销毁。从2014年1月开始，叙化学武器原料被陆续分批运往境外销毁，最后一批待境外销毁的叙利亚化学武器原材料7月2日抵达焦亚陶罗港，7月7日由"开普雷"号运往公海水域进行销毁。[②]

这次解决叙利亚化武危机中，充分体现了联合国安理会的作用。第2118号决议为叙利亚问题朝政治解决方向迈出了一大步，使叙利亚没有复制利比亚战争的模式。叙利亚"化武换和平"方案付诸执行，它的重要历史意义是扭转了该地区国际关系秩序，使即将爆发的对叙利亚战争由军事手段转化为外交手段，对中东地区地缘政治产生巨大的影响。叙利亚问题的政治解决将成为总体方向，继而使伊朗核问题也出现了政治解决的新动向。[③]

---

① 雷希颖："全面销毁叙利亚化学武器，什么样的节奏?"，《世界知识》，2014年第3期。

② "美国称叙利亚75%化武材料已销毁 9月上旬或完成"，《中国新闻网》，2014年8月12日，http：//www.chinanews.com/gj/2014/08－12/6482858.shtml。

③ 刘月琴："化武换和平：大国博弈下的外交新手段"，《党员干部之友》，2013年第11期。

二、叙利亚局势的影响及走向

由于叙利亚处于特殊的地缘位置，叙利亚危机对地区宗教地缘政治格局产生重要的影响。

首先，叙利亚处于中东宗教地缘政治格局的中心位置，叙利亚危机及其外部力量的干涉使叙利亚的教派之争愈演愈烈，使教派冲突更具爆炸性和传染性。叙利亚引发的宗教冲突很快演变为区域性教派对峙，形成逊尼派和什叶派相互对抗的地缘宗教格局。[①] 沙特、卡塔尔、土耳其等国大力支持叙利亚逊尼派势力，扩大和建立“逊尼派地缘政治弧”削弱伊朗的影响力。[②] 什叶派则同情和支持巴沙尔政权，伊朗为巴沙尔政权提供大量武器、资金和军事顾问。黎巴嫩真主党也支持巴沙尔政权，伊拉克什叶派背景的马利基政府，也暗中支持巴沙尔政权。[③] 叙利亚危机导致逊尼派和什叶派矛盾的升温，引发逊尼派大国沙特、土耳其和什叶派大国伊朗之间的地缘宗教博弈。

其二，叙利亚危机导致教派冲突加剧，伤亡惨重，其外溢效应如难民问题、库尔德问题、经济问题的复杂化加剧了中东地区的动荡。[④] 内战已经导致超过 16 万叙利亚人在冲突中丧生，930 万人

① 刘中民、朱威烈：《中东地区发展报告：转型与动荡的二元变奏》，时事出版社，2014 年版，第 295 页。

② Robert Maginnis， “Syrian Conflict a Proxy War to Reshape the Middle East，” http：//www. humanevents. com/2012/08/07syrian-conflict-a-proxy-war-to-reshape-the-middle-east/.（登录时间：2013 年 3 月 13 日）。

③ Suadad al-Salhy，“Iraqi Shiites Flock to Assad's Side as Sectarian Split Widens，” June 19，2013，http：//in. reuters. com/article/2013/06/09/iraq-syria-militants-idINDEE95I0G920130619（登录时间：2014 年 3 月 3 日）。.

④ 方金英：“叙利亚内战的根源及其前景”，《现代国际关系》，2013 年第 6 期，第 14 页。

沦为难民，650 万人流离失所。[①] 经济发展受到严重的打击，从2011 年 3 月到 2013 年 3 月的两年时间内，叙利亚内战破坏了 9000 多栋公共建筑，公共部门损失超过 150 亿美元。据联合国公报显示，2012 年叙利亚 GDP 同比下降 29.1%，失业率达 35%，如内战持续，2015 年年底失业率将超过 60%。[②]

其三，恐怖主义势力进一步泛滥。叙利亚危机发生后，"基地"组织头目扎瓦西里公开呼吁穆斯林发动"圣战"，推翻巴沙尔政权。叙利亚成为全球"圣战"分子的目的地，[③] 境外宗教极端分子纷至沓来。2013 年 4 月，叙利亚反对派武装中战斗力最强的"胜利阵线"宣布效忠极端组织。9 月，又有 13 个叙利亚反对派组织宣布加入"胜利阵线"，叙利亚境内的恐怖势力影响不断壮大。简氏防务咨询机构称，叙境内 10 万名反对派，近 50%是极端分子。德国情报部门称，叙境内 90%以上的爆炸袭击事件是与"基地"组织密切相关的势力所为。[④] 2013 年 4 月，"伊拉克伊斯兰国"与叙利亚反对派武装"胜利阵线"合并，成立"伊拉克和黎凡特伊斯兰国"（ISIS 或 ISIL）。6 月底，该组织宣布成立"伊斯兰国"（IS），巴格达迪担任哈里发，"伊斯兰国"实力空前强大。他们已经占领了伊拉克以及叙利亚的大片产油区，截获了大量资产，对中东的安全形成极大的威胁。

---

① "联合国：叙难民人数高达 930 万 当今世界最大人道主义危机"，人民网，2014 年 1 月 16 日，http：//world.people.com.cn/n/2014/0116/c1002－24135449.html。（登录时间：2014 年 10 月 21 日）

② 刘中民、朱威烈：《中东地区发展报告：转型与动荡的二元变奏》，时事出版社，2014 年版，第 293 页。

③ Elliott Abrams，"Syria' s European Jihadis，" National Review Online，March 28，2013.

④ 刘中民、朱威烈：《中东地区发展报告：转型与动荡的二元变奏》，时事出版社，2014 年版，第 298 页。

总的来看，叙利亚问题错综复杂，美俄等大国及沙特、伊朗等地区重要国家对叙利亚问题均显示出不同程度的影响。随着伊朗核问题出现一些新的发展，叙利亚问题与伊朗核问题等地区其他热点的关联度也有所显现。综合叙利亚危机的内外特点，未来叙利亚宗教地缘政治格局的走向呈以下几个特点：

第一，宗教力量与世俗力量将呈势均力敌局面。叙利亚是一个世俗化程度较高的社会，其民族和宗教具有严重的异质性，伊斯兰教和阿拉伯属性在叙利亚未来国家建构中的作用并不是完全积极的。叙利亚的主要伊斯兰力量穆兄会在国内并没有广泛的群众和组织基础，叙利亚的主要军事反对力量“叙利亚自由军”是世俗力量。叙利亚未来不大可能出现穆兄会一党独大的局面，可能出现宗教力量与世俗力量势均力敌的局面。[①]

第二，外部力量的介入使局面更加复杂。叙利亚已成为中东逊尼派和什叶派伊斯兰博弈的焦点，中东国家和西方大国都在叙利亚寻找自己的“代理人”。这势必加重叙利亚的政治分裂，加强与伊朗核问题、黎巴嫩问题、伊拉克问题的关联度，使叙利亚国内政治国际化。外部力量的介入使叙利亚局面更加复杂，前景更具不确定性。

第三，叙利亚国内将呈三足鼎立的局面。遏制地区激进势力是美国等西方国家地区政策的重要目标，一旦激进势力未来在叙掌权，局面无疑更为复杂，“倒叙”努力可能前功尽弃。因此，美国等西方国家既利用反对派与叙利亚当局进行对抗，又要防止激进势力借机扩张，为此始终需要寻找和把握平衡。外国武装极端势力不断坐大是叙国内冲突的突出特点，一段时间内成为与叙政府

---

① 姚大学、闫伟：“叙利亚危机的根源及未来政治生态”，《西亚非洲》，2012年第6期，第20页。

军对抗的主力。近来极端分子与反对派武装之间也在叙北部地区不时发生冲突，未来叙利亚很可能出现叙政府军—反对派武装—极端武装分子三足鼎立的局面。①

第四，叙利亚问题要通过政治解决。叙化武问题之后，政治解决成为国际社会对叙问题的共识。国际社会普遍认为，应由联合国主导处理叙利亚危机，任何行动都应遵守《联合国宪章》宗旨及国际关系基本准则，避免使叙利亚问题更加复杂化。联合国秘书长潘基文在叙利亚危机相关问题上的立场一向明确，多次重申应政治解决叙利亚问题，并指出"没有军事解决的选项"，美国认为军事手段无法解决冲突，最后还是要回到谈判桌上来，通过政治手段解决问题。②

---

① 肖凌："叙利亚危机的特点、背景及其走向分析"，《阿拉伯世界研究》，2013年第6期，第78页。

② 张蔚然："美公布叙化武事件结果：1429人丧生"，《中国新闻网》，2013年8月31日，http://military.china.com/important/11132797/20130831/18025466.html。（登录时间：2014年8月15日）

第八章　当前国际石油格局下对中东能源合作的战略思考

第一节　当前国际油价下的国际能源体系

页岩油气革命导致美国的石油生产能力大幅提高。自 2004 年以来，美国石油产量增长了 56%，在美国传统油田正常产量之外，每天新增产量 310 万桶。2013 年美国页岩油产量达到 350 万桶/日以上，2014 年 12 月，美国的页岩油产量达 920 万桶/日，预计 2015 年美国的页岩油产量达 930 万桶/日。[①] 美国页岩油气发展出乎全球预料，廉价的天然气不仅大量替代了煤炭，也部分替代了石油。

美国页岩油气对全球石油天然气供需格局产生了深远影响。美国能源产量大幅跃升，对国际能源价格的影响增加，石油输出国组织（OPEC）对石油生产和定价的主动权减弱。中东地区在美国整体外交中的角色将由此发生变化，由原来举足轻重的能源供应保障转变为可以进退自如，美国对中东地区能源的需求已经从自

① EIA，Short-Term Energy Outlook，January 13，2015.

身需要转变为对其他国家的控制工具。

在国际能源体系的供给侧，OPEC 国家与非 OPEC 国家都在增产，与 2013 年同期相比，2014 年全球石油供应总增长为每日 280 万桶。受利比亚原油恢复生产和伊拉克产量继续提升的推动，OPEC 国家原油产量增加，2014 年非 OPEC 国家石油日产量增加 170 万桶，伊拉克、南苏丹等国也恢复原油出口。国际油价下跌并未促使产油国减少生产，OPEC 曾经讨论过减产保价，但世界最大石油出口商沙特阿拉伯国家石油公司对所有出口产品降价，准备开打价格战，旨在应对俄罗斯因西方制裁而增加对外的石油出口。

在需求侧，全球各国经济复苏不如预期，除美国经济复苏较为稳定，欧盟经济仍深陷在欧债危机之后的泥淖之中，中国作为最大的新兴市场国家的经济增速在显著放缓，日本经济刺激政策的效果并不明显，这些因素共同导致了全球石油市场需求减弱，价格下跌。

OPEC 于 2014 年 11 月 27 日在维也纳举行会议。OPEC 秘书长阿卜杜拉－巴德里向外界发布了 2015 年上半年 OPEC 维持产量的决定。OPEC 在声明中说，为重建市场供需均衡，成员国决定保持 2011 年 12 月达成的每日 3000 万桶的产量上限水平。11 月 28 日受 OPEC“不减产”决定影响，纽约原油期货价格收盘暴跌，报收于 66.15 美元每桶。① 2015 年 1 月 12 日，纽约商品交易所主力合约 2 月原油价格为每桶 46.07 美元。洲际交易所伦敦布伦特原油 2 月合约为每桶 47.43 美元，② 创下 5 年来新低。

---

① 刘旭尧：“‘石油战’阴影：油价暴跌之下 OPEC 不减产的玄机”，人民网，2014 年 12 月 3 日，http：//gs. people. com. cn/n/2014/1203/c183360－23096721. html。

② “我国去年原油战略储备仍不够”，《国际石油网》，2015 年 1 月 14 日，http：//oil. in-en. com/html/oil－10351035252230650. html。

油价下跌将对美国页岩气产业、墨西哥湾深水区域、加拿大油砂产业、委内瑞拉重油带、巴西盐下层盆地、哥伦比亚油气上游产业、欧洲页岩气产业、西非海洋区域、伊拉克上游领域以及澳大利亚煤层气产业等产生影响。油价下跌将对煤化工、天然气化工、生物质化工产品替代石油化工产品；混合动力汽车、燃气汽车、醇类燃料汽车及燃料电池汽车、太阳能汽车等清洁汽车逐渐发展或普及；醇醚类燃料及煤炭液化技术的示范及醇类燃料的推广产生影响，并间接影响风能太阳能等可再生能源发展。

能源价格的下跌使一些中东的产油国陷入了困境，如伊拉克、利比亚、伊朗等国石油收入锐减，能源革命影响政治格局的稳定。

伊拉克：油价下跌再加上基尔库克油田生产中断已对伊拉克政府收入产生了毁灭性影响。2014 年 11 月，伊拉克政府废弃原计划提交给议会的 2015 年预算草案，该预算草案是根据每桶 70 美元的预测油价作出的，油价已下跌到了新低，伊拉克政府内阁已决定成立一个委员会来寻求从头开始起草一份新的预算。[①]

利比亚：利比亚战前石油日产量超过 160 万桶，近年来利比亚经历了好几轮暴力活动，使利比亚石油部门定期遭到破坏。2014 年年初下降到几乎为零，2014 年夏天，暴力活动减退，利比亚石油产量增加。2014 年 12 月武装分子袭击了利比亚的主要出口油库，对储油罐发动了火箭弹袭击，好几个储油罐着火，约 85 万桶石油毁于大火。两个主要的石油港口（锡代尔和拉努夫角）因暴力活动而关闭。2014 年 12 月 28 日，政府对武装组织发动空袭。锡代尔港的好几个储油罐燃起大火。利比亚石油产量已经从 2014 年 10 月份的每天 90 万桶下降到 35 万桶。利比亚是较小的产油国，

① 李峻：“油价下跌迫使伊拉克政府重新考虑明年预算”，《中国石化新闻网》，2014 年 12 月 2 日，http：//wz. sinopecnews. com. cn/news/content/2014－12/02/content _ 1469371. shtml。

对国际能源市场的影响不大。[①]

伊朗：受国际社会制裁措施影响，伊朗的石油出口一直受到限制。2015年1月13日，伊朗总统鲁哈尼（Hassan Rouhani）指出，当前全球油价持续暴跌的状况对所有主要产油国都有负面影响，但是对沙特阿拉伯和科威特等国的影响将大于伊朗，原因在于这些国家对原油出口的依赖程度比伊朗更高，他表示，纵使油价下跌的状况确实会令伊朗的经济受到冲击，但是诸如科威特和沙特阿拉伯这样的国家却会受害更深。

阿联酋和卡塔尔的官员各自表示，全球原油目前仍有每天200万桶的过剩产能。原油过剩的原因在于美国页岩油产量大升。海湾阿拉伯国家希望通过价格战来打垮美国的新兴油气产业从而保住自身的市场份额，但这注定是一场杀敌八百自损一千的战斗。[②]

沙特石油公司生产的成本低，主要关注的是保护市产份额，能容忍价格的下跌而不减产。沙特认为他们在与页岩油的竞争中获胜，在沙特看来，“拥有巨额外汇的波斯湾产油国现阶段完全能够应付亏本的价格，如果与开采成本高昂的页岩油竞争也更有胜算。”[③] 而美国页岩油开采主要是由约百家中小企业主导进行的。将石油从深满地下的岩层中开采出来成本较高，售价要达到80—90美元才能赚钱。沙特计划短期内将油价压到较低的水平，以打击风险投资对页岩油气的资本支持，以此影响页岩油的生产，然后再将价格提高。沙特政府承诺动用外汇储备7360亿美元来支撑

① 殷欣：“战火吞噬石油 美媒：利比亚战乱或引发油价反弹”，《参考消息》，2015年1月12日，http：//news.jwb.com.cn/art/2015/1/12/art_250_5264239.html。

② “伊朗总统不惧油价下跌 称沙特反对减产或自食其果”，汇通网，2015年1月14日，http：//news.fx678.com/C/20150114/201501141408341704.shtml。

③ 潜旭明：“中东产油国的‘阿拉伯之冬’”，《社会观察》，2015年第2期。

政府开支，未来两年，沙特实际国内生产总值（GDP）预计将从2014年增长3.7%下降到今年的2.5%和2016年的1.8%。其非石油类增长将低于过去5年的平均水平7.2%，2015年将为5.3%。[①]

在国际能源体系中，已形成以中东、中亚、俄罗斯、北美为主体的四大能源供应板块，以欧洲、东亚、南亚三大区域为主体的能源需求板块的国际能源供求大格局。在短期内，美国、俄罗斯和中东国家之间在国际能源市场的竞争加剧，国际石油、天然气价格将会下降。从长期来看，由于石油、页岩气是不可再生能源，随着大规模开采和使用，石油、页岩气总会有枯竭的一天。在新能源研发没有取得突破性进展之前，美国、欧洲、日本、印度，包括中国对石油、天然气的需求不会减少，国际能源价格具有长期上升的张力。

第二节 中国中东能源合作面临的困难和挑战

中国自1993年成为石油净进口国以来，与中东石油的联系日益密切。中东石油对中国经济的发展有着不可估量的意义。中国经济与中东石油之间呈现一种互动的函变关系。油价上涨不利于中国经济的发展，但中国经济的发展持续陷入低谷也会减少石油需求量，进而通过供求关系影响油价。中东地区局势错综复杂，反复多变，长期动荡不安，过分依赖中东石油存在极大风险。但在当前条件下，还没有其他地区可以取代中东成为中国的主要能源供应地。中国与沙特等国的能源合作已发展到通过相互投资保

① “油价下跌导致沙特经济增长将放缓”，中国商务部网站，2015年1月13日，http：//fwmys. mofcom. gov. cn/article/i/jyjl/m/201501/20150100864369. shtml。

障长期供求关系的较高层次，中国与伊朗的能源合作也排除干扰稳步推进，中国与伊拉克关于开发阿达朴油田的合作也已经重启。[①]

其中，中国与中东能源合作面临的困难和挑战主要有以下几个方面：

首先，中东地缘政治风险引发中东能源的产量的波动，对能源运输线形成威胁，可能影响中国的能源安全。近年来，中东国家政局动荡、冲突频发。地区各类双边、多边冲突和国内骚乱导致能源供应中断或价格剧烈波动的可能性一直存在，一旦中东能源供应出现问题，中国将最先受到影响。近期伊朗核问题、利比亚内战及持续的叙利亚暴力冲突等中东地区问题导致油价出现波动。中国石油供应线漫长，安全形势的恶化还会直接威胁中国获取中东石油的海上供应线。如索马里海盗就直接威胁通过亚丁湾和曼德海峡的中国油轮。霍尔木兹海峡是中国进口大多数中东石油的必经之路，如果伊朗与西方发生冲突，霍尔木兹海峡有可能被切断，这将严重影响中国的能源安全。

其次，中国与中东的能源合作受到西方国家的攻击和指责。一方面，随着许多全球性问题的凸显，国际社会在人权、劳工、环保、知识产权等方面的法律和规范也在不断发展和完善，而迅速拓展的中国公民、企业、法人在中东的经济贸易活动还没有适应这些新情况、跟上这些新发展，由此在当地引起了一些矛盾和纠纷。另一方面，西方有些人运用"中国责任论"来牵制中国，以他们的标准来评价中国与中东经贸合作的发展，指责中国在中东、非洲、拉美等地区搞"新殖民主义"，特别攻击中国不遵守人权、劳工、环保、知识产权等方面的规范。从长远看，这对中国与中

① 路透社迪拜2008年8月28日电。

东的经贸合作稳步发展也形成一定的制约。

第三，中国在中东面临的竞争加剧。随着中东油气资源对国际能源安全具有越来越重要的战略意义，未来中国与中东的能源合作将面临与美、欧、日等西方大国及其他能源消费国的激烈竞争。有学者认为，中国与中东的关系可能取代美国与中东的关系，成为影响世界能源问题前景的决定因素。① 有人甚至将中国与美国在伊朗、苏丹、津巴布韦等问题上的分歧和争论均归因于能源竞争，认为中国为了扩大石油进口来源高调挺进苏丹、安哥拉和伊朗，因而引起了西方竞争者，特别是美国的严重不安。② 因此，如何处理中国与美国、欧洲等西方大国在中东的关系成为中国今后要面临的重要课题。

第三节　中国对中东能源合作的战略思考

美国通过页岩气革命，不但能满足自己的能源需求，而且还要向其他国家出口能源。美国对中东石油的需求相应减少，因而对中东能源的关注度将会降低。美国对中国与中东国家数额巨大的石油贸易的负面态度减少，因为在国际能源市场上，中国石油需求的增加弥补了美国石油需求减少的缺口，维持国际石油价格的稳定，从而使美国能源企业从中获益。这对中国来说，意味着与中东国家有更多的能源合作机会。

---

① ［日］中村玲子："美国攻打伊拉克背后隐藏着石油地缘政治学"，《经济学人》周刊，2002 年 10 月 15 日。转引自《参考消息》，2002 年 10 月 20 日，第 4 版。

② Moises Naim， "Rogue Aid," *Foreign Policy*，March/April，2007. 转引自［德］白小川："能源安全：欧美中三角关系中的大难题"，《现代国际关系》，2007 年第 10 期。

从短期来看，中东国家更加欢迎中国石油企业对中东的投资，并加大中东能源企业对中国市场的开拓。中国可以加大与中东、中亚、俄罗斯，甚至北美四大能源供应板块的合作。从长期来看，中国与中东国家能源合作仍面临着激烈的竞争和严峻的挑战。中国应加大对中东地区的关注和引导力度，从顶层设计到具体的战略、各层次人员交流入手，展现中国积极的国家形象，增加与中东产油国的合作。另一方面，中国应大力发展新能源和可再生能源，发展低碳经济，提高能源的使用效率。充分利用好国际国内的能源资源，保障中国的能源安全。

通过对中国和中东能源关系的分析，对照中国能源安全的现状，笔者形成了关于中国中东能源合作的几点思考。

一是强化中东地区在中国全球战略中的地位，制定中国的中东外交政策，积极开展能源外交。随着中国经济的发展和国际地位的提升，中东在中国战略中的地位越来越重要。中东在政治上是中国的战略依托，经济上是中国的重要能源供应地，是中国商品走出去的重要市场，安全上是中国打击“三股势力”，维护国家安全的重要屏障。①

二是推动中国与中东经贸关系的发展，建立相互依存的经贸关系。通过提高相互依存度、增进互信，培育更加友好的国家间关系。为此，应当推动对中东国家非石油领域的外国直接投资，同时，提供投资激励、鼓励中东国家放开投资管理，允许更多的外国投资。设立由国家主导、企业运作的“中东国家发展基金”，帮助中国企业参与中东交通、能源、矿产等产业的建设和开发。进一步完善和改进“市场换资源”、“基础设施换资源”等政策。

三是加强机制建设，中国和中东在中阿合作论坛、中国—海合

① 刘中民、朱威烈：《中东地区发展报告》，时事出版社2013年版，第324页。

会战略对话等多边机制下加强合作，共同推动中国与中东能源关系发展，就重大全球性问题和地区热点问题保持沟通协调，共同维护地区和平稳定和发展中国家利益。[①]

四是整合国家资源，加强在能源领域的战略合作，制定综合应对能源供应风险的有效策略。加强国家发改委下属中国能源政策统筹能力，成立专门负责海外石油利益的跨部门协调机构，制定长远的海外能源投资发展战略。

五是加强与中东国家在人文领域的交流，夯实双边关系的民意基础。利用“中阿合作论坛”框架下的人文领域交流计划，增加中阿民间互访，搭建平台，开展形式多样的交流活动。[②]

六是实现能源来源多元化，政府支持国内有条件的石油企业尽快“走出去”，参与国外油气田的勘探开发，建立稳定的海外石油生产和供给基地，是保障中国油气安全供应的必然选择。目前中国对海外石油资源的利用，除了由政府指定的企业在国际市场上进行期货及现货贸易外，还包括在勘探、开采等领域与外方进行合作。加大对非洲、拉美、中亚、东南亚等区域的能源合作力度。中亚是中国理想的石油供应源，扩大与中亚的能源合作可以减少中国对中东石油的依赖，能源纽带可以加深中国和中亚国家的互信，保证国家的完整和西部边境的安全。

七是兼顾美国等西方国家在中东的能源安全和战略利益，尊重和理解美国的全球大国地位及西方国家在中东的地区利益，包括能源安全和其他方面的战略利益。中国在积极发展与资源丰富的中东产油国的双边关系的同时，必须兼顾与美国等西方国家的关

---

① 吴乐珺：“习近平同巴林国王哈马德会谈愿共同推动重启中海自贸区谈判；李克强会见哈马德”，《人民日报海外版》，2013年9月17日。

② 刘中民、朱威烈：《中东地区发展报告》，时事出版社，2013年版，第326页。

系平衡，与美国等西方国家在中东石油问题上开展能源安全合作，愿意扮演"负责任的利益攸关者"角色，具体而言，在中东石油问题上，中国在不损害自己的能源安全和经济利益的前提下，应该尽可能与美国和欧洲协调政策和立场，共同努力和协调政策，解决伊朗和苏丹问题，尽可能把中美间的矛盾与冲突减少到可控制的范畴之内。[①]

① 吴磊："关于中国—中东能源关系发展的若干思考"，《阿拉伯世界研究》，2007年第1期。

参考文献

一、主要中文参考书目

[美] 爱·麦·伯恩斯，曾炳钧译：《当代世界政治理论》商务印书馆，1983年版。

查道炯：《中国石油安全的政治经济学分析》，当代世界出版社，2005年版。

[美] 丹尼尔·耶金：《石油、金钱、权力》，新华出版社，1996年版。

[美] 弗雷德·克鲁普、米丽亚姆·霍恩著，陈茂云等译：《决战新能源：一场影响国家兴衰的产业革命》，东方出版社，2009年版。

[法] 菲利普·赛比耶—洛佩兹著，潘革平译：《石油地缘政治》，社会科学文献出版社，2008年9月版。

高祖贵：《美国与伊斯兰世界》，时事出版社，2005年版。

葛艾继：《国际油气合作理论与实务》，石油工业出版社，2000年版。

郭依峰：《世界能源战略与外交（中东卷）》，知识产权出版社，2011年版。

韩学功、佟纪元主编：《国际石油合作》，石油工业出版社，1995年版。

何沙、秦扬：《国际石油合作法律基础》，石油工业出版社，2008年版。

陆忠伟：《非传统安全论》，时事出版社，2003年11月版。

刘中民、朱威烈：《中东地区发展报告：转型与动荡的二元变奏》，时事出版社，2014年版。

林伯强、黄光晓：《能源金融》，清华大学出版社，2011年版。

林桂军：《中国—阿拉伯国家经贸论坛——中阿经贸关系发展进程》，宁夏人民出版社，2013年版。

［美］拉马扎尼著，赵祥龄，段稚荃译：《波斯湾和霍尔木兹海峡：国际战略通道》，世界知识出版社，1982年版。

李红杰：《国家利益与中国的中东政策》，中央编译出版社，2009年版。

梅孜：《美国国家安全战略报告汇编》，时事出版社，1996年版。

倪世雄：《当代西方国际关系理论》，复旦大学出版社，2005年版。

倪健民、郭云涛著：《能源安全》，浙江大学出版社，2009年版。

倪健民：《国家能源安全报告》，人民出版社，2005年版。

钱学文：《中东、里海油气与中国能源安全战略》，时事出版社，2007年版。

潜旭明：《美国的国际能源战略研究——一种能源地缘政治学的视角》，复旦大学出版社，2013年版。

［美］斯蒂芬·李柏著等，李伟译：《即将来临的能源崩溃》，中国人民大学出版社，2009年版。

徐小杰：《新世纪的油气地缘政治——中国面临的机遇与挑战》，社会科学文献出版社，1998年版。

徐华清、郭元等：《中国能源发展的环境约束问题研究》，中国环境科学出版社，2012年版。

王波：《国石油政策研究》，世界知识出版社，2008年版。

王逸舟：《当代国际政治析论》，上海人民出版社，1995年版。

王有勇：《现代中阿经贸合作研究》，上海外语教育出版社，2004年版。

余建华等：《上海合作组织非传统安全研究》，上海社会科学院出版社，2009年版。

余际从、雷涯邻：《经济全球化与国家油气安全战略》，地质出版社，2003年版。

杨中强：《当代中国石油安全研究》，中共中央党校出版社，2006年版。

杨言洪：《海湾油气与我国能源安全》，对外经贸大学出版社，2010年版。

杨洁勉等：《大体系：多级多体的新组合》，天津人民出版社，2008年版。

杨洁勉：《世界气候外交和中国的应对》，时事出版社，2009年版。

赵庆寺：《美国石油安全体系与外交》，上海人民出版社，2009年版。

朱小莉：《国际战略视野中的中东》，世界知识出版社，2010年版。

张抗、周总瑛、周庆凡：《中国石油天然气发展战略》，地质出版社，2002年版。

张抗：《中国和世界地缘油气》，地质出版社，2009年版。

张宏民：《石油市场与石油金融》，中国金融出版社，2009

年版。

张宇燕、李增刚：《国际经济政治学》，上海人民出版社，2008年版。

资中筠：《战后美国外交史》，世界知识出版社，1994年版。

中国社会科学院西亚非洲研究所：《中东发展报告》（2012—2013），社会科学文献出版社，2013年版。

傅梦孜：《保守主义思潮涌动下的美国霸权外交》，载沈丁立、任晓主编：《保守主义理念与美国的外交政策》，上海三联书店，2003年版。

尼克松：《尼克松1973年对外政策报告》，上海人民出版社，1973年版。

倪健民、郭云涛：《能源安全》，浙江大学出版社，2009年版，第58页。

二、主要中文参考文献

［德］白小川："能源安全：欧美中三角关系中的大难题"，《现代国际关系》，2007年第10期。

薄启亮、刘贵洲："中亚地缘政治与中国石油企业的机遇"，《国际石油经济》，2012年第11期。

陈沫："中国与沙特阿拉伯的石油合作"，《西亚非洲》，2006年第9期。

陈效卫、林雪丹、谢亚宏："二十国集团财长和央行行长会强调 促增长创就业要有硬招"，《人民日报》，2013年7月21日，第3版。

陈洪涛、周德群、王群伟："石油金融理论研究评述"，《经济学动态》，2008年第7期，第99—105页。

陈柳钦："新世纪中国能源安全面临的挑战及其战略应付"，

《决策咨询通讯》，2011 年第 3 期。

蔡宏波、黄书娴：“‘丝绸之路经济带’带给中国的机遇”，《中国对外贸易》，2012 年第 5 期。

柴利、成丽霞：“共建‘丝绸之路经济带’背景下我国与中亚国家能源合作中的影响因素分析”，《伊犁师范学院学报（社会科学版）》，2014 年第 1 期。

成珞：“‘叙利亚之友’几成‘反对派之友’”，《解放日报》，2012 年 7 月 8 日，第 4 版。

诚诚、张燕生：“中国发展与海合会合作‘三步走’”，载《中国产经新闻报》，2012 年 8 月 2 日，第 A03 版。

崔小西：“俄罗斯应对叙利亚危机的政策分析”，《阿拉伯世界研究》，2014 年第 2 期，第 41 页。

党建伟：“丝绸之路经济带建设对沿线重要节点城市未来发展的影响”，《大陆桥视野》，2014 年第 5 期。

丁隆、郭雅娟：“伊拉克战后政治发展的三个纬度”，《阿拉伯世界研究》，2008 年。

大陆桥视野编辑部：“‘丝绸之路经济带’的战略意义”，《大陆桥视野》，2013 年第 19 期。

方金英：“叙利亚内战的根源及其前景”，《现代国际关系》，2013 年第 6 期。

牛风君：“丝绸之路经济带建设中上合组织贸易便利化发展研究”，《合作经济与科技》，2014 年第 9 期。

管清友、张明：“国际石油交易的计价货币为什么是美元”，《国际经济评论》，2006 年 7—8 月刊。

高新才、丁绪辉、高新雨：“基于模糊物元方法的西北五省区物流能力评价研究”，《新疆社会科学》，2014 年第 1 期。

高伟江、徐新荣：“基于经济合作的丝绸之路开发”，《改革管理》，2005 年第 3 期。

高伟江、徐新荣："基于经济合作的丝绸之路开发"，《改革管理》，2005 年第 3 期。

郭雯："我国与中东欧国家产业合作问题研究"，《对外经贸》，2014 年第 3 期。

郭爱君、毛锦凰："丝绸之路经济带：优势产业空间差异与产业空间布局战略研究"，《兰州大学学报（社会科学版）》，2014 年第 1 期。

郭燕："投资中亚国家的法律提示"，《中国对外贸易》，2014 年第 15 期。

甘钧先、毛艳："丝绸之路的复活：中国高铁外交解析"，《太平洋学报》，2010 年第 7 期。

龚新蜀："'丝绸之路'经济带交通基础设施建设对区域贸易的影响"，《区域经济》，2014 年第 3 期。

惠宁、杨世迪："丝绸之路经济带的内涵界定、合作内容及实现路径"，《延安大学学报（社会科版）》，2014 年第 4 期。

何茂春、张冀兵："新丝绸之路经济带的国家战略分析——中国的历史机遇、潜在挑战与应对策略"，《人民论坛·学术前沿》，2013 年第 12 期。

胡波："构建'丝绸之路经济带'的三大原则"，《中国经济周刊》，2013 年第 37 期。

韩志斌："伊拉克教派冲突与美国的战略困境"，《亚非纵横》，2006 年第 3 期。

贾百俊、李建伟、王旭红："丝绸之路沿线城镇空间分布特征研究"，《人文地理》，2012 年第 2 期。

姜彩良、华光、孙东泉："经济带战略下交通物流一体化发展的策略"，《综合运输》，2014 年第 7 期。

孔刚："土耳其因应叙利亚危机的基本政策评析"，《世界经济与政治论坛》，2013 年第 1 期。

刘俊："霍尔木兹海峡牵动油运市场'神经'"，《中国水运报》，2012 年 2 月 10 日，第 6 版。

刘东："高油价均衡下中国与中东产油国的石油合作"，《国际石油经济》，2011 年第 10 期。

刘新华、秦华："略论 21 世纪的石油地缘政治学"，《当代亚太》，2003 年第 7 期。

刘睿文、刘衡："多国联合申报世界文化遗产模式的引入——以丝绸之路为例"，《经济地理》，2005 年第 2 期。

刘晓雷："发挥内陆无水港在丝绸之路经济带中的重要作用"，《中国发展观察》，2014 年第 10 期。

刘洋、王昭："叙利亚将设过渡管理机构"，《南方日报》，2012 年 7 月 2 日，第 6 版。

刘月琴："化武换和平：大国博弈下的外交新手段"，《党员干部之友》，2013 年第 11 期。

刘月琴："移交主权后的伊拉克"，《西亚非洲》，2004 年第 5 期，第 31 页。

刘军红："中国丝绸之路战略的机遇与挑战"，《大众日报》，2014 年 6 月 23 日。

郎一环、王礼茂："世界石油供应板块地缘格局及重心迁移的驱动力机制研究"，《中国能源》，2009 年 8 月，第 31 卷，第 8 期。

李琪："中国与中亚创新合作模式、共建'丝绸之路经济带'的地缘战略意涵和实践"，《陕西师范大学学报（哲学社会科学版）》，2014 年第 4 期。

李建民："'丝路精神'下的区域合作创新模式——战略构想、国际比较和具体落实途径"，《人民论坛·学术前沿》，2013 年第 12 期。

李红："青海省融入丝绸之路经济带建设的探析"，《攀登》，2014 年第 4 期。

李前："贸易和投资机会沿'路'播撒"，《进出口经理人》，2014 年第 6 期。

李文增、冯攀、李拉："发挥天津港在中国新丝绸之路经济发展战略中的作用"，《港口经济》，2014 年第 3 期。

李朴民："共建丝绸之路经济带，共享繁荣发展新机遇"，《宏观经济管理》，2014 年第 8 期。

李创新、马耀峰、李振亭、马红丽："遗产廊道型资源旅游合作开发模式研究——以"丝绸之路"跨国联合申遗为例"，《旅游资源》，2009 年第 9 期。

李文兵、南宇："论丝绸之路沿线旅游合作机制"，《干旱区资源与环境》，2010 年第 1 期。

李金早："深化经贸合作，把'一带一路'建实建好"，《人民日报》，2014 年 8 月 12 日，第 13 版。

李伟："'基地'组织重返中东?"，《世界知识》，2014 年第 4 期。

雷希颖："全面销毁叙利亚化学武器，什么样的节奏?"，《世界知识》，2014 年第 3 期。

梁雪松、马耀峰："旅游偏好和旅游行为研究——以丝绸之路入境游客为例"，《商业经济与管理》，2008 年第 5 期。

梅新育："新丝绸之路的深意"，《人民论坛》，2013 年第 12 期。

马耀峰、梁雪松、李君轶、白凯："跨国丝绸之路旅游合作研究"，《开发研究》，2006年第2期。

马勇、刘军："丝绸之路旅游文化经济带全球发展战略研究"，《世界地理研究》，2014年第2期。

马研："'叙利亚之友'会议承认叙利亚反对派"，《解放日报》，2012年4月2日，第4版。

马学清："伊拉克战争后伊拉克政党政治的重建及发展"，《当代世界》，2014年第3期。

牛新春："选择性介入，美国中东政策调整"，《外交评论》，2012年第2期。

[印度] 普拉比尔德、毕斯瓦："重修丝绸之路：迈向亚洲一体化"，《当代亚太》，2009年第3期。

钱学文："阿拉伯油气产业发展现状与前景"，《阿拉伯世界研究》，2013年第5期。

任娜、孙暖："地缘政治视角下的能源安全——以美国全球能源安全战略为例"，《世界政治与经济论坛》，2007年第2期。

邵辉、唐向华："基于两业联动的新亚欧大陆桥物流通道发展研究"，《经贸论坛》，2014年第8期。

孙亚辉："丝绸之路的价值弘扬与文化旅游的开发及优化"，《社会科学家》，2014年第5期。

孙德刚："美国在伊拉克军事存在的调整：从刚性基地到柔性存在"，《现代国际关系》，2012年第2期。

宋效峰、张立华，"传统与非传统：对石油安全的双重解读"，《攀登》第25卷，2006年第4期。

舒景林、盛睿："中土战略合作伙伴关系研究"，《社会科学论坛》，2014年第5期。

佘莉、杨立强："中国—海合会FTA对双边贸易影响的GTAP模拟分析"，《亚太经济》，2012年第6期。

田澍、李勇锋："世界遗产视野中的丝绸之路"，《西北师范大学学报（社会科学版）》，2007年第6期。

吴乐珺："习近平同巴林国王哈马德会谈，愿共同推动重启中海自贸区谈判；李克强会见哈马德"，《人民日报海外版》，2013年9月17日。

吴磊："关于中国—中东能源关系发展的若干思考"，《阿拉伯世界研究》，2007年第1期。

吴思科："'一带一路'框架下的中国与海合会战略合作"，《阿拉伯世界研究》，2015年第2期。

王雷、裴蕾："谁在叙利亚使用化武"，《浙江日报》，2013年7月11日，第8版。

王之泰："丝绸之路经济带：丝绸之路的升华"，《中国流通经济》，2014年第5期。

王天龙："完善G20机制，推进全球经济 治理结构改革"，《中国与世界年中经济分析与展望2010》，2010年8月。

王海运："'丝绸之路经济带'建设与中国能源外交运筹"，《中国石油经济》，2013年第12期。

王保忠、何炼成、李忠民："'新丝绸之路经济带'一体化战略路径与实施对策"，《经济纵横》，2013年第11期。

王丽颖："亚投行路线图猜想"，《国际金融报》，2014年11月24日，第24版。

王琳："中国倡议建亚洲基础设施投资银行"，《第一财经日报》，2013年10月8日。

王栋："透视影响叙利亚时局的宗教与民族矛盾"，《当代世界》，2012年第3期。

王联："中国与中东国家的经贸关系"，《国际问题研究》，2008 年第 4 期。

汪鸣、王彦庆："丝绸之路经济带物流系统建设发展思路"，《交通建设与管理》，2013 年第 12 期。

肖凌："叙利亚危机的特点、背景及其走向分析"，《阿拉伯世界研究》，2013 年第 6 期。

许志瑜："丝绸之路经济带建设与中国中东地区经济合作"，《国际经济合作》，2014 年第 4 期。

杨荣海："美国碳排放量和经济增长的政策效应分析"，《国际经贸探索》，2010 年第 7 期。

杨光："从能源联系看中国与中东国家的互利合作"，《西亚非洲》，2004 年第 5 期。

杨洪林："浅析伊拉克战后的教派之争"，《阿拉伯世界研究》，2006 年第 5 期。

杨阿莉："基于生态理念的丝绸之路旅游产品结构优化与升级研究"，《西北师范大学学报（自然科学版）》，2010 年第 1 期。

杨鸿玺："中阿经贸合作的动力分析与路径选择"，《阿拉伯世界研究》，2011 年第 2 期。

姚大学、闫伟："叙利亚危机的根源及未来政治生态"，《西亚非洲》，2012 年第 6 期。

余建华："关于中阿能源合作的若干思考"，《阿拉伯世界研究》，2010 年第 6 期。

于光军："建设'丝绸之路经济带'与"21 世纪海上丝绸之路"研究热点述评"，《内蒙古社会科学（汉文版）》第 35 卷，2014 年 11 月，第 6 期。

赵东波、李英武："中俄及中亚各国"新丝绸之路"构建的战略研究"，《东北亚论坛》，2014 年第 1 期。

张开城：“21 世纪海上丝绸之路建设的广东响应”，《南方论刊》，2014 年第 7 期。

张新利、翟晓敏：“20 世纪 70 年代美国对波斯湾的“双柱”政策”，《世界历史》，2001 年第 4 期。

张亮、李博雅等：“美俄就销毁叙化武达成框架协议”，《人民日报》，2013 年 9 月 15 日，第 3 版。

张开城：“21 世纪海上丝绸之路建设的广东响应”，《南方论刊》，2014 年第 7 期。

张建伦：“加强丝绸之路经济带产业合作”，《中国发展观察》，2014 年第 7 期。

张金平：“从三年到三个月：ISIS 开启‘恐怖主义新纪元’”，《世界知识》，2014 年第 17 期。

钟银燕、仝晓：“新能源成中阿能源合作新热点”，《中国能源报》，2013 年 9 月 23 日。

朱耿华、陈丙先：“中东石油的忧与乐”，《百科知识》，2006 年第 4 期。

周明伟：“丝绸之路经济带正焕发巨大的生机与活力”，《对外传播》，2014 年第 7 期。

中华人民共和国国务院新闻办公室：《中国的能源政策（2012）》白皮书》，2012 年 10 月。

三、主要论文文献

韩凝：《美国的伊拉克战后国家重建战略与政策研究》，中央党校国际政治专业博士学位论文，2013 年。

李兵：《国际战略通道研究》，中央党校博士学位论文，2005 年。

李霞：《东北亚区域能源安全与能源合作研究》，吉林大学人口、资源与环境经济学专业博士学位论文，2012年12月。

罗晓云：《21世纪初中国的能源安全与中外能源合作》，暨南大学国际关系专业年博士学位论文，2003年。

孟芸：《中国—海湾合作委员会自由贸易区的经济效应分析》，中国海洋大学硕士学位论文，2010年。

王桂英：《中国石油环境分析和石油安全战略研究》，对外经济贸易大学国际贸易专业年博士学位论文，2003年。

叶蓁蓁：《国际能源合作模式与中国的战略选择》，外交学院国际关系专业年博士学位论文，2005年。

孙浩捷：《丝绸之路旅游可持续性研究》，华东师范大学硕士学位论文，2006年。

四、主要英文文献

Andreas Wenger, Robert W. Orttung and Jeronim Perovig eds., Energy and the Transformation of International Relations: Toward a New Producer-consumer Framework, Oxford: Oxford University Press, 2009.

BP, BP Statistical Review of World Energy, June 2001.

BP, BP Statistical Review of World Energy, June 2009.

BP, BP Statistical Review of World Energy, June 2013.

BP, BP Statistical Review of World Energy, June 2014.

BP, BP Statistical Review of World Energy, June 2015.

Bohi, Douglas R. and Darmstadter, the Energy Upheavals of the 1970’s, the Energy Crsis, the Hopkins University Press, Baltimore 1996.

Bromley simon, Ameriacn Hegemoy and Word Oil, University

Park，The Penncylvania State University Press，1991.

Bryce Wakefield and Susan L. Levenstein，China and the Persian Gulf：Implications for the United States，Woodrow Wilson International Center for Scholars，Washington，D. C.，2011.

Carlos Pascual and Jonathan Elkind，Elkind. Energy Security，Washington，D. C.：Brookings Institution Press. 2010.

Charles F Doran，Myth，Oil，and Politics：Introduction to the Political Economy of Petroleum，Free Press，1979.

David E. Spiro，The Hidden Hand of American Hegemony：Petrodollar Recycling and International Markets，Ithaca：Cornell University Press，1999.

Carlos Pascual and Jonathan Elkind，Energy Security：Economics，Politics，Strategies and Implications，Washington，D. C. Brookings Institution Press，2010.

Dries Lesage，Thijs Van de Graaf，Kirsten Westphal，Global Energy Governance in a Multipolar World，Farnham and Burlington：Ashgate Publishing Limited，2010.

Daniel Yergin，The Prize：The Epic Quest for Oil，Money，and Power，New York：Simon and Schuster，1991.

Department of Defense，United States Security for the Middle East，1995.

Edward W. ehester，United State Oil Policy and Diplomacy：A Twentith-Century Overview，London：Greenwood Press，1983.

Edward W. Chester，United States Oil Policy and Diplomacy：A Twentieth Century Overview，Westport，Conn：Greenwood Press，1983 .

EC Study on Energy Supply and Geopolitics, OECD/IEA, Paris, 2004.

EIA, Short-Term Energy Outlook, January 13, 2015.

Gillespie, Kate and Clement M. Henry, Oil in the New World order, University Press of Florida, Giansville, 1995.

Elliott Abrams, "Syria' s European Jihadis," National Review Online, March 28, 2013.

Friedman Milton, Capitalism and Freedom, the University of Chicago Press, 1982.

Gawdat Bahga, Energy partnership: China and the Gulf States, OPEC Review, Volume 29, Issue 2, June 2005.

Hossein Amirsadeghi, ed, The Security of the Persian Gulf, New York: St Martin's Press, 1981.

Hans Jacob Bull-Berg, American International Oil Policy: Causal Factors and Effect, Bloomsbury Academic, 2013.

James Petras, Washington Faces the Arab Revolts: Sacrificing Dictations to Save the State, Journal of Contemporary Asia, Vol. 41, No. 3, 2011, pp. 483—490.

John R. Bradley, After the Arab Spring: How Islamists Hijacked the Middle East Revolts, London: Palgrave Macmillan.

Joseph S. Szyliowicz, Bard E. O'Neill ed, Energy Crisis and U. S. Foreign Policy, Praeger Publishers Inc, 1975.

John G. Clark, Political Economy of World Energy: A Twentieth-Century Perspective, University of North Carolina Press, 1991.

Joseph S. Nye, Understanding International Conflicts: An Introduction to Theory and History (7th Edition), Longman, 2008.

John Calabrese, The Risks and Rewards of China's Deepening Ties with the Middle East, China Brief Volume 5, Issue: 12, December 3, 2005.

James Chen, The Emergence of China in the Middle East, Strategic Forum, National Defense University, by December 2011.

Kenneth A. Oye, Cooperation under Anarchy, Princeton University Press, 1986.

Krasner, Stephen, Defending The National Interest, Princeton University press, 1978.

Kapstein, Ethan, Insecuer Alliance, Oxford University Press, 1990 .

Kashefipour, Sina, Iran's Tactical Successes in Syria Come with Political, Strategic Cost, World Politics Review, 2013. 12. 3.

Keith Crane, Andreas Goldthau, Imported Oil and U. S. National Security, Rand, 2009.

League of Arab State, Arab Countries, Figures and Indicators, Fourth Edition, 2013.

Michael Mandelbaum, Democracy without America, Foreign Affairs, September/October 2007.

Mason Willrich, Energy & World Politics, Free Press, January 1, 1978.

Milner, Helen, International Theories of Cooperation among Nations: Strengths and Weaknesses, World Politics, 1992.

Nowell Gregory P. , Mercantile State and the World Oil Cartel, 1900—1939, Conrell University Press, 1994.

National Security Council, National Strategy for Victory in Iraq, Washington, D. C. : November 2005.

Øystein Noreng, Oil Politics in the 1980s: Patterns of International Cooperation, McGraw-Hill, 1978.

Robert J. Lieber, The Oil Decade: Conflict and Cooperation in the West, Praeger, New York, 1983.

Robert M. Axelrod, The Evolution of Cooperation, Basic Books, 2006.

Robert Axelrod, The Complexity of Cooperation: Agent-Based Models of Competition and Collaboration, Princeton University Press, 1997.

Robert A. Manning, The Asian Energy Factor: Myths and Dilemmas of Energy, Security and the Pacific Future, Palgrave Macmillan, 2000.

Robert O. Keohane, After Hegemony: Cooperation and Discord in the World Political Economy, Princeton University Press, 2005.

Robert Skinner and Robert Arnott, The Oil Supply and Demand Context for Security of Oil Supply to the EU from the GCC Countries, Oxford Institute for Energy Studies, April 2, 2005, p. 4.

Robert Gilpin, U. S. Power and the Multinational cooperatio, New York, Basic Books, 1975.

Robert Manning, The Asian Factors: Myths and Dilemma of Enegry, Security and the Pacific Future, Palgarve, New York, 2000.

Robert G. Darius, John W. Amos, Ralph H. Magnus, Gulf Security into the 1980s: Perceptual and Strategic Dimensions, Hoover Institution Press, Stanford University, 1984.

Robert B. Krueger, The United States and International Oil, New York: Praeger, 1975.

Robert B. Krueger，The United States and International Oil，New York：Praeger，1975.

Svante Karlsson，Oil and World Order：American Foreign Oil Policy，Warwick：Berg Publishers，1986.

Stephen P. Matthews，Energy Security：Implications for U. S. -China-Middle East Relations，The James A. Baker III Institute for Public Policy，Rice University -July 18，2005.

Simon Henderson，Chinese-Saudi Cooperation：Oil but also Missiles，Policy ＃1095，April 21，2006.

Svante Karlsson，Oil and World Order：American Foreign Oil Policy，Warwick：Berg Publishers，1986.

Security1An IGCC Study Commissioned for the Northeast Asia Cooperation Dialogue V Energy Workshop，1996.

Seaway Maritime Directory St. Clair，Mich. ：McDaniel，1965.

Shibely Telhami，Fiona Hill，“America’ s Vital Stakes in Saudi Arabia”，Foreign Affairs，2002，（6）.

Svante Karlsson，Oil and World Order：American Foreign Oil Policy，Warwick：Berg Publishers，1986.

The White House，The National Security Strategy，Washington，May，2010.

Thomas Hoffmann，The World Energy Triangle：A Strategy for Cooperation，Ballinger Pub. Co，1981.

Vemon Raymond，Two Hungry Ginats，Harvard University press，Cambridge1983.

William Martin，“Maintaining Energy Security in a Global Context”，a report on the Trilateral Commission，1996.

Wilfrid L. Kohl，After the Second Oil Crisis：Energy Policies in

Europe, America, and Japan, Lexington Books, 1982.

Zbigniew Brzezinsky, The Grand Chessboard: American Primacy and Its Geostrategic Imperatives, New York: Basic Books, 1997.

图书在版编目（CIP）数据

“一带一路”战略背景下与中东的能源合作/潜旭明著．—北京：时事出版社，2016.2

ISBN 978-7-80232-938-6

Ⅰ.①一…　Ⅱ.①潜…　Ⅲ.①能源经济—经济合作—研究—中国、中东　Ⅳ.①F437.062②F426.2

中国版本图书馆 CIP 数据核字（2015）第 285594 号

出 版 发 行：时事出版社
地　　　址：北京市海淀区万寿寺甲 2 号
邮　　　编：100081
发 行 热 线：（010）88547590　88547591
读者服务部：（010）88547595
传　　　真：（010）68418647
电 子 邮 箱：shishichubanshe@sina.com
网　　　址：www.shishishe.com
印　　　刷：北京百善印刷厂

开本：787×1092　1/16　印张：18　字数：248 千字
2016 年 2 月第 1 版　2016 年 2 月第 1 次印刷
定价：75.00 元
（如有印装质量问题，请与本社发行部联系调换）